SCHRIFTENREIHE ZU ARBEITSWISSENSCHAFT
UND TECHNOLOGIEMANAGEMENT

Herausgeber

Univ.-Prof. Dr.-Ing. Dr.-Ing. E.h. Dieter Spath
Univ.-Prof. Dr.-Ing. habil. Prof. e. h. mult. Dr. h. c. mult. Hans-Jörg Bullinger

Institut für Arbeitswissenschaft und Technologiemanagement IAT
der Universität Stuttgart, Stuttgart
Fraunhofer-Institut für Arbeitswirtschaft und Organisation IAO, Stuttgart

Band 7

Sven Seidenstricker

Methodik zur Entwicklung von Geschäftsmodellideen für
die Diversifikation technologieorientierter, produzierender Unternehmen

FRAUNHOFER VERLAG

Impressum

Kontaktadresse:
Institut für Arbeitswissenschaft
und Technologiemanagement IAT
der Universität Stuttgart und
Fraunhofer-Institut für Arbeitswirtschaft
und Organisation IAO
Nobelstraße 12, 70569 Stuttgart
Telefon +49 711 970-01, Fax -2299
www.iat.uni-stuttgart.de
www.iao.fraunhofer.de

Schriftenreihe zu Arbeitswissenschaft
und Technologiemanagement

Herausgeber:
Univ. Prof. Dr.-Ing. E.h. Dieter Spath
Univ. Prof. Dr.-Ing. habil. Prof. e.h. mult.
Dr. h.c. mult. Hans-Jörg Bullinger

Institut für Arbeitswissenschaft
und Technologiemanagement IAT
der Universität Stuttgart und
Fraunhofer-Institut für Arbeitswirtschaft
und Organisation IAO

Bibliografische Information der
Deutschen Nationalbibliothek:
Die Deutsche Nationalbibliothek verzeichnet
diese Publikation in der Deutschen National-
bibliografie; detaillierte bibliografische Daten sind
im Internet über www.dnb.de abrufbar.

ISSN 2195-3414
ISBN 978-3-8396-0559-2

D 93
Zugl.: Stuttgart, Univ., Diss., 2013

Druck und Weiterverarbeitung:
IRB Mediendienstleistungen
Fraunhofer-Informationszentrum
Raum und Bau IRB, Stuttgart

Für den Druck des Buches wurde chlor-
und säurefreies Papier verwendet.

© by FRAUNHOFER VERLAG, 2013
Fraunhofer-Informationszentrum
Raum und Bau IRB
Postfach 800469, 70504 Stuttgart
Nobelstraße 12, 70569 Stuttgart
Telefon +49 711 970-2500, Fax -2508
E-Mail verlag@fraunhofer.de
http://verlag.fraunhofer.de

Geleitwort

Grundlage der Arbeiten am Institut für Arbeitswissenschaft und Technologiemanagement IAT der Universität Stuttgart und am kooperierenden Fraunhofer-Institut für Arbeitswirtschaft und Organisation IAO ist die Überzeugung, dass unternehmerischer Erfolg in Zeiten globalen Wettbewerbs vor allem bedeutet, neue technologische Potenziale nutzbringend einzusetzen. Deren erfolgreicher Einsatz wird vor allem durch die Fähigkeit bestimmt, kunden- und mitarbeiterorientiert Technologien schneller als die Mitbewerber zu entwickeln und anzuwenden. Dabei müssen gleichzeitig innovative und anthropozentrische Konzepte der Arbeitsorganisation zum Einsatz kommen. Die systematische Gestaltung wird also erst durch die Bündelung von Management- und Technologiekompetenz ermöglicht. Dabei wird durch eine ganzheitliche Betrachtung der Forschungs- und Entwicklungsthemen gewährleistet, dass wirtschaftlicher Erfolg, Mitarbeiterinteressen und gesellschaftliche Auswirkungen immer gleichwertig berücksichtigt werden.

Die im Rahmen der Forschungsarbeiten in den Instituten entstandenen Dissertationen werden in der »Schriftenreihe zu Arbeitswissenschaft und Technologiemanagement« veröffentlicht. Die Schriftenreihe ersetzt die Reihe »IPA-IAO Forschung und Praxis«, herausgegeben von H. J. Warnecke, H.-J. Bullinger, E. Westkämper und D. Spath. In dieser Reihe sind in den vergangenen Jahren über 500 Dissertationen erschienen. Die Herausgeber wünschen den Autoren, dass ihre Dissertationen aus den Bereichen Arbeitswissenschaft und Technologiemanagement in der breiten Fachwelt als wichtige und maßgebliche Beiträge wahrgenommen werden und so den Wissensstand auf ein neues Niveau heben.

Dieter Spath

Hans-Jörg Bullinger

Vorwort

Die vorliegende Arbeit entstand während meiner Tätigkeit als wissenschaftlicher Mitarbeiter am Institut für Arbeitswissenschaft und Technologiemanagement (IAT) der Universität Stuttgart.

Herrn Prof. Dr.-Ing. Dr.-Ing. E. h. Dr. h. c. Dieter Spath, Leiter des Instituts für Arbeitswissenschaft und Technologiemanagement IAT der Universität Stuttgart und des Fraunhofer-Institutes für Arbeitswirtschaft und Organisation (IAO), Stuttgart, danke ich für die Annahme dieser Arbeit, die wissenschaftliche Betreuung und die wohlwollende Unterstützung meiner Tätigkeit am Institut.

Herrn Prof. Dr.-Ing. Prof. E. h. Dr.-Ing. E. h. Dr. h. c. mult. Engelbert Westkämper, ehemaligen Leiter des Institutes für Industrielle Fertigung und Fabrikbetriebslehre IFF der Universität Stuttgart sowie des Fraunhofer-Institutes für Produktionstechnik und Automatisierung (IPA), danke ich für die Übernahme des Mitberichtes.

Meinen Dank für die Förderung meiner wissenschaftlichen Tätigkeit gilt Herrn Dr.-Ing. Rolf Ilg sowie Dr.-Ing. Marc Rüger. Weiterhin möchte ich allen ehemaligen und aktiven Kollegen danken, die auf unterschiedliche Weise zum Gelingen dieser Arbeit beigetragen haben. Allen voran danke ich Antonio Ardilio, Christian Linder und Michael Schmitz für ihre hilfreichen Anregungen. Weiterhin bedanken möchte ich mich bei Michael Bucher, Maximilian Kauffmann und Robert Hämmerl. Ein großes Dankeschön gilt auch meiner Freundin Stefanie und meiner Schwester Mandy für die Fehlerkorrektur des Textes sowie ihre moralische Unterstützung zu jeder Zeit.

Meinen Großeltern Rudi und Hilde Bär widme ich diese Arbeit: sie hätten sich über diesen Moment sicherlich sehr gefreut.

Swansea, April 2013
Sven Seidenstricker

Methodik zur Entwicklung von Geschäftsmodellideen für die Diversifikation technologieorientierter, produzierender Unternehmen

Von der Fakultät Konstruktions-, Produktions- und Fahrzeugtechnik
der Universität Stuttgart
zur Erlangung der Würde eines Doktors der
Ingenieurwissenschaften (Dr.-Ing.) genehmigte Abhandlung

Vorgelegt von
Dipl.-Wirtsch.-Ing. Sven Seidenstricker
aus Sonneberg

Hauptberichter: Univ.-Prof. Dr.-Ing. Dr.-Ing. E.h. Dieter Spath
Mitberichter: Univ.-Prof. a.D. Dr.-Ing. Prof. E.h. Dr.-Ing. E.h. Dr. h.c. mult.
Engelbert Westkämper

Tag der mündlichen Prüfung: 20.03.2013

Institut für Arbeitswissenschaft und Technologiemanagement (IAT)
der Universität Stuttgart

2013

Inhaltsverzeichnis

Verzeichnis der Abbildungen

Verzeichnis der Tabellen

Verzeichnis der verwendeten Abkürzungen

ANK	Anwendungskompetenz
AUK	Auslegungskompetenz
BMBF	Bundesministerium für Bildung und Forschung
CEO	Chief Executive Officer
d	Ausprägung des Kriteriums
D	Abkürzungsindex für Deutschland
ER_n	Abkürzungsvariable für Teillösungsideen im Geschäftsmodellelement Erlöse
f_n	Abkürzungsvariable für Funktion
F	Abkürzungsindex für Frankreich
FuE	Forschung und Entwicklung
i.e.S.	im engeren Sinne
IT	Informationstechnik
k_n	Abkürzungsvariable für Kompetenz
KOK	Konstruktionskompetenz
KK_n	Abkürzungsvariable für Teillösungsideen im Geschäftsmodellelement Kanäle und Kundenbeziehung
KTS_n	Abkürzungsvariable für Teillösungsideen im Geschäftsmodellelement Kompetenzen, Technologien und Schlüsselressourcen
l_n	Abkürzungsvariable für Produkt und/oder Dienstleistung n
m_n	Abkürzungsvariable für Markt n
n	Index n
NACE	Nomenclature statistique des activités économiques dans la Communauté européenne
NP_n	Abkürzungsvariable für Teillösungsidee n im Geschäftsmodellelement Netzwerk und Partner
NEK	Neuentwicklungskompetenz
NPE	Neuproduktentwicklung
NU_n	Abkürzungsvariable für Teillösungsidee n im Geschäftsmodellelement Nutzenversprechen

p	Punktwertung: Bewertung des Erfüllungsgrads des Kriteriums
OEM	Original Equipment Manufacturer
OLED	organische Leuchtdiode
OPV	organische Photovoltaik
s	Skalierungsfaktor im Bewertungsmodell
t_n	Abkürzungsvariable für Technologie n
TRIZ	Theorie der erfinderischen Problemlösung
u	Abkürzungsvariable für unternehmensinterne Dimension
v	Abkürzungsvariable für Kundendimension
VDI	Verband deutscher Ingenieure
w	Abkürzungsvariable für Wettbewerbsdimension
WBV	Wettbewerbsvorteil
WEK	Weiterentwicklungskompetenz
WP_n	Abkürzungsvariable für Teillösungsidee n im Geschäftsmodellelement Wertschöpfungsstrukturen und Prozesse

1 Einleitung

Zu Beginn des ersten Kapitels erfolgt die Skizzierung der Problemstellung. Im Kapitel 1.2 werden Defizite bestehender Ansätze, Modelle und Verfahren zusammengetragen und kurz dargelegt. Aus der Problemstellung und den identifizierten Defiziten werden die Zielsetzung der Arbeit sowie Teilziele im Kapitel 1.3 formuliert. Im letzten Abschnitt des ersten Kapitels wird der Aufbau der Arbeit erläutert.

1.1 Einführung und Problemstellung

Technologieorientierte, produzierende Unternehmen tragen meist einen nicht zu unterschätzenden Beitrag zur Gesamtwertschöpfung und Wettbewerbsfähigkeit eines Landes bei (vgl. Westkämper 2009, S. 26f.). Die Herausforderungen für technologieorientierte, produzierende Unternehmen haben sich jedoch in den letzten Jahrzehnten radikal verschärft (vgl. Spath & Lentes 2012, S. 241ff.). Der Wettbewerb um Kunden und Märkte sowie in Forschung und Entwicklung (FuE) wird global geführt. Die hohe Dynamik der Märkte führt zu sich verkürzenden Produktlebenszyklen. Die Steigerung der Innovationsleistung war und ist dabei einer der Stellhebel, um diesen Herausforderungen zu begegnen. Oft genug konzentrieren sich Unternehmen jedoch ausschließlich auf die Verbesserung ihres bisherigen Leistungsangebots und die Entwicklung von Produktinnovationen. Potenziale in Service-, Organisations- oder Geschäftsmodellinnovationen bleiben vielmals ungenutzt.

Weiterhin zeigt sich in den letzten Jahren eine zunehmende Verflechtung bis dato unabhängig voneinander existierender Technologiefelder. Bisher wahrgenommene Grenzen verschwinden schrittweise. Unternehmen werden deshalb noch mehr aufgefordert sein, auch außerhalb ihrer bekannten technologischen Felder, Entwicklungen zu beobachten und ggf. technologische Kompetenzen rechtzeitig aufzubauen und/oder Partner zu suchen. Auch die IBM CEO Studie (2012, S. 13) ergibt, dass Technologie unter allen anderen der entscheidende Faktor ist, durch den die Unternehmen in Zukunft beeinflusst werden. Neben der Knüpfung von strategischen Partnerschaften wird es notwendig sein, Synergiepotenziale zu nutzen und technologisches Know-how und FuE-Ergebnisse systematisch zu verwerten (vgl. Lichtenthaler,

Lichtenthaler & Frishammar 2009, S. 301; Arora & Fosfuri 2003, S. 277). Ein starres Festhalten an traditionellen Geschäfts- und Technologiefeldern wird vielfach nicht möglich sein und kann zur Gefährdung der Existenz- und Überlebensfähigkeit des Unternehmens führen. Somit wird es für technologieorientierte, produzierende Unternehmen zunehmend wichtiger sein, Entwicklungen und Trends in mehreren Branchen, Märkten, Kundengruppen, Technologiefeldern etc. zu verfolgen und außerhalb ihres bisherigen Tätigkeitsbereichs Wachstumsfelder für sich zu erschließen – also zu diversifizieren. Die Diversifikation ist für Unternehmen somit nicht selten, sowohl heute als auch in Zukunft, eine zwingende Notwendigkeit und Herausforderung, der sie sich stellen müssen (vgl. Müller-Stewens & Brauer 2011, S. 30; IBM 2012, S. 47).

Sowohl die Erschließung von neuen Märkten, die sich gerade konstituieren, als auch von etablierten Märkten bedarf nicht unerheblicher Anstrengungen für das diversifizierende Unternehmen. Darüber hinaus befinden sich Unternehmen in einer Wettbewerbssituation. Etablierte Unternehmen lassen meist nur ungern ohne Gegenleistung andere Unternehmen an »ihren« Wachstumsfeldern und Märkten partizipieren. So kämpfen »Marktneulinge« vielfach mit gefestigten Kunden- und Lieferantenbeziehungen, erschwerten Zugängen zu elementaren Rohstoffen, fehlenden Vertriebsstrukturen etc. Ist dieser etablierte Markt darüber hinaus noch weit entfernt von der eigenen gegenwärtigen Geschäftätigkeit, besteht für das diversifizierende Unternehmen zusätzlich noch die Problematik fehlender Erfahrung und Kompetenz in diesem Bereich. Die Nutzbarmachung des Wachstumsfelds für das eigene Unternehmen scheint dann noch vielfach schwieriger. Das Anbieten von Leistungen mit geringfügigen Verbesserungen des bestehenden Leistungsangebots wird dabei nur selten große Erfolge verzeichnen können. Christensen und Raynor (2004, S. 38) gehen sogar davon aus, dass die marktbeherrschenden Unternehmen i.d.R. die besseren und leistungsfähigeren Weiterentwicklungen (Produkte) hervorbringen und diesen direkten Wettbewerb fast immer für sich entscheiden werden. Es gilt daher für diversifizierende Unternehmen außerhalb der bestehenden Marktkonzepte, Vorteile für Kunden zu generieren und Potenzialfelder zu nutzen. Dies könnten bspw. die Neugestaltung der Prozesskette, die Generierung neuer Erlösquellen oder die Reduzierung des Leistungsumfangs auf die elementaren Anforderungen sein. Entscheidend ist jedoch, diese Gestaltungsideen in ein ganzheitliches Konzept einzubetten und komplettierte Geschäftsmodelle zu entwerfen, die entweder aus Kundensicht enorme Vorteile bieten und mit dem gegenwärtigen Leistungsangebot in keiner Weise vergleichbar sind, die Branchenstrukturen und Marktbarrieren nahezu auflösen und erhebliche Wettbewerbsvorteile nach sich ziehen und/oder aus unternehmensinterner Perspektive entscheidende Vorteile mit sich bringen. Damit steigt die Höhe der zu erbringenden Innovationsperformance, aber gleichzeitig auch die Chance sich auf neuen oder etablierten Märkten zu positionieren oder die eigene Position auszubauen (Abbildung 1).

Die jüngste Vergangenheit hat gezeigt, dass sich durch veränderte Geschäftsmodelle Branchenstrukturen radikal verändern und hohe Wachstumspotenziale für Unternehmen realisieren lassen. 11 von 27 Unternehmen, die in den letzten 25 Jahren gegründet wurden und zu den 500 umsatzstärksten Unternehmen weltweit aufgestiegen sind, ist dies mit Geschäftsmodellinnovationen gelungen (vgl. Johnson, Christensen & Kagermann 2008, S. 52). Auch für technologieorientierte, produzierende Unternehmen könnten sich auf diesem Wege enorme Potenziale erschließen lassen, die es zu nutzen gilt.

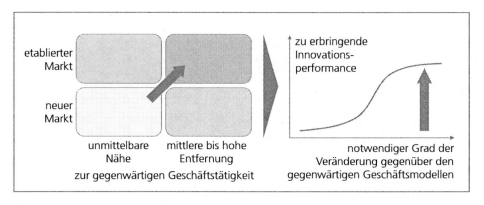

Abbildung 1:   Problemstellung der Arbeit

1.2 Defizite bestehender Ansätze, Modelle und Verfahren

Sowohl die Diversifikations- als auch die Innovations- und Geschäftsmodellforschung geben auf diese Problemstellung nur unzureichend Antwort. Es existieren zwar bereits zahlreiche Forschungsarbeiten, jedoch fehlt es meist an einer integrativen und wechselseitigen Betrachtung im Sinne einer ganzheitlichen Geschäftsmodellkonzeption sowie an der Förderung der Entwicklung und Kombination neuartiger Geschäftsmodellgestaltungsoptionen.

In der Gesamtbetrachtung sind folgende generelle Defizite zu nennen:

- Viele Arbeiten beschränken sich auf die Nennung wesentlicher Aspekte der Entwicklung und Gestaltung von Geschäftsmodellen. Ganzheitliche Geschäftsmodellsystematiken mit Definitionen von Teilsystemen und -grenzen sowie inhaltliche Beschreibungen bilden eher die Ausnahme.

- Der Aspekt der Diversifikation wird in den bestehenden Ansätzen zur Entwicklung von Geschäftsmodellen nicht aufgegriffen.

- Die bestehenden Ansätze zur Entwicklung von Geschäftsmodellen formulieren zwar Phasen und beschreiben das Vorgehen, sind aber aufgrund des hohen Abstraktionsniveaus in vielen Fällen praktisch nicht anwendbar.

- Der wesentlichen Phase der Generierung und Identifizierung von Geschäftsmodellideen wird in den bestehenden Ansätzen nur geringe Aufmerksamkeit geschenkt. Eine methodische Unterstützung leisten sie i.d.R nicht.

- Die existierenden Ansätze und Verfahren zur Gestaltung und Entwicklung neuer Geschäftsmodelle berücksichtigen die Wirkzusammenhänge der einzelnen Gestaltungsoptionen und Entscheidungsfelder oft nur unzureichend. Eine Überprüfung der Konsistenz der Geschäftsmodellideen findet nicht statt.

- Eine Einschätzung, in welcher Weise die Geschäftsmodellideen umsetzbar sind, und welche Ideen aus Kunden-, Wettbewerbers- und unternehmensinterner Perspektive zu priorisieren sind, wird nicht gegeben.

Die erwähnten Defizite zeigen, dass sowohl in der Erfassung und Beschreibung von Geschäftsmodellen, als auch im Vorgehen zur Generierung und Bewertung von Geschäftsmodellideen Handlungsbedarf zur Entwicklung einer integrativen Methodik besteht.

1.3 Zielsetzung der Arbeit

Bei Betrachtung der bestehenden Herausforderungen für Unternehmen und den noch bisher unerschlossenen Potenzialen sowie den Defiziten der in Wissenschaft und Praxis existierenden Ansätze, Modelle und Verfahren manifestiert sich die Forderung an die Forschung, konzeptionelle und methodische Hilfestellung für die skizzierte Problemstellung zu geben. Ziel dieser Arbeit ist die Konzeption und Ausgestaltung einer Methodik zur Entwicklung von Geschäftsmodellideen zur Diversifikation von technologieorientierten, produzierenden Unternehmen.

Dies beinhaltet im Weiteren folgende Teilziele, die sich aus den in Kapitel 1.2 erläuterten Defiziten bestehender Ansätze, Modelle und Verfahren sowie dem Hauptziel der Arbeit ergeben:

- Die Methodik soll eine ganzheitliche Betrachtung und Beschreibung von Geschäftsmodellen ermöglichen.
- Die Methodik soll helfen, interne und externe Potenzialfelder für neue Geschäftsmodelle zu identifizieren. Es soll die Möglichkeit bestehen, unterschiedliche Informationsquellen und Methoden zur Informationsbeschaffung einzusetzen und miteinander zu verknüpfen.
- Die Methodik soll den kreativen Prozess der Ideenentwicklung zur Generierung neuer Geschäftsmodelle unterstützen und helfen, Denkbarrieren zu überwinden.
- Aufgabe der Methodik soll es ebenfalls sein, die interne Stimmigkeit der entwickelten Geschäftsmodellideen zu überprüfen und konsistente Geschäftsmodellvarianten aufzustellen.
- Die Methodik soll ein Bewertungsmodell zur Verfügung stellen, anhand dessen eine Bewertung des Umsetzungsaufwands und der Umsetzungsreife, der potenziellen Kunden-, Wettbewerbs- und internen Vorteile erfolgen kann.

- Die Methodik soll weiterhin praxistauglich, hinreichend detailliert sowie erweiter- und adaptierbar sein.

Die Arbeit fokussiert bei prozessualer Betrachtung der Entwicklung von Geschäftsmodellen vor allem auf die Ideenidentifizierung, -generierung und -bewertung. Des Weiteren soll diese Methodik für technologieorientierte, produzierende Unternehmen entwickelt werden, die die Potenziale der Diversifikation für sich nutzen wollen.

1.4 Aufbau der Arbeit

Nach der Einführung in das Thema in Kapitel 1 wird in Kapitel 2 der für die Problemstellung vorhandene Stand der Forschung aufgearbeitet. Dabei zeigen sich drei thematische Schwerpunkte: Diversifikation, Geschäftsmodelle und Innovationen. Neben der Klärung der Begrifflichkeiten für die drei Bereiche werden Motive und Ansatzpunkte, die mit der Diversifikation verbunden sind, erläutert. Im Weiteren werden die Geschäftsmodell- und die Innovationsmanagementforschung umfassend betrachtet. Daran anknüpfend erfolgt eine Bewertung der gegenwärtigen Ansätze. Damit soll festgestellt werden, inwieweit die Ansätze für die Zielsetzung nutzbar sind, welche Defizite bestehen und wo es Ansatzpunkte für die Entwicklung einer neuen Methodik gibt, die die in Kapitel 1 formulierten Ziele erfüllt.

Anknüpfend an die Erkenntnisse aus Kapitel 2 werden im Kapitel 3 drei Bereiche betrachtet, die den Hauptdefiziten der bestehenden Ansätze entgegenwirken und Lösungshinweise für die Entwicklung der neuen Methodik liefern sollen. Dies sind die Systemtheorie, als möglicher Lösungsansatz zur Entwicklung einer Geschäftsmodellsystematik, die Kreativitätsforschung für die Entwicklung einer Vorgehensweise sowie mögliche Kriterien für ein Bewertungsmodell. Daran anschließend werden die konzeptionellen, methodischen und inhaltlichen Anforderungen an die Methodik definiert.

In Kapitel 4 erfolgt die Konzeption und Entwicklung der Methodik. Diese besteht aus drei Kernelementen: einer Geschäftsmodellsystematik, einer Vorgehensweise zur Entwicklung von Geschäftsmodellideen sowie einem Bewertungsmodell für die qualifizierte Einschätzung der generierten Geschäftsmodellideen. Die Vorgehensweise umfasst fünf Phasen, die detailliert beschrieben werden. Die Geschäftsmodellsystematik und das Bewertungsmodell sind in die Vorgehensweise integriert und werden in den jeweiligen Phasen eingesetzt.

Um die Anwendbarkeit der entwickelten Methodik zu überprüfen, wird in Kapitel 5 der Einsatz der Methodik anhand zweier praktischer Problemstellungen von Unternehmen Alpha und Beta dargestellt. Abschließend wird die Anwendbarkeit der Methodik bewertet.

Komplettiert wird diese Arbeit mit einer Zusammenfassung und einem Ausblick. Dort werden offene Forschungsfragen sowie mit der Arbeit aufgeworfene Fragestellungen diskutiert. In Abbildung 2 ist der Aufbau der Arbeit grafisch dargestellt.

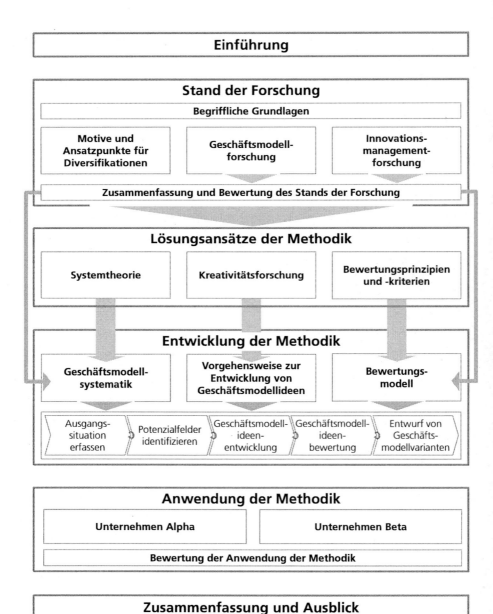

Abbildung 2: Überblick zum Aufbau der Arbeit

2 Stand der Forschung

Aufgabe dieses Kapitels ist es, für die in Kapitel 1.1 skizzierte Problemstellung den Stand der Forschung aufzuarbeiten. Dabei sollen im Kapitel 2.1 die grundlegenden Begrifflichkeiten voneinander abgegrenzt und beschrieben werden. Im Anschluss daran sind die Motive und Potenziale der Diversifikation für technologieorientierte, produzierende Unternehmen zu präzisieren (Kapitel 2.2). Im Kapitel 2.3 folgt die kritische Auseinandersetzung mit den bestehenden Ansätzen zur Entwicklung von Geschäftsmodellinnovationen. Daran anknüpfend sollen im Kapitel 2.4 grundlegende Modelle des Innovationsmanagements beschrieben werden. Im Kapitel 2.5 wird abschließend der dargelegte Stand der Forschung hinsichtlich der in Kapitel 1.3 formulierten Teilziele bewertet.

2.1 Begriffliche Grundlagen

2.1.1 Diversifikation

Die Entstehung des Begriffs Diversifikation nach heutigem Verständnis geht maßgeblich auf Ansoff (1966, S. 149ff.) zurück. Er sieht in der Diversifikation eine Möglichkeit, außerhalb der Marktdurchdringung und der rein produktbezogenen oder rein marktbezogenen Expansion Wachstum für das Unternehmen zu generieren (vgl. Szeless 2001, S. 7). Er ordnet den Begriff in eine Produkt-Markt-Matrix ein, sodass Diversifikation auch als »neue Produkt-Markt-Kombination« bezeichnet wird (Abbildung 3).

Drei Arten der Diversifikation werden häufig unterschieden (vgl. Becker 2006, S. 164f.; Büschken & von Thaden 2007, S. 610):

- horizontale Diversifikation,
- vertikale Diversifikation,
- laterale Diversifikation.

Unter horizontaler Diversifikation wird die Ausweitung des Produktprogramms durch neue Produkte verstanden, die sachlich mit den anderen in Beziehung stehen (vgl. Ansoff 1966, S. 154). Die vertikale Diversifikation ergänzt und erweitert das Leistungsprogramm entlang der Wertschöpfungskette entweder vorwärts in Richtung des Absatzes oder rückwärts, bspw. durch die Integration der Produktion von Vorprodukten oder Aufbereitung von Rohstoffen. Ein komplett neuer Vorstoß ohne einen sachlichen Zusammenhang zum bisherigen Leistungsprogramm oder zur Wertschöpfungskette wird unter dem Begriff laterale Diversifikation eingeordnet (vgl. Schuh et al. 2011, S. 244). Sie liegt am weitesten entfernt von den bisherigen Aktivitäten und wird als risiko- und chancenreichste Form der Diversifikation angesehen (vgl. Meffert, Burmann & Kirchgeorg 2008, S. 262f.).

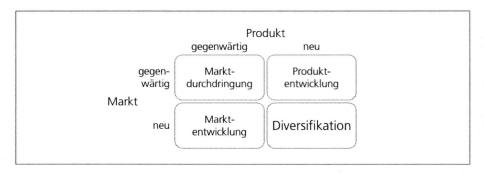

Abbildung 3:   Produkt-Markt-Matrix (vgl. Ansoff 1966, S. 150)

2.1.2 Innovation und Innovationsmanagement

Der Gebrauch des Begriffs Innovation sowie des dazugehörigen Adjektivs innovativ hat heutzutage fast schon inflationäre Züge angenommen. In vielerlei Zusammenhängen und Disziplinen erfolgt deren Verwendung. Im Rahmen dieser Arbeit sollen ausgehend vom Verständnis Schumpeters (1934, S. 101) die grundlegenden Dimensionen des Begriffs Innovation thematisiert werden, um sich im Ergebnis einer Begriffsdefinition zu nähern.

Als Innovation betrachtet Schumpeter »die Durchsetzung neuer Kombinationen«. Er weist dabei auf ihr »diskontinuierliches Auftreten« hin (Schumpeter 1934, S. 101). Zentral für den

Innovationsbegriff ist dabei das Merkmal »Neu«. In Verbindung mit dieser Eigenschaft werfen Hauschildt und Salomo (2011, S. 5) fünf Fragen auf, die gleichzeitig auch als Dimensionen des Neuheitsbegriffs zu sehen sind:

- »Was ist neu?« (inhaltliche Dimension),
- »Neu für wen?« (subjektive Dimension),
- »Wie neu?« (Intensitätsdimension),
- »Wo beginnt, wo endet die Neuerung?« (prozessuale Dimension),
- »Ist neu gleich erfolgreich?« (normative Dimension).

Bei der inhaltlichen Dimension wird häufig zwischen Produkt- und Prozessinnovationen differenziert (vgl. Hauschildt & Gemünden 2011, S. 24; Vahs & Burmester 2005, S. 72ff.; Disselkamp 2005, S. 20ff.). Während Produktinnovationen eher als Neuerung im Leistungsprogramm eines Unternehmens zu sehen und an eine marktliche Verwertung geknüpft sind, zielen Prozessinnovationen i.d.R. zunächst auf den innerbetrieblichen Einsatz und Effizienzsteigerungen ab (vgl. Pleschak & Sabisch 1996, S. 14; Vahs & Burmester 2005, S. 73ff.).

Die zweite Dimension bzw. die Frage »Neu für wen?« trägt der Problematik Rechnung, dass das Verständnis von neu auch immer subjektgebunden ist (vgl. Hauschildt & Salomo 2011, S. 18). Subjektbezogen meint zum einen das einzelne Individuum, zum anderen aber auch Unternehmen, Branchen, Volkswirtschaften etc.

Die Frage »Wie neu?« beschreibt die Intensität oder das Ausmaß der mit der Neuerung verbundenen Veränderung. In diesem Zusammenhang wird häufig zwischen inkrementellen und radikalen, revolutionären und evolutionären oder Basis- und Verbesserungsinnovationen unterschieden (vgl. Perl 2007, S. 40; Hauschildt & Salomo 2011, S. 12). Inkrementelle Innovationen sind Neuerungen auf Basis bestehender Produkte oder in der Branche eingesetzter Technologien. Das Ausmaß der Veränderung ist gering. Dagegen schaffen radikale Innovationen meist außerordentliche Chancen für Unternehmen, wenn gleich auch das wirtschaftliche Risiko deutlich größer ist. Der geforderte Neuheitsgrad ist dementsprechend bei radikalen Innovationen hoch (vgl. Vahs & Burmester 2005, S. 83f.; Pleschak & Sabisch 1996, S. 3). Die prozessuale Dimension knüpft an den Innovationsprozess an. Brockhoff (1999, S. 38) formuliert diesen in vier Prozessphasen und ordnet diesen die Begrifflichkeiten Invention, Innovation (im engeren Sinne verstanden), Diffusion und Imitation zu (Abbildung 4). Als Invention wird nur die technische Realisierung neuer wissenschaftlicher Erkenntnisse bzw. die Neukombination technologischer Lösungen gesehen. Der marktliche Verwertungsaspekt bleibt dabei außen vor (vgl. Bullinger 1994, S. 35). Invention wird auch mit dem Begriff Erfindung gleichgesetzt. Innovation i.e.s. dagegen bezeichnet den erstmaligen wirtschaftlichen Einsatz der Invention (Perillieux 1987, S. 16). Den Begriff Diffusion umschreibt Rogers (2003, S. 5) als »process which an innovation is communicated through certain channels over time among the members of a social system«. Imitationen sind Nachahmungen von Lösungen, die bereits in anderen Unternehmen existieren und absichtlich den gleichen oder ähnlichen Verwendungsfeldern zugeführt werden (vgl. Gerpott 2005, S. 47f.; Vahs & Bumester 2005, S. 82).

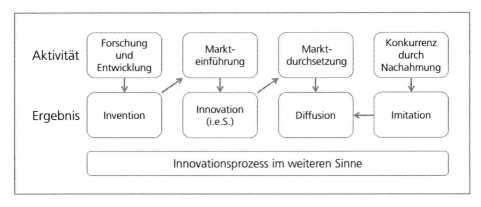

Abbildung 4: Innovationsprozess nach Brockhoff (1999, S. 38)

Die normative Dimension bzw. die Antwort auf die Frage »Ist neu gleich erfolgreich?« kann nicht pauschal beantwortet werden. Damit verbunden besteht oft auch die Frage nach den Faktoren, die den Erfolg oder Misserfolg von Innovationen fördern. Mit der Identifizierung dieser Faktoren beschäftigt sich die Innovationserfolgsfaktorenforschung, auf die in Kapitel 2.4.1 gesondert eingegangen werden soll.

Neben dem Merkmal der Neuheit sind Innovationen besonders mit den Merkmalen Unsicherheit und Komplexität verbunden (vgl. Vahs & Burmester 2005, S. 52f.; Perl 2007, S. 33ff.; Thom 1980, S. 23).

Das Kennzeichen Unsicherheit ist eng im Zusammenhang mit dem Neuheitsaspekt zu sehen. Aufgrund der Neuheit kann nur begrenzt auf Erfahrungswissen zurückgegriffen werden. Zum Teil können auch noch gar keine Aussagen über das zu erwartende Ergebnis getroffen werden. Des Weiteren besteht meist Unsicherheit, in welcher Weise die Umwelt auf die Veränderungen reagiert. Mit Zunahme des Neuigkeitsgrad geht i.d.R. auch eine höhere Unsicherheit einher (vgl. Perl 2007, S. 33f.).

Aufgrund der vielfältigen Beziehungs- und Einflussstrukturen wird Innovationen meist auch das Merkmal der Komplexität zugeschrieben. Dabei wirken Einflüsse sowohl aus dem direkten wie auch mittelbaren Umfeld. Zwei Variablen sind für die Komplexität kennzeichnend (vgl. Vahs & Burmester 2005, S. 53). Dies sind zum einen die Veränderlichkeit im zeitlichen Verlauf und zum anderen die Menge und Vernetztheit der Einflussgrößen.

Für den Begriff Innovation lässt sich somit festhalten, dass dieser sich vor allem durch die Eigenschaften neu, mit Unsicherheit behaftet und komplex charakterisieren lässt und kennzeichnend für die marktliche Anwendung bzw. Verwertung ist.

Somit ist es Aufgabe des Innovationsmanagements mit den beschriebenen drei Merkmalen Neuheit, Unsicherheit und Komplexität sowie ggf. weiteren umzugehen (vgl. auch Gerpott 2005, S. 57). Brockhoff (2011, S. 41) sieht dies in ähnlicher Weise und formuliert für das Innovationsmanagement die Aufgabe »der Überwindung von Informationsbarrieren unter Berücksichtigung von Wirtschaftlichkeitskriterien [...], die als Folge von Unsicherheiten und Informationsasymmetrien auftreten.« Für die Definition des Begriffs Innovationsmanagement kann zwischen der systemtheoretischen und der prozessualen Sichtweise differenziert werden (vgl. Hauschildt & Salomo 2011, S. 29). Die systemtheoretische Sichtweise betrachtet die Unternehmung als Innovationssystem und sieht deren Gestaltung als zentrale Aufgabe des Innovationsmanagements (vgl. Hauschildt & Salomo 2011, S. 29; Gelbmann & Vorbach 2007,

S. 95ff.). Eine prozessorientierte Definition formulieren Spath, Warschat und Ardilio (2011, S. 20). Sie sehen Innovationsmanagement als Prozess mit mehreren Phasen, der den Bereich von der Invention bis hin zur erfolgreichen Markteinführung umfasst. Im Rahmen dieser Arbeit wird letztgenannte Definition angewendet.

2.1.3 Geschäftsmodell und Geschäftsmodellinnovation

Auch der Begriff Geschäftsmodell wird in einer Vielzahl von Kontexten genutzt. Gerade in der populär-wissenschaftlichen Literatur erfreut sich der Begriff großer Beliebtheit. Um eine begriffliche Basis für diese Arbeit zu schaffen, sollen im Folgenden bedeutende Definitionen und Richtungen, die den Begriff geprägt haben, aufgezeigt werden.

Der Ursprung dieses Begriffs bzw. das damit verbundene Konzept kann nicht wirklich ausgemacht werden. Unterschiedliche Disziplinen und Autoren sehen in ihrem Gebiet den Ausgangspunkt für die Entstehung des Konzepts (vgl. Bieger & Reinhold 2011, S. 14f.). So attestieren bspw. Baden-Fuller und Morgan (2010, S. 159f.) dem Begriff eine lange Vorgeschichte vom Mittelalter über die einzelnen Epochen der industriellen Revolution. Anhänger der Managementforschung und Betriebswissenschaften sehen die Quelle der Entwicklung in den Publikationen von Peter Drucker (vgl. Drucker 1956, S. 66ff.; Casadesus-Masanell & Ricart 2010, S. 197; Magretta 2002, S. 87; Bieger & Reinhold 2011, S. 14). Andere Autoren betonen, dass dieser Begriff maßgeblich erst seit den 70er Jahren des vergangenen Jahrhunderts im Wissenschaftsgebiet der Wirtschaftsinformatik Verwendung findet (vgl. Zollenkop, 2006 S. 27; Rentmeister & Klein 2003, S. 18; Alberti 2011, S. 16). Andere Forscher wiederum verbinden mit diesem Begriff eine recht junge Forschungsdisziplin, die durch die New Economy Anfang des Jahrtausends enormen Auftrieb erhalten hat (vgl. Umbeck 2009, S. 48; Osterwalder 2004, S. 23). Einen großen Zuwachs an Veröffentlichungen zu Geschäftsmodellen seit 1995 bestätigt ebenfalls eine Untersuchung von Zott, Amit und Massa (2011, S. 1019ff.), die die Entwicklung des Begriffs von 1975 bis 2009 untersuchten. Auch im Jahre 2010 und 2011 war dieses Konzept Gegenstand verschiedener Forschungsarbeiten. So widmeten sich namhafte Journals wie bspw. Long Range Planning oder International Journal of Product Development diesem Thema eine Sonderausgabe. Die Uneinigkeit über die Herkunft des Begriffs zeigt sich auch in seinen Definitionsversuchen, von denen einige in der Tabelle 1 zusammengefasst sind.

Tabelle 1: Definitionen des Begriffs Geschäftsmodell

Autoren	Definition
Amit und Zott (2001, S. 511)	The business model depicts »the content, structure and governance of transactions designed so as to create value through the exploitation of business opportunities.«
Chesbrough und Rosenbloom (2002, S. 529)	The business model is »the heuristic logic that connects technical potential with the realization of economic value.«
Magretta (2002, S. 4)	Business models are »stories that explain how enterprises work. A good business model answers Peter Drucker's age old questions: Who is the customer? And what does the customer value? It also answers the fundamental questions every manager must ask: How do we make money in this business? What is the underlying economic logic that explains how we can deliver value to customers at an appropriate cost?«
Johnson, Christensen und Kagermann (2008, S. 52)	Business models »consist of four interlocking elements, that, taken together, create and deliver value.«
Wirtz (2009, S. 74)	»Mit dem Begriff Geschäftsmodell [...] wird die Abbildung des Leistungssystems einer Unternehmung bezeichnet.«
Teece (2010, S. 179)	»A business model articulates the logic, the data and other evidence that support a value proposition for the customer, and a viable structure of revenues and costs for the enterprise delivering that value.«
Osterwalder und Pigneur (2011, S. 18)	»Ein Geschäftsmodell beschreibt das Grundprinzip, nach dem eine Organisation Werte schafft, vermittelt und erfasst.«

Des Weiteren ist festzustellen, dass dieses Thema in bestimmten Wissenschaftsbereichen von besonderer Relevanz ist und der Begriff bzw. die Definition vom jeweiligen Gebiet geprägt ist (vgl. Reinhold, Reuter & Bieger 2011, S. 73ff.; George & Bock 2011, S. 83ff.). Nach der Analyse von Zott, Amit und Massa (2011, S. 1020) lassen sich drei Kernwissenschaftsdisziplinen identifizieren: E-Business, Strategisches Management sowie Technologie- und Innovationsmanagement.

Ungeachtet der Differenzen bei der Definition des Begriffs Geschäftsmodell besteht bei vielen Ansätzen Einigkeit darüber, dass der Begriff Geschäftsmodell vom Begriff Strategie abzugrenzen ist (vgl. Casadesus-Masanell & Ricart 2010, S. 203; Shafer, Smith & Linder 2005, S. 203; Magretta 2002, S. 91; Wikström et al. 2010, S. 834). Casadesus-Masanell und Ricart (2011, S. 107) beschreiben den Unterschied so: »business models refer to the logic of the company – how it operates and creates and captures value for stakeholders in a competitive marketplace – strategy is the plan to create a unique and valuable position involving a distinctive set of activities.«

Bieger und Reinhold (2011, S. 26) ordnen den Begriff Geschäftsmodell in das St. Gallener Managementmodell ein (Abbildung 5). Sie verstehen Strategie als »Bezugsrahmen für die Entwicklung und Ausgestaltung eines Geschäftsmodells. [...] Das Geschäftsmodell ist [...] eine Konkretisierung der realisierten Strategie hinsichtlich ausgewählter Elemente des Geschäftsmodellansatzes« (Bieger & Reinhold 2011, S. 25).

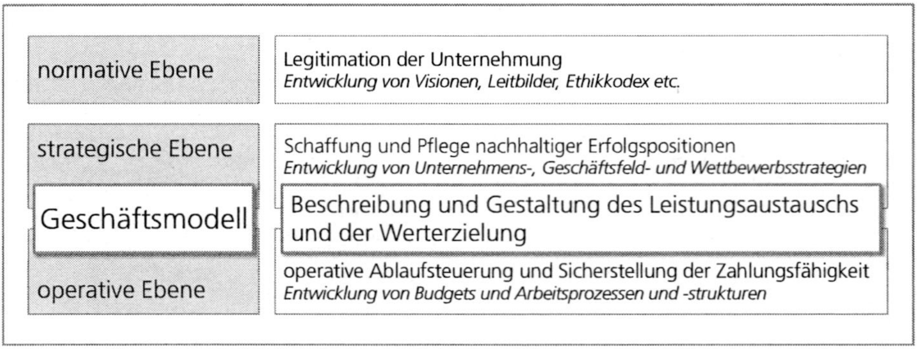

normative Ebene	Legitimation der Unternehmung *Entwicklung von Visionen, Leitbilder, Ethikkodex etc.*
strategische Ebene	Schaffung und Pflege nachhaltiger Erfolgspositionen *Entwicklung von Unternehmens-, Geschäftsfeld- und Wettbewerbsstrategien*
Geschäftsmodell	Beschreibung und Gestaltung des Leistungsaustauschs und der Werterzielung
operative Ebene	operative Ablaufsteuerung und Sicherstellung der Zahlungsfähigkeit *Entwicklung von Budgets und Arbeitsprozessen und -strukturen*

Abbildung 5: **Einordnung des Konzepts Geschäftsmodell in das St. Gallener Managementmodell (in Anlehnung an Bieger & Reinhold 2011, S. 26)**

Das Geschäftsmodellkonzept könnte somit die Lücke zwischen der strategischen und operativen Ebene schließen und als umfassendes Gestaltungskonzept dienen, das die Anforderungen und Entscheidungen der strategischen Ebene berücksichtigt und gleichzeitig detailliert auf operative Gestaltungsparameter eingeht (vgl. auch Spath, Renz & Seidenstricker 2011,

S. 222ff.). Diesen Aspekt berücksichtigend wird im Rahmen dieser Arbeit unter Geschäftsmodell die Beschreibung und Gestaltung des Leistungsaustauschs und der Werterzielung verstanden.

Anlehnend an das Verständnis von Schumpeter und die Dimensionen von Innovationen sollen Geschäftsmodellinnovationen im Folgenden als neuartige Gestaltung und Veränderung des Prinzips des Leistungsaustauschs und der Werterzielung verstanden werden.

2.2 Motive und Ansatzpunkte für die Diversifikation technologieorientierter, produzierender Unternehmen

Entsprechend der in Kapitel 1.1 skizzierten gegenwärtigen Herausforderungen und zukünftig weiter steigenden Anforderungen an technologieorientierte, produzierende Unternehmen scheint eine Diversifikation in vielen Fällen lohnenswert (vgl. Peschl 2010, S. 101). Die Steigerung des Unternehmenswachstums ist dabei nur ein Argument Diversifikationsbemühungen anzustoßen. Teilweise ist das Ausweichen auf für das Unternehmen neue Märkte eine notwendige Bedingung, um die Existenz der Unternehmung zu sichern. Insbesondere ist dies dann erforderlich, wenn Unternehmen sich auf einzelne Märkte konzentriert haben, bei denen aber in Zukunft mit einer Stagnation oder einem Rückgang der Nachfrage zu rechnen ist.

Neben dem Motiv des Unternehmenswachstums und dem Motiv der Sicherung der unternehmerischen Überlebensfähigkeit, die hier dem Wachstumsmotiv zugeordnet wird, können weitere Motive genannt werden. Häufig genannte sind dabei die Erzielung von Synergien, die Minimierung und Streuung von Risiken, wettbewerbsbezogene Motive und der Aufbau strategischer Kompetenzen (vgl. Kinzler 2005, S. 7; Hutzschenreuter & Sonntag 1998, S. 9; Collis & Montgomery 1997, S. 76ff.; Röhrig 2011, S. 26ff.; Weiss 2009, S. 35ff.). In der Literatur werden auch Motive wie Managementinteressen, soziale Ziele und Kapitalallokation immer wieder aufgeführt (vgl. Knoche 2006, S. 29; Weiss 2009, S. 35; Drebes 2011, S. 52ff.). Sie sind im Rahmen dieser Arbeit nicht von Relevanz und werden deshalb im Folgenden nicht weiter ausgeführt. Die Betrachtung der Motive soll verdeutlichen, welche Chancen eine Diversifikation für technologieorientierte, produzierende Unternehmen bieten kann. Zudem sollen sie Ansatzpunkte liefern, unter welchen Gegebenheiten eine Diversifikation für Unternehmen in Betracht zu ziehen ist.

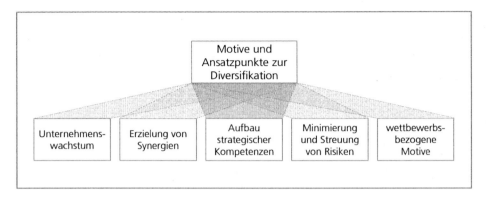

Abbildung 6: **Motive und Ansatzpunkte für die Diversifikation technologieorientierter, produzierender Unternehmen**

Je nach Unternehmen und Gegebenheit können auch andere als die in Abbildung 6 genannten Gründe Anlass zur Diversifikation sein. Für technologieorientierte, produzierende Unternehmen scheinen diese als maßgebend und werden deshalb im Weiteren detaillierter betrachtet.

Unternehmenswachstum

Ein wesentliches Motiv zur Diversifikation ist die Generierung von Unternehmenswachstum. Gerade in stagnierenden Märkten kann Wachstum nur über Verdrängung der Wettbewerber erfolgen, wobei der Kampf gegen etablierte Unternehmen, Kundenbeziehungen und -strukturen oft ein schwieriger sein wird. Die Ausdehnung der Geschäftätigkeit auf andere Märkte kann im Hinblick auf die Erzielung von Unternehmenswachstum in Relation zu den Verdrängungsbemühungen zielführender sein (vgl. Röhrig 2011, S. 27f.; Fey 2000, S. 23).

Bewegt sich ein Unternehmen ausschließlich auf einem Markt mit hoher Attraktivität, so kann davon ausgegangen werden, dass die Marktattraktivität auch andere Unternehmen dazu veranlasst, in diesem Bereich zu diversifizieren. Damit einhergehend kann es zu einer gesteigerten Wettbewerbsintensität kommen. Treten Unternehmen ein, die Synergievorteile realisieren können oder strukturell über bessere Voraussetzungen (bspw. Lohnkostenniveau) verfügen, können diese das eigene Unternehmenswachstum verringern. Die Ausweitung der eigenen Geschäftstätigkeit in andere oder bis dato eher unerschlossene Felder könnte dem entgegenwirken.

Erzielung von Synergien

Einer der wesentlichen Gründe für Diversifikation ist die Nutzung von Synergiepotenzialen (vgl. Knoche 2006, S. 43; Szeless 2001, S. 31; Bresser 1998, S. 398). Dies können Synergien unterschiedlicher Art sein wie bspw. Rationalisierungs-, Innovations-, Markt- oder Finanzsynergien (vgl. Bauernhansl 2003, S. 66ff.).

Hohe Synergiepotenziale und daraus resultierende Wettbewerbsvorteile liegen für technologieorientierte, produzierende Unternehmen oftmals in der Ausschöpfung von Verwertungspotenzialen von Produkt- und Prozesstechnologien. Die Basis für mögliche Wettbewerbsvorteile bietet die Kombination aus Technologien und den im Unternehmen vorhandenen Kompetenzen. Meist können Technologien verschiedene Funktionen realisieren und in den unterschiedlichen Produkten und Märkten Anwendung finden (vgl. Spath & Bunzel 2011, S. 886ff.). Die Übersetzung der Technologien und ihrer Attribute in Funktionen ist in diesem Zusammenhang unerlässlich und Ausgangspunkt für eine systematische Suche nach weiteren Anwendungsfeldern und der Möglichkeit der Diversifikation (Abbildung 7).

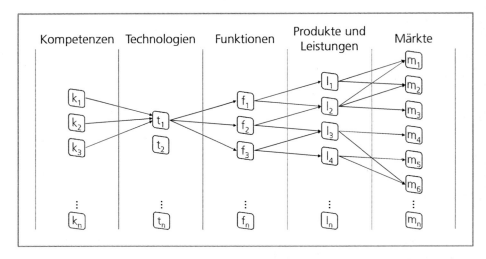

Kompetenzen   Technologien   Funktionen   Produkte und Leistungen   Märkte

Abbildung 7: **Synergiepotenziale auf Basis von technologischen Kompetenzen (vgl. Heubach, Slama & Rüger 2008, S. 23; Spath & Warschat 2008, S. 10)**

Aufbau strategischer Kompetenzen

Ein weiterer Grund zur Diversifikation kann in der Motivation liegen, neue, spezifische Kompetenzen und Ressourcen aufbauen zu wollen, die zukünftig zum Erhalt und der Steigerung der Wettbewerbsfähigkeit maßgeblich beitragen sollen (vgl. Kinzler 2005, S. 11). Insbesondere technologische Kompetenzen, die zur Erzielung von Wettbewerbsvorteilen oftmals geeignet erscheinen, benötigen meist einen längerfristigen Aufbau. Damit die Entwicklung der Kompetenzen und Technologiebereiche gelingt, kann eine Diversifikation sinnvoll sein. So können sich diese unabhängig vom restlichen Produkt- und Leistungsprogramm des Unternehmens entwickeln, ohne dass Kannibalisierungseffekte auftreten. Auch können so womöglich bestehende Innovationswiderstände innerbetrieblicher Art oder seitens des Markts überwunden werden (vgl. Hadjimanolis 2003, S. 561).

Minimierung und Streuung von Risiken

Ein Aspekt, der in Verbindung mit Diversifikation ebenfalls immer wieder genannt wird, ist die Möglichkeit der Risikostreuung bzw. der Minimierung des Unternehmensrisikos (vgl. Kinzler 2005, S. 13; Büschken & von Thaden 2007, S. 611f.). Gerade im Hinblick auf die volatilen Märkte und die sich rasch ändernden Umweltbedingungen scheint dieses Ziel wünschenswert. Für diversifizierte Unternehmen wird angenommen, dass sie durch die Streuung der Unternehmensaktivitäten auf mehrere Geschäftsfelder und Branchen unabhängiger von bereichsspezifischen Schwankungen sind, d.h. dass die Intensität der Auswirkung meist weniger stark ausfällt als bei Unternehmen, die sich auf ein Geschäftsfeld bzw. eine Branche konzentrieren. Auch Risiken, resultierend aus Technologiesprüngen oder veränderten rechtlichen Reglementierungen haben bei einer breiten Diversifikation der Geschäftstätigkeit weit weniger negative Auswirkungen.

Ebenfalls ein Motiv, das unter diesem Aspekt der Risikosenkung subsumiert wird, sind die saisonalen und strukturellen Nachfrageschwankungen, denen nicht diversifizierte Unternehmen unter Umständen ausgesetzt sind (vgl. Stephan 2003, S. 81). Ein Ausgleich dieser Schwankungen ist für produzierende Unternehmen erstrebenswert.

Risiken können auch aus der Art der Branche sowie den jeweiligen Bedingungen resultieren. So kann bspw. auf einem Markt eine kontinuierliche Erlöserzielung nicht üblich bzw. durchsetzbar sein. Um dieses systematische Risiko für die produzierende Unternehmung zu senken, kann eine Diversifikation zweckdienlich sein (vgl. Stephan 2003, S. 84; Weiss 2009, S. 36).

Wettbewerbsbezogene Motive

Die Festigung und der Ausbau der Marktmacht können ebenfalls ein Motiv für eine Diversifikation sein. Dies wird so begründet, dass diversifizierte Unternehmen mit bestimmten Verhaltensweisen und Taktiken auf dem jeweiligen Markt marktunübliche Situationen schaffen können und sich so Vorteile im Wettbewerb für sie ergeben. Bspw. können diversifizierte Unternehmen durch »existenzgefährdende« Preisgestaltung, indem der Verkaufspreis unterhalb der Durchschnittskosten liegt, Wettbewerber verdrängen bzw. die eigene Marktposition ausbauen. Die für diese Vorgehensweise nötigen finanziellen Mittel erzielen diversifizierte Unternehmen in den anderen Bereichen.

Ein weiteres Konstrukt, in dem diversifizierte Unternehmen Vorteile für sich sehen könnten, wäre die Möglichkeit, als Konkurrenten in ähnlichen Märkten aufzutreten, aber weniger aggressiv gegeneinander vorzugehen, sodass beide Unternehmensteile davon profitieren. (vgl. Hungenberg 2008, S. 510). Weiterhin könnte das diversifizierte Unternehmen aufgrund seiner Machtposition und seiner strukturellen Vorteile Geschäftsbeziehungen strategisch ausnutzen und Druck auf Abnehmer oder Lieferanten erhöhen (vgl. Szeless 2001, S. 42). So können diese dazu gebracht werden, aufgrund der Abhängigkeit Ausschließlichkeits- oder Koppelungsgeschäfte einzugehen (vgl. Röhrig 2011, S. 27).

Es zeigt sich, dass außerhalb des Ziels der Steigerung des Unternehmenswachstums zahlreiche weitere Motive für Diversifikation existieren. Idealerweise lassen sich durch die Diversifikation zahlreiche positive Aspekte erreichen. Die Abwägung, inwieweit eine Diversifikation lohnend erscheint, ist in Abhängigkeit vom Unternehmen, dem gegenwärtigen Kontext und der damit verbundenen Zielsetzungen situativ vorzunehmen. Die in diesem Kapitel benannten Motive und Ansatzpunkte sollen im Allgemeinen aufzeigen, welche möglichen Potenziale sich erschließen lassen. Grundsätzlich besteht, wie in der Problemstellung (Kapitel 1.1) besprochen, bei jeder Diversifikationsbemühung die Möglichkeit des Scheiterns. Etablierte Unternehmen werden nur in seltenen Fällen zulassen, dass an ihren Märkten partizipiert wird. Zusätzlich verfügt das neu in den Markt eingetretene Unternehmen meistens nicht über die Erfahrung und seine Produkte und Leistungen nicht über den Reifegrad, wie es bei Produkten von etablierten Unternehmen auf diesem Markt der Fall ist (vgl. Christensen & Raynor 2004, S. 38). Dies bedeutet, dass durch inkrementelle Innovationen diversifizierende Unternehmen auf etablierten Märkten vermutlich nicht die erhofften Markterfolge realisieren können. Es bedarf vielmehr einer umfassenden Veränderung und Neugestaltung der Logik des Leistungsaustauschs und der Werterzielung, d.h. der Entwicklung neuer Geschäftsmodelle.

2.3 Geschäftsmodellforschung

2.3.1 Geschäftsmodellansätze und -elemente

In den letzten Jahren hat das Interesse an diesem Themengebiet stark zugenommen. Das mag zum einem daran liegen, dass viele Erwartungen mit diesem Konzept verbunden werden, die die gegenwärtigen Forschungsdisziplinen nicht zu leisten vermögen. Zum anderen aber auch, dass durch die neuen technologischen Möglichkeiten bspw. von Cyper Physical Systems »ein Umfeld für radikale und disruptive Geschäftsmodellinnovationen« geschaffen wird (Geisberger & Broy 2012, S. 175). In Kapitel 2.1.3 wurde dargelegt, dass sich in diesem relativ jungen Forschungsgebiet noch kein einheitliches Begriffsverständnis herausgebildet hat. Trotz der Unterschiede besteht in vielen Arbeiten Einigkeit darüber, dass Geschäftsmodelle als ein Zusammenschluss mehrerer verschiedener Geschäftselemente zu begreifen sind, mit deren Hilfe Geschäftsmodelle sich beschreiben und gestalten lassen.

Es stellt sich nun die Frage, welches die elementaren Geschäftsmodellelemente sind, die ein Geschäftsmodell charakterisieren. Hierbei zeigt sich wiederum ein völlig uneinheitliches Bild in Wissenschaft und Praxis. Shafer, Smith und Linder (2005, S. 200f.) sowie Onetti et al. (2010, S. 343ff.) versuchen durch eine Gegenüberstellung verschiedener Geschäftsmodellansätze und ihrer Elemente sich der Antwort auf diese Frage zu nähern (Kapitel 8.1 Anhang A).

Es fällt jedoch auf, dass einige Aspekte Gegenstand von Geschäftsmodellansätzen sind, die in Anlehnung an die Definition und Abgrenzung des Geschäftsmodellbegriffs entsprechend der vorgenommenen Einteilung nicht dazu zu zählen wären. So sind bspw. »Corporate Identity, Reputation, Kultur«, »Mission«, »Exploitation« eher der normativen Ebene bzw. der strategischen Ebene zu zuordnen. Des Weiteren sind manche Aspekte wie bspw. »Information flows«, »Functionalities«, »Supporting Processes« eher allgemeiner Art und somit ebenfalls nicht zwingend charakteristisch für ein Geschäftsmodellkonzept. Es soll daher eine weitere Aggregation der Elemente (Aspekte) vorgenommen werden und dabei auch die in Kapitel 2.1.3 für die Arbeit festgelegte Definition des Geschäftsmodellbegriffs Berücksichtigung finden.

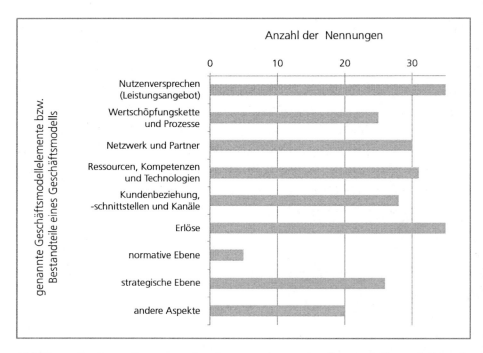

Abbildung 8: Neue Clusterung der elementaren Aspekte für Geschäftsmodelle auf Basis der Untersuchung von Onetti et al. (2010, S. 343ff.)

Weiterhin zeigte sich bei der qualitativen Auswertung der Untersuchung von Onetti et al., dass manche der aufgeführten Ansätze nicht explizit Geschäftsmodellelemente benennen, sondern nur auf Aspekte hinweisen, die Geschäftsmodelle betrachten sollen. Daher scheint es erforderlich, auf Basis der Verdichtung der elementaren Aspekte für Geschäftsmodelle (Abbildung 8) im Rahmen dieser Arbeit zu analysieren, welche Geschäftsmodellansätze die oben benannten Geschäftsmodellelemente enthalten, und diese direkt zu benennen (Tabelle 2).

Tabelle 2: Vergleich von Geschäftsmodellansätzen

Ansätze, die konkrete Geschäftsmodellelemente benennen	Nutzenversprechen (Leistungsangebot)	Wertschöpfungskette und Prozesse	Netzwerk und Partner	Ressourcen, Kompetenzen und Technologien	Kundenbeziehung, -schnittstellen und Kanäle	Erlöse
Slywotzky (1997, S.32ff.)	●		●		●	●
Timmers (1998, S. 4)	●		●			●
Mayo und Brown (1999, S. 20ff.)			●			
Hamel (2000, S. 73ff.)		●	●	●	●	
Mahadevan (2000, S. 9)	●	●				●
Stewart und Zhao (2000, S. 290ff.)				●		●
Alt und Zimmermann (2001, S. 5ff.)	●	●	●	●	●	●
De, Mathew und Abraham (2001, S. 138ff.)	●		●		●	●
Stähler (2001, S. 42ff.)	●	●				●
Weill und Vitale (2001, S. 29ff.)			●		●	
Betz (2002, S. 21f.)				●		●
Hoque (2002, S. 98ff.)	●		●	●	●	
Rayport und Jaworsky (2002, S. 3)	●			●	●	●
van der Vorst et al. (2002, S. 125ff.)	●	●	●	●		
Hedman und Kalling (2003, S. 52f.)	●	●	●	●		
Gordijn und Akkermans (2003, S. 9ff.)	●	●	●	●		
Pateli und Giaglis (2003, S. 337ff.)	●	●	●	●		●
Afuah (2004, S. 9ff.)		●		●		
Morris, Schindehutte und Allen (2005, S. 729f.)	●	●	●	●	●	●
Schweizer (2005, S. 41f.)		●		●	●	●
Voelpel et al. (2005, S. 40)	●		●		●	●
Watson (2005, S. 5ff.)	●		●		●	●
Zollenkop (2006, S. 48ff.)	●	●	●	●	●	●
Poel, Renda und Ballon (2007, S.87f.)	●		●			●
Johnson, Christensen und Kagermann (2008, S. 52ff.)	●	●	●	●	●	●
Richardson (2008, S. 11ff.)	●	●	●	●		●
Zott und Amit (2008, S. 4ff.)	●	●	●	●		
Jørgensen und Ulhøi (2009, S. 2)	●	●	●	●	●	
Chesbrough (2010, S. 355ff.)	●	●	●	●		●
Demil und Lecocq (2010, S. 234ff.)	●		●	●		●
Doz und Kosonen (2010, S. 371ff.)				●		●
McGrath (2010, S. 249ff.)		●				●
Teece (2010, S. 173f.)	●				●	●
Zhang, Gang und Jianwen (2010, S. 400)	●					
Wirtz (2010, S. 120ff.)	●	●	●	●	●	●
Bieger und Reinhold (2011, S. 32ff.)	●					●
Eyring, Johnson und Nair (2011, S. 93f.)	●	●	●	●		●
Osterwalder und Pigneur (2011, S. 20ff.)	●	●	●	●	●	●

Um im Rahmen dieser Arbeit ebenfalls eine Systematik zur Beschreibung und Erfassung von Geschäftsmodellen aufstellen zu können, sollen im Weiteren wesentliche inhaltliche Aspekte für jedes Geschäftsmodellelement zusammengetragen werden.

Element Nutzenversprechen (Leistungsangebot)

Zentral in der Entwicklung von Geschäftsmodellen ist für viele Autoren die Formulierung des Nutzenversprechens (vgl. bspw. Casadesus-Masanell & Ricart 2011; S.103, Teece 2010, S.174; Osterwalder 2004, S. 42; Christensen & Methlie 2003, S. 29). Johnson, Christensen und Kagermann (2008, S. 54) bezeichnen die präzise Beschreibung des Nutzenversprechens als essenziell für die Erstellung eines Geschäftsmodells. Alle Ressourcen sind so zu kombinieren und zu transformieren, dass ein größtmöglicher Nutzen für Kunden und andere Stakeholder entsteht (Wikström et al. 2010, S. 834). Das Nutzenversprechen beschreibt die einzigartige Mischung aus Produkt- und Serviceeigenschaften, die ein Unternehmen anbietet (vgl. Osterwalder & Pigneur 2011, S. 26). Afuah und Tucci (2003, S. 55) weist in diesem Zusammenhang darauf hin, dass Kunden nur dann ein Produkt kaufen, wenn ihnen dieses Produkt etwas bietet, was ihnen die Konkurrenzprodukte nicht bieten können. Jene Mehrleistung bezeichnet er als Kundennutzen. Zum Element des Nutzenversprechens zählen für Zhang, Gang und Jianwen (2010, S. 401) die Definition der Zielkunden, die Beschreibung von Kundengruppen sowie die Formulierung der nachgefragten und demnach zu erbringenden Produkte und Dienstleistungen. Das Formulieren des Nutzenversprechens einer neuen Technologie erfordert auch eine Beschreibung des Angebots und des Nutzens für den Kunden (vgl. Chesbrough & Rosenbloom 2002, S. 534). Neben den funktionalen Attributen sind auch emotionale Aspekte zu berücksichtigen (vgl. Wirtz & Göttgens 2004, S. 72).

Element Wertschöpfungskette und Prozesse

Eine Aufgabe eines Geschäftsmodells ist es, die Position des Unternehmens in einem wertschaffenden Netzwerk, das aus Lieferanten, Komplementäranbietern und Konkurrenten besteht, zu beschreiben (vgl. Chesbrough & Rosenbloom 2002, S. 534). Die Prozesse sind an der Erzielung von Wertschöpfung auszurichten und entsprechend den Kundenbedürfnissen auszuwählen (vgl. Zott & Amit 2010, S. 218; Petrovic, Kittl & Teksen 2001, S. 3). Dies bezieht sich nicht nur auf interne Prozesse, sondern auch auf die Wertschöpfungskette außerhalb des Unternehmens (vgl. Morris, Schindehutte & Allen 2005, S. 727). Durch die optimierte Koordination der wertfördernden Aktivitäten sollen Wettbewerbsvorteile erzielt werden (vgl. Wirtz 2010, S. 80). Wertschöpfungsprozesse sind alle Aktivitäten neben den Prozessen der direkten Leistungserstellung, mit denen versucht wird, ein Angebot für Kunden zu erstellen, zu produzieren, zu verkaufen und zu liefern, also auch die Produktentwicklung, Generierung von Wissen, Bildung strategischer Allianzen etc. (vgl. Richardson 2008, S. 14f.; Amit 2001, S. 497).

Element Netzwerk und Partner

Neben der eigenen Bereitstellung von Ressourcen und Fähigkeiten sollen Unternehmen auch alternative Lösungen nutzen (vgl. Amit 2001, S. 498). So sollen sie nach Swaminathan, Murshed und Hulland (2008, S. 38) wie auch Christensen und Methlie (2003, S. 29) versuchen, zur Erzielung eines höheren Umsatzes mit anderen Unternehmen zu kooperieren und strategische Allianzen einzugehen. Osterwalder und Pigneur (2011, S. 43) sowie Richardson (2008, S. 15) sehen auch durch Kooperationen die Möglichkeit, Zugang zu Ressourcen zu erlangen und Risiken zu minimieren.

Der Wert von technologischem Wissen kann durch Nutzung von Netzwerken und Kooperationen gesteigert werden (vgl. Chesbrough & Rosenbloom 2002, S. 535). Dabei kann die Heterogenität der Beziehungen eines Netzwerkes einen positiven Effekt für alle Teilnehmer haben (vgl. Amit 2001, S. 498). Je nach Anforderungen und Veränderungen sind die Kooperationsstrukturen anzupassen und Partnerschaften weiterzuentwickeln (vgl. Wikström et al. 2010, S. 833)

Element Ressourcen, Kompetenzen und Technologien

Wie beim Element Nutzenversprechen bereits angesprochen, sind Ressourcen und Fähigkeiten so zu nutzen und zu kombinieren, dass ein Mehrwert für die Kunden generiert wird (vgl. Johnson, Christensen & Kagermann 2008, S. 53; Wikström et al. 2010, S. 834, McGrath

2010, S. 249). Auch Itami und Nishino (2010, S. 368) sehen die Ressourcen als zentrales Element von Geschäftsmodellen. Morris, Schindehutte und Allen (2005, S. 729) sowie Christensen und Methlie (2003, S. 28f.) sehen in der Kombination verschiedener Ressourcen und Fähigkeiten die Möglichkeit, Wettbewerbsvorteile zu erzielen.

Ressourcen sind Know-how, Technologien, Produkte, Produktionsmittel, Marken etc. (vgl. Johnson, Christensen & Kagermann 2008, S. 53). Aber auch Patente, Urheberrechte und sonstiges Wissen wie bspw. Marktforschungsergebnisse sind dazu zu zählen (vgl. Afuah & Tucci 2003, S. 69; Dubosson-Torbay, Osterwalder & Pigneur 2002, S. 10). Der Besitz von Ressourcen alleine genügt jedoch nicht. Sie müssen transferiert und kombiniert werden, um Kundennutzen zu stiften. Um die Ressourcen in Kundennutzen zu wandeln, sind Fähigkeiten und Kompetenzen notwendig (vgl. Afuah & Tucci 2003, S. 69f.).

Element Kundenbeziehung, -schnittstellen und Kanäle

Die Bedeutung des Potenzials, das in Kundenbeziehungen liegt, wird häufig verkannt (vgl. Dubosson-Torbay, Osterwalder & Pigneur 2002, S. 8). Mit Hilfe einer koordinierten Kundenbeziehung werden Informationen gesammelt und verarbeitet. Dadurch sollen die Anforderungen der Kunden sowie ihre Ziele, die sie mit den Produkten oder Dienstleistungen erreichen wollen, besser erkannt werden (vgl. Zhang, Gang & Jianwen, 2010 S. 403). Auch Probleme bei der Nutzung werden so womöglich schneller sichtbar (vgl. Wirtz 2010, S. 126).

Im Rahmen des Elements Kundenbeziehung sind die Berührungspunkte des Geschäftsmodells zu seinen Kunden zu bestimmen (Vertriebs- und Kommunikationswege) und ist zu überlegen, wie die Beziehungen zu den Kunden verbessert werden können (vgl. Osterwalder & Pigneur 2002, S. 6). Weitere Autoren, die das Element als Bestandteil eines Geschäftsmodellansatzes sehen, sind bspw. Voelpel et al. (2005, S. 43), Yip (2004, S. 19) sowie Doz und Kosonen (2010, S. 370).

Element Erlöse

Petrovic, Kittl und Teksen (2001, S. 3) beschreiben das Erlösmodell als Logik: was, wann, warum und wie das Unternehmen eine Vergütung für seine Produkte erhält. In ähnlicher Weise formulieren es auch Magretta (2002, S. 87), Morris, Schindehutte und Allen (2005, S. 726f.), Bucherer (2010, S. 15) und Chesbrough (2010, S. 355).

Das Erlösmodell umfasst die Beschreibung der Einnahmequellen bzw. Erlösformen sowie Preismodelle (vgl. Osterwalder & Pigneur 2002, S. 7f.; Afuah, 2004, S. 7; Buchheit 2009, S. 42). Auch für Zott und Amit (2010, S. 218) bestimmen das Erlösmodell und die Preisstrategie, wie viel das Unternehmen für seine Leistungen einnimmt. Über den Verkauf von Produkten und Dienstleistungen hinaus sind Lizenzgebühren, Abonnements und kontextbezogene Werbung mögliche Erlösquellen (vgl. Teece 2010, S. 178; Bornemann 2010, S. 22; Dubosson-Torbay, Osterwalder & Pigneur 2002, S. 11). Neben den bereits erwähnten Autoren sehen bspw. auch Mahadevan (2000, S. 9), Schweizer (2005, S. 42) sowie Eyring, Johnson und Nair (2011, S. 93) das Erlösmodell als elementaren Bestandteil eines Geschäftsmodells.

Zusätzlich zur Beschreibung von Geschäftsmodellkonzepten wurden Ansätze zur Entwicklung neuer und Rekonfiguration bestehender Geschäftsmodelle formuliert. Nachfolgend soll diesbezüglich der Stand der Forschung betrachtet werden.

2.3.2 Bestehende Ansätze zur Entwicklung von Geschäftsmodellinnovationen

2.3.2.1 Ansatz von Chesbrough und Rosenbloom

Chesbrough und Rosenbloom (2002, S. 533ff.) nennen in ihrem viel beachteten Aufsatz eine Reihe von Aspekten, die bei der Entwicklung von Geschäftsmodellen notwendig sind. Er ist einer der ersten Beiträge jüngerer Zeit zu Geschäftsmodellen, der dem Bereich Technologie- und Innovationsmanagement zugeordnet werden kann.

Chesbrough und Rosenbloom sehen die Artikulation des Nutzenversprechens zu Beginn als zentral an. Dies umfasst neben einer vorläufigen Beschreibung des Produktangebots auch die Zusammenfassung möglicher Einsatzfelder. Im nächsten Schritt sind die potenziellen Kundengruppen bzw. Marktsegmente zu identifizieren, wobei eine differenzierte Betrachtung vorgenommen werden sollte. Unterschiedliche Kunden messen den einzelnen Attributen der Technologie i.d.R. einen unterschiedlichen Wert bei. Durch die frühe Fokussierung auf die Bedürfnisse des Markts kann eine marktorientierte Entwicklung der Technologieattribute (wie bspw. Gewicht vs. Leistung) erfolgen. Weiterhin können somit mögliche Zielkonflikte in der Entwicklung umgangen werden. Neben der Kunden- und Marktorientierung ist es erforderlich festzulegen, in welcher Art und Weise Erträge erzielt werden können. Dafür sind folgende zwei Fragen zu beantworten: Wie erfolgt die Vergütung? Wie wird der Ertrag bzw. der Wert zwischen Unternehmen, Lieferanten und Kunden aufgeteilt? Ein weiterer Schritt ist die Identifizierung der Wertschöpfungskette. Hierbei ist zu ermitteln, in welcher Weise Zulieferer, Kunden oder andere Anspruchsgruppen Einfluss auf die Wertgenerierung haben und wie das Unternehmen einen Teil des generierten Wertes für sich selbst nutzen kann.

Dieser Ansatz gibt einige Hinweise zur Gestaltung von Geschäftsmodellen. Er erlaubt jedoch keine ganzheitliche Sichtweise auf Geschäftsmodelle und deren Gestaltungsprozess. Weiterhin werden nur vereinzelt verschiedene Gestaltungsoptionen aufgeführt, die Hilfestellung für die Entwicklung von Geschäftsmodellen liefern.

2.3.2.2 Ansatz von Afuah

Für die Gestaltung eines Geschäftsmodells nennt Afuah (2004, S. 235ff.) folgende Fragen, die innerhalb des Planungsprozesses beantwortet werden müssen: Wo steht das Unternehmen heute? Wo wird es in Zukunft sein und wie gelangt es dort hin? Wie können die getroffenen Entscheidungen implementiert werden? Abbildung 9 stellt den kompletten Prozess im Überblick dar.

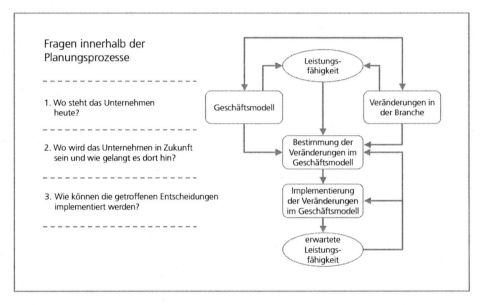

Abbildung 9:   Geschäftsmodellentwicklungsprozess nach Afuah (2004, S. 235)

Zu Beginn des Planungsprozesses, der sich mit der Beantwortung der ersten Frage auseinandersetzt, sind zusätzlich folgende drei Fragen zu klären: Welche Leistungsfähigkeit hat das Unternehmen? Auf welchem Geschäftsmodell basiert diese Leistungsfähigkeit? Gibt es Veränderungen, die die Existenz des Geschäftsmodells bedrohen oder Möglichkeiten zur Entfaltung bieten?

Auf der Basis dieser Analyse sind im nächsten Schritt die zukünftige Ausrichtung des Geschäftsmodells sowie die Vorgehensweise zur Erreichung der neuen Ausrichtung zu bestimmen. Dabei ist zu überlegen, inwieweit bereits bestehende Unternehmensressourcen an neue Anforderungen des Markts angepasst werden können bzw. in welchem Maße es neuer Strukturen bedarf. Je nach Anforderungen und Unternehmenssituation sind auch Kooperationsmöglichkeiten wie Joint Ventures, Strategische Allianzen, Beteiligungen etc. zu nutzen. Die Umsetzung der getroffenen Entscheidungen ist im dritten Schritt zu planen und anzugehen.

Der Planungsprozess zur Entwicklung von Geschäftsmodellen von Afuah basiert auf einer umfassenden Beschreibung der einzelnen Elemente. Im Gegensatz dazu sind die Erläuterungen zum Planungsprozess eher knapp gehalten. Des Weiteren wird keine methodische Hilfestellung gegeben, wie mit den verschiedenen Ausrichtungsoptionen umgegangen werden soll.

2.3.2.3 Ansatz von Zott und Amit

Zott und Amit (2010, S. 217ff.) schlagen für die Beschreibung und Gestaltung von Geschäftsmodellen eine »Activity System Perspective« vor. In Anlehnung an das »System Level Design« soll dieses Rahmenkonzept eine ganzheitliche Betrachtung von Geschäftsmodellen ermöglichen und Unterstützung beim Verständnis der Geschäftsmodellmechanismen liefern (vgl. auch Zott & Amit 2008, S. 3 und 2007, S. 183ff.; Amit & Zott 2001, S. 503ff.).

Das Konzept von Zott und Amit unterscheidet zwei wesentliche Gestaltungsbereiche: Gestaltungselemente und Gestaltungsthemen. Diese vereinen wiederum zahlreiche Gestaltungsparameter in sich.

Im Bereich der Gestaltungselemente wird das Activity System durch den Inhalt, die Struktur sowie die Steuerung und Führung charakterisiert. Die Systemebene Inhalt erfasst die Hauptaktivitäten des Geschäftsmodells. Auf Ebene der Struktur erfolgen die Darstellung der Beziehungen zwischen den Aktivitäten sowie die Erfassung von deren Bedeutung für das Geschäftsmodell. Die dritte wesentliche Ebene befasst sich mit der Steuerung und den Operanden der Aktivitäten.

Unter dem Begriff Gestaltungsthemen subsumieren Zott und Amit mögliche Gestaltungsrichtungen des Geschäftsmodells. Sie formulieren auf der Basis empirischer und konzeptioneller Forschungsarbeiten vier Themen: Neuheit, Lock-in, Komplementarität und Effizienz. Neuheitzentrierte Geschäftsmodelle zielen darauf ab, neue Aktivitäten aufzunehmen bzw. zu vollbringen, Aktivitäten in einer neuartigen Weise zu verknüpfen oder neue Wege der Steuerung bzw. Führung zu realisieren. Dabei kann nicht nur ein Aspekt verfolgt werden, sondern auch gleichzeitig zwei der drei oder alle. Unter Lock-in-zentrierten Geschäftsmodellen werden Geschäftsmodelle verstanden, die auf starke Beziehungsstrukturen abzielen, sodass Kunden und Partner wiederholt Transaktionen durchführen. Der Grund für den Lock-in-Effekt sehen Zott und Amit in den Umstellungskosten sowie den Netzwerkexternalitäten. Jene sind wiederum in Zusammenhang mit den Gestaltungselementen Inhalt, Struktur und Steuerung zu sehen. Eine weitere mögliche Gestaltungsrichtung rückt die Komplementarität in den Mittelpunkt. Dabei wird davon ausgegangen, dass durch Nutzung von Synergien und vorteilhafte Bündelung der Aktivitäten eine Wertsteigerung erfolgt, welche nicht vorhanden wäre, würden diese getrennt durchgeführt werden. Die vierte Gestaltungsrichtung betont die Effizienz eines Geschäftsmodells. Zott und Amit sehen dabei besonders die Reduzierung der Transaktionskosten als wesentlichen Grund. Die vier beschriebenen Gestaltungsrichtungen sind als Grundprägungen zu verstehen. So kann es durchaus sein, dass ein Geschäftsmodell mehrere Gestaltungsthemen vereint.

Zott und Amit versuchen ein Rahmenkonzept zu entwerfen, das erlaubt, unterschiedliche Geschäftsmodelle in einer einheitlichen »Sprache« zu beschreiben sowie neue und bestehende Geschäftsmodelle zu entwickeln. Zott und Amit sind dabei als Pioniere zur wissenschaftlichen Fundierung der Entwicklung von Geschäftsmodellen zu sehen. Allerdings ist zu bemerken, dass der im Jahre 2011 vorgestellte Ansatz ebenfalls noch eine Prägung aus dem Bereich E-Business trägt und die Transaktionskostentheorie als wesentliche theoretische Basis dient. Des Weiteren beschränken sich Zott und Amit auf ein grobes Rahmenkonzept und geben keinerlei detaillierte Anhaltspunkte zur Entwicklung und Ausgestaltung von Geschäftsmodellen.

2.3.2.4 Ansatz von Wirtz

Der »Geschäftsmodell-Designprozess«, wie es Wirtz (2010, S. 205ff.) beschreibt, gliedert sich in vier Phasen. Einleitend steht die Phase der Ideengenerierung. Daran schließen sich die Phasen der Machbarkeitsanalyse und des Prototypings an. Beendet wird der Prozess mit der vierten Phase der Entscheidungsfindung.

Diese vier Phasen können auch seinem integrierten Geschäftsmodellkonzept zugeordnet werden. Dieses Rahmenkonzept umfasst neun Partialmodelle, wobei sich jeweils drei zu einer Ebene bzw. Komponente zusammenfassen lassen. Abbildung 10 zeigt die Verknüpfung von Design-Prozess und Geschäftsmodellkonzept.

Die Entwicklung von verschiedenen Geschäftsmodellideen ist Gegenstand der ersten Phase. Dabei sind verschiedene Kreativitätstechniken zu nutzen. Auch eine Stärken-Schwächen-Analyse des Unternehmens kann als Ausgangspunkt dienen. Am Ende der ersten Phase steht ein erstes Grobkonzept, das mit den drei Partialmodellen Ressourcen-, Strategie- und Netzwerkmodell umschrieben wird.

Im Zentrum der Machbarkeitsanalyse stehen die Untersuchungen des Umfelds (Branche, Markt, Wettbewerb etc.) sowie die Ableitung von Anforderungen an das zukünftige Geschäftsmodell. Dabei sollen die Partialmodelle Kunden-, Marktangebots- und Erlösmodell ausgearbeitet werden. Wird Anpassungsbedarf im Bereich der Strategischen Komponenten sichtbar, so sind diese mit den drei Partialmodellen im Bereich der Kunden- und Marktkomponenten abzustimmen.

In der dritten Phase sind möglichst unterschiedliche Entwicklungspfade zu erarbeiten, um die verschiedenen Alternativen gegenüberzustellen und schließlich die Beste auswählen zu können. Wirtz (2010, S. 214) zieht dabei den Vergleich zu den Ingenieurwissenschaften und sieht analog eine Geschäftsmodellprototypenentwicklung vor. Dabei umfasst ein Prototyp Entscheidungen in allen neun Partialmodellen. Die entwickelten Grobkonzepte sind in dieser Phase zu verfeinern sowie die einzelnen Komponenten in Übereinstimmung zu bringen.

Die letzte Phase schließt mit der Entscheidung für die erfolgversprechendste Variante. Zuvor sind jedoch die Wirtschaftlichkeit sowie die Stärken und Schwächen der einzelnen Alternativen nochmals zu überprüfen und gegenüber zu stellen. In diesem Zusammenhang ist auch auf Vollständigkeit sowie innere Stimmigkeit zu achten.

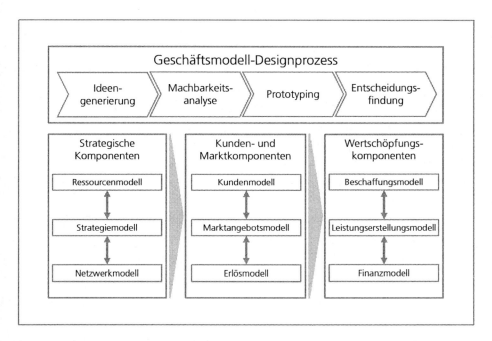

Abbildung 10:   Geschäftsmodell-Designprozess nach Wirtz (2010, S. 210)

Mit dem Votum für eine Alternative endet der Geschäftsmodell-Designprozess wie von Wirtz beschrieben. Auf gleicher Ebene des Designprozesses sieht Wirtz (2010, S. 228ff.) einen Implementierungsprozess vor, der sich direkt an jenen anschließt. Getrennt vom Designprozess beschreibt Wirtz (2010, S. 256ff.) einen Geschäftsmodell-Change-Managementprozess. Diesen gliedert er in: Initiierungs-, Konzept-, Umsetzungs- und Evaluationsphase. Ähnlich dem Designprozess sind zunächst der Anstoß der Veränderung, eine Stärken-Schwächen-Analyse sowie erste Ideen festzuhalten. Im Weiteren ist ein Grob- und Feinkonzept auf Basis der neun Partialmodelle zu entwickeln. In der Umsetzungsphase soll ein Projektplan erarbeitet sowie die

Implementierung vorangetrieben werden. In der Evaluationsphase ist das Erreichte zu bewerten und ggf. sind Anpassungen vorzunehmen.

Der integrierte Geschäftsmodellansatz von Wirtz gibt sowohl ein Rahmenkonzept zur inhaltlichen Ausgestaltung eines Geschäftsmodells wie auch eine Vorgehensweise zu dessen Entwicklung vor. Die neun Partialmodelle sollen dabei eine möglichst vollständige Beschreibung eines Geschäftsmodellansatzes sicherstellen. Die explizite Berücksichtigung der Ideengenerierung und das Prototyping von Geschäftsmodellvarianten sind ebenfalls positiv zu erwähnen. Leider beschränkt sich Wirtz nur auf eine knappe und generische Beschreibung der Phasen, sodass sich eine direkte Anwendung der Phasen als schwierig erweisen wird.

2.3.2.5 Ansatz von Bucherer

Ein umfassendes Vorgehensmodell stellt Bucherer (2010, S. 73ff.) auf. Dieses gliedert sich in vier Phasen: Analyse, Entwurf, Implementierung und Steuerung. Zwischen den einzelnen Phasen sind »Stage-Gates« vorgesehen in Anlehnung an das von Cooper (2002, S. 145ff.) konzipierte Stage-Gate-Modell (siehe auch Kapitel 2.4.2.1). Des Weiteren folgt die Arbeit der Idee des Lebenszykluskonzepts, sodass die vierte Phase den Prozess zur Neugestaltung bzw. Anpassung des Geschäftsmodells anstößt.

Die Analysephase beschäftigt sich mit der Einschätzung der gegenwärtigen Situation sowie der Erfassung der Einflussfaktoren auf das Geschäftsmodell. Ziel ist es, Entwicklungen und Trends frühzeitig zu erkennen und Verständnis für die Ursachen und Mechanismen der Veränderungen zu erlangen. Weiterhin sind die Probleme und Schwächen des Unternehmens, aber auch der Branche zu identifizieren. Aufgabe der ersten Phase ist es, ein möglichst objektives Bild von dem Geschäftsmodell, den internen und externen Einflussfaktoren sowie Hinweise auf mögliche Wettbewerbsvorteile zu geben.

Basierend auf den Ergebnissen der ersten Phase werden in der zweiten Phase verschiedene Gestaltungslösungen generiert und die Alternativen zur Bewertung gegenübergestellt. Orientierung für die Ausgestaltung geben die Unternehmensziele. Die Erarbeitung kreativer Lösungen stellt die Kernaufgabe dieser Phase dar, die enge Parallelen zur Entwurfsphase des Produktentwicklungsprozesses aufweist. Ein sequentieller Durchlauf dieser Phase bietet sich deshalb eher weniger an, sodass das Modell eine flexible Kombination der einzelnen Schritte in dieser Phase erlaubt.

Die Implementierung ist stark bestimmt vom Grad der Veränderung. Bei graduellen Anpassungen werden weit weniger Zeit und Ressourcen benötigt als bei radikalen Geschäftsmodellinnovationen. Letztere werden vielleicht auch Widerstände hervorrufen, die es zu überwinden gilt. Somit werden auch weitaus mehr Planungs- und Steuerungskapazitäten beansprucht. Bucherer sieht mit dieser Phase eine enge Verknüpfung zum Change-Management bzw. zur Organisationsentwicklung.

Aufgabe der vierten Phase ist es, Entwicklungen des Umfelds, des Markts, sonstiger Einflussfaktoren sowie interne Veränderungen zu beobachten, um je nach Bedarf eine Anpassung des Geschäftsmodells vorzunehmen. Wird ein Problem erkannt, wird ein neuer Geschäftsmodellinnovationszyklus eingeleitet.

Den einzelnen Phasen ordnet Bucherer verschiedene Aktivitäten bzw. Schritte zu und beschreibt den jeweiligen Aufgabenumfang. Der Übergang von einer zur nächsten Phase wird durch die Stage-Gates überwacht. Innerhalb der einzelnen Phasen ist ein iteratives oder simultanes Vorgehen möglich. Die erste Phase beinhaltet die Schritte Beschreibung des aktuellen Geschäftsmodells, Erfassung der Einflussfaktoren, Ist-Analyse des Geschäftsmodells sowie Zieldefinition für die Gestaltungsphase. Erfolgt eine Entscheidung des Managements zum Eintritt in die zweite Phase, so stehen folgende Aufgaben an: Generierung von Lösungsideen, Entwickeln von Geschäftsmodellszenarien sowie deren Bewertung. Nach Auswahl der geeignetsten Variante, ist diese vor der Implementierungsphase umfassend zu evaluieren. Sind die Evaluierung sowie die Entscheidung am zweiten Stage-Gate positiv ausgefallen, ist zu Beginn der Implementierungsphase die favorisierte Variante weiter auszugestalten. Im Anschluss daran werden mittels einer Gap-Analyse die Lücken zwischen dem gegenwärtigen und dem geplanten Geschäftsmodell aufgezeigt. Ist dies erfolgt, kann ein Umsetzungsplan aufgestellt werden. Ein weiterer wichtiger Schritt in der dritten Phase ist die Umsetzung des geplanten

Geschäftsmodells selbst, das aber nicht mit Beendigung dieses Schritts als abgeschlossen gesehen werden kann. Deshalb ist im Weiteren das implementierte Modell zu beobachten sowie ggf. anzupassen. Die Steuerungsphase führt genau diese Controllingaufgaben fort. Dies bedeutet, Veränderungen zu erkennen und einen neuen Prozess zur Erneuerung und Anpassung des Geschäftsmodells zu initiieren. Letztendlich gilt es, diesen Prozess nachhaltig organisatorisch zu verankern.

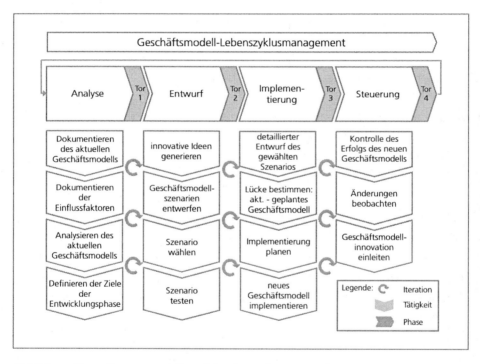

Abbildung 11:   Prozessmodell nach Bucherer (2010, S. 76)

Für die Anwendung der einzelnen Schritte stellt Bucherer einige ausgewählte Methoden gegenüber. Die Methoden stammen zum größten Teil aus den Bereichen Strategisches Management, Innovationsmanagement und Organisationsentwicklung. Abbildung 11 fasst die vier Phasen sowie alle darin enthaltenen Schritte zusammen. Die Kreissymbole in der Darstellung sollen die eventuell erforderlichen Iterationen andeuten.

Bucherer stellt einen umfassenden Ansatz zur Entwicklung von Geschäftsmodellen vor, der die Erkenntnisse des Innovationsmanagements explizit berücksichtigt. Dabei fokussiert Bucherer besonders auf den Prozess zur Entwicklung von Geschäftsmodellen und nutzt dabei das Stage-Gate-Modell von Cooper. Die Frage ist nun, inwieweit dies zur Entwicklung von Geschäftsmodellen geeignet ist. Des Weiteren geht Bucherer weniger auf eine detaillierte Gegenüberstellung der einzelnen Gestaltungsoptionen ein. Auch werden manche Schritte nur kurz beschrieben, sodass dies die praktische Anwendung des Konzepts für die Entwicklung eines neuen Geschäftsmodells doch erheblich erschwert (vgl. Bucherer 2010, S. 90).

2.3.2.6 Ansatz von Osterwalder und Pigneur

Der Ansatz von Osterwalder und Pigneur (2011, S. 18ff.) beruht auf eine Reihe von Arbeiten und stellt vermutlich den ganzheitlichsten Ansatz dar (vgl. bspw. Osterwalder, Pigneur & Tucci 2005, S. 10ff. Osterwalder 2004, S. 42ff.; Osterwalder & Pigneur 2002, S. 4ff.; Dubosson-Torbay, Osterwalder & Pigneur 2002, S. 6ff.). Sie formulieren in ihrem Ansatz sowohl eine hinreichend konkrete Geschäftsmodellkonzeption als auch einen Prozess für die Entwicklung von Geschäftsmodellen.

Der Ansatz von Osterwalder und Pigneur sieht neue grundlegende Bausteine bzw. Elemente vor, mit denen sich Geschäftsmodelle erfassen und beschreiben lassen. Sie nennen dabei nicht nur die Elemente, sondern geben für jedes Element Hinweise bzw. werfen zu berücksichtigende Aspekte auf.

Der von Osterwalder und Pigneur (2011, S. 252ff.) generisch formulierte Geschäftsmodellgestaltungsprozess umfasst folgende fünf Phasen:

- Mobilisieren,
- Verstehen,
- Gestalten,
- Implementieren,
- Durchführen.

In der Phase Mobilisieren geht es maßgeblich um vorbereitende Aktivitäten. Dies meint, die Festlegung der mit dem Gestaltungsprojekt verbundenen Ziele, die Zusammenstellung der am Prozess beteiligten Mitarbeiter und die Überprüfung vorläufiger Geschäftsideen.

Aufgabe der zweiten Phase ist es im Wesentlichen, Verständnis für den Kontext des zu entwickelnden Geschäftsmodells zu erlangen. Hierfür sind in den verschiedenen Elementen Recherchen und Analysen durchzuführen. Es sind Experten einzubeziehen und potenzielle Kunden sowie deren Bedürfnisse zu ergründen.

In der dritten Phase steht das direkte Gestalten und Entwickeln von Geschäftsmodelloptionen im Mittelpunkt. Dabei sind die Informationen aus der vorhergehenden Phase zu nutzen, konkrete Geschäftsmodelloptionen zu entwickeln und nach intensiver Prüfung das geeignetste Geschäftsmodell auszuwählen.

In der Phase Implementierung soll die Umsetzung der gewählten Geschäftsmodelloption erfolgen. Dafür sind die Implementierung sowie die dafür notwendigen Projekte und Maßnahmen zu planen. Daran anknüpfend ist das neue Geschäftsmodell einzuführen.

In der fünften Phase geht es um die kontinuierliche Anpassung des Geschäftsmodells im Hinblick auf die Marktreaktionen wie auch auf Veränderungen aus dem Umfeld. Weiterhin ist das Geschäftsmodell mit den gesamten Unternehmensaktivitäten und anderen Geschäftsmodellen abzustimmen.

Osterwalder und Pigneur sehen jenen Gestaltungsprozess ebenfalls als fortlaufende und stets begleitende Aktivität. Sie betonen in ihrem Ansatz die Notwendigkeit des Entwerfens unterschiedlicher Optionen von Geschäftsmodellen sowie die Gefahr, vorschnell an bestimmten Ideen festzuhalten. Weiterhin empfehlen sie den Einsatz von Instrumenten der Visualisierung und Ideengenerierung im Gestaltungsprozess. Sie geben jedoch eher nur singulär Hinweise auf Gestaltungsoptionen in den einzelnen Elementen. Auch ein umfassendes Bewertungsinstrumentarium zur Bewertung der entwickelten Ideen ist nicht Bestandteil des Ansatzes.

2.3.3 Zwischenfazit

Bei Betrachtung des Stands der Geschäftsmodellforschung zeigt sich, dass auch die Arbeiten jüngerer Zeit sich größtenteils darauf beschränken, wesentliche Aspekte von Geschäftsmodellen zu benennen. Im Laufe der Zeit wurde aber versucht, Geschäftsmodellkonzepte zu beschreiben und qualitativ deren Anwendbarkeit zu belegen. Dabei hat sich die Meinung durchgesetzt, Geschäftsmodelle als System von Elementen zu betrachten. Die Zergliederung in Teilmodelle bzw. Elemente ist dahingehend hilfreich, die Komplexität zu reduzieren und einzelne Strukturen transparenter zu machen.

Jüngst wurde versucht, ganzheitlichere Ansätze zu formulieren, die sowohl eine Konzeption zur Beschreibung von Geschäftsmodellen vorschlagen als auch Hinweise, Ansätze oder Vorgehensweisen zur Entwicklung von Geschäftsmodellen geben. Die Autoren führen für die spezifischen Aufgaben in den einzelnen Phasen unterschiedliche Methoden auf. Eine Anpassung an die Problemstellung der Entwicklung von Geschäftsmodellen findet dabei selten statt. Auch die Beschreibungen und Ausgestaltung der Phasen haben eher generischen Charakter und sind im Wesentlichen kurz gehalten.

Des Weiteren fällt auf, dass viele Autoren zwar der Entwicklung von Geschäftsmodellideen eine hohe Bedeutung zuschreiben, eine methodische Unterstützung meist jedoch nicht liefern. Allein Osterwalder und Pigneur gehen auf den wichtigen Aspekt der Ideengenerierung genauer ein.

Einige Autoren konzentrieren sich explizit mit ihrem Ansatz auf die Entwicklung von Geschäftsmodellinnovationen. Andere wiederum betrachten diesen als allgemeines Entwicklungsmodell im Sinne eines Lebenszyklusmanagements. Dabei greift bspw. Bucherer auf ein bekanntes Modell des Innovationsmanagements zurück. Auch andere Autoren nehmen Erkenntnisse der Innovationsmanagementforschung auf und integrieren diese in ihren Ansätzen. Aufgrund des Schnittstellencharakters der vorliegenden Problemstellung sollen im Weiteren grundlegende Ergebnisse und Modelle der Innovationsmanagementforschung beschrie-

ben und abschließend in Kapitel 2.5 eine Verknüpfung zur Geschäftsmodellforschung herge-
stellt werden.

2.4 Innovationsmanagementforschung

2.4.1 Innovationserfolgsfaktorenforschung

Ein elementarer Bestandteil der Innovationsmanagementforschung ist die Erfolgsfaktorenforschung des Innovationsmanagements. Sie befasst sich mit der Identifizierung von Faktoren,
die Innovationserfolg begünstigen oder determinieren (vgl. Dömötör 2011, S. 26ff.). Die Innovationserfolgsfaktorenforschung hat nicht zuletzt aufgrund ihrer Implikationen für die Praxis
im Management von Innovationen einen wesentlichen Anteil in der Innovationsforschung
eingenommen (vgl. Matz 2007, S. 9).

In der nachfolgenden Tabelle 3 sind eigene Studien, die im Rahmen der Arbeit passend erscheinen, in Anlehnung an die Zusammenstellung von Ernst (2001, S. 15ff.), Sammerl (2006,
S. 45ff.), Papies (2006, S. 15ff.) und Dömötör (2011, S. 26ff.) aus der Innovationserfolgsfaktorenforschung zusammengetragen.

Die Auflistung erhebt keinen Anspruch auf Vollständigkeit. Dies scheint bei Betrachtung der
Analyse von Page und Schirr (2008, S. 233ff.) auch plausibel. Sie ermittelten in ihrer Untersuchung von zehn wissenschaftlichen Zeitschriften auf dem Gebiet des Innovationsmanagements im Zeitraum von 1989 bis 2004 815 Forschungsarbeiten, die sich mit der Identifizierung und Beschreibung von Innovationserfolgsfaktoren beschäftigten.

Tabelle 3:   Innovationserfolgsfaktorenstudien

Autoren	Kern der Untersuchung	Identifizierte Erfolgsfaktoren
Globe, Levy und Schwartz (1973, S. 13)	Analyse von erfolgreichen, radikalen Innovationen	• Fähigkeit der Erkennung technologischer Potenziale • kompetentes FuE-Management • ausreichend finanzielle Ressourcen
Perillieux (1987, S. 198ff.)	Analyse nach Erfolgsgrößen für technologische Innovationen bei 231 Maschinenbauunternehmen	• Synergien von Markt, Technologie und existierendem Produktprogramm • Marktwachstum • hoher Innovationsgrad
Cooper und Kleinschmidt (1993, S. 8ff.; 1994, S. 389ff.).	Untersuchung von 103 Projekten zum Prozess der Neuproduktentwicklung (NPE)	• klare Beschreibung des Produktkonzepts und des Zielmarkts vor Entwicklungsbeginn • methodisches Vorgehen • Existenz eines qualitativ hochwertigen NPE-Prozesses • Anpassung und Orientierung des NPE-Prozesses • Ausrichtung der Aktivitäten an den Erfordernissen der Märkte sowie Beobachtung der Wettbewerber
Montoya-Weiss und Calatone (1994, S. 411ff.)	Meta-Analyse auf Basis von 47 Einzelstudien zum Produktinnovationserfolg	• relativer Produktvorteil • Marketingsynergien • Marktverständnis und Markterkundungsexpertise • technologische Aktivitäten • Verknüpfung von FuE und Marketing
Henard und Szymanski (2001, S. 368f.)	Meta-Analyse auf Basis von 60 Einzelstudien zum Produktinnovationserfolg	• entsprechend den Kundenbedürfnissen gestaltetes Produkt • Vorteilhaftigkeit des Produkts gegenüber den Konkurrenzprodukten • technologische Synergien • personelle Ressourcen • Technologie- und Vermarktungsexpertise • Reaktion des Wettbewerbers • Unterstützung vom Top-Management
van Riel, Lemmink und Ouwersloot (2004, S. 355ff.)	Innovationserfolgsfaktoren (intern) von Hochtechnologie-Dienstleistungen	• technologie- und marktbezogene Wissensbasis und Informationsmenge • innovative Unternehmenskultur • kontinuierliche Informationsupdates
Pattikawa, Verwaal und Commandeur (2006, S. 1190ff.)	Meta-Analyse auf Basis von 47 Einzelstudien zum Produktinnovationserfolg	• Marktorientierung • innerbetriebliche Interaktionshäufigkeit • relativer Produktvorteil • finanzielle Analysen • allgemeine Expertise im Entwicklungsprozess • enge Zusammenarbeit von FuE und Marketing bzw. Vertrieb • Marकterkundungs- und technische Expertise
Matz (2007, S. 187)	Untersuchung von Innovationserfolgsfaktoren bei Industrieunternehmen	• Kernkompetenzen durch Prozessinnovationen • Bedarfswissen von Kunden
Boss (2011, S. 235ff.)	Untersuchung von Innovationserfolgsfaktoren im Dienstleistungssektor	• Nutzung markt- und technikorientierter Synergien • Nutzung von Netzwerken und externen Partnern • wahrgenommene Komplexität der Dienstleistung • Professionalisierung des Dienstleistungsentwicklungsprozesses • Autonomie des Projektleiters • multifunktionale Projektteams • Commitment des Top-Management
Dömötör (2011, S. 114)	Untersuchung nach Innovationserfolgsfaktoren bei KMU	• systematische und marktorientierte Ausgestaltung des Innovationsprozesses • innovationsfreundliches Unternehmensklima • Unterstützung durch das Top-Management • ausreichende finanzielle Ressourcen

Die Meta-Analysen, wie auch viele andere Untersuchungen, versuchen, sowohl auf Unternehmens- als auch auf Projektebene, Innovationserfolgsfaktoren zu identifizieren. Dabei ermitteln die verschiedenen Studien ein widersprüchliches Bild auf die für den Innovationserfolg bestimmenden Parametern. Auch in Abhängigkeit von der Innovationserfolgsgröße ergeben sich verschiedene Innovationserfolgsfaktoren. Die Multikausalität des Innovationsmanagements lässt sich nur schwer auf einzelne oder eine Auswahl von interdependenten Erfolgsfaktoren zurückführen, sodass dies immer nur einen Ausschnitt oder ein Abbild des gegenwärtigen Innnovationsgeschehens der Befragten darstellt (vgl. Haenecke 2002, S. 170ff.). In ähnlicher Weise sieht es auch Sammerl (2006, S. 45), der in der Innovationserfolgsfaktorenforschung »eine große konzeptionelle, inhaltliche und methodische Heterogenität sieht«. Hauschildt und Salomo (2011, S. 34) argumentieren in ähnlicher Weise und sehen auch »in neueren Studien keine merkliche Besserung bezüglich der methodischen Defizite« der Innovationserfolgsforschung. Eine ganzheitliche Beschreibung und Optimierung der Innovationsaktivitäten auf Unternehmensebene ausschließlich auf Basis der Innovationserfolgsfaktorenforschung wird sich somit nur schwer realisieren lassen.

Trotz der Differenzen und Kritik zeigt sich, dass Faktoren wie an den Kundenbedürfnissen ausgestaltete Produkte, Kundenwissen, technologisches Know-how, Erreichung von Synergien, die Einbeziehung externer Partner und Informationsquellen und ein systematisches Vorgehen immer wiederkehrende Erfolgsfaktoren sind. Somit sollten diese an den entsprechenden Stellen für die Entwicklung einer Methodik zur Entwicklung von Geschäftsmodellideen Berücksichtigung finden.

Aufgrund der Defizite der Innovationserfolgsfaktorenforschung sollen aber zunächst Modelle zur Entwicklung von Innovationen und Steuerung der Innovationsaktivitäten betrachtet werden.

2.4.2 Bestehende Modelle zur Entwicklung und Steuerung von Innovationen

2.4.2.1 Stage-Gate-Modell nach Cooper

Ein zentrales Modell der Innovationsforschung stellt das Stage-Gate-Modell von Cooper (2002, S. 145ff.) dar. Charakteristisch für dieses Modell sind die festgelegten »Stage-Gates« (Tore), die eine Idee auf dem Weg zum Markt zu durchlaufen hat. Somit soll ein möglichst hohes Maß an Effizienz und Effektivität sichergestellt werden. Im Modell sind vier, fünf oder sechs Abschnitte vorgesehen, die jeweils durch ein Tor betreten werden. Die Tore dienen als Qualitätskontrolle und entscheiden über Fortsetzung oder Abbruch des Projektes. Abbildung 12 zeigt im Überblick das Stage-Gate-Modell.

Cooper (2002, S. 149) sieht die Ideen als »Auslöser des Prozesses«. Dabei können diese sowohl Ergebnis der Grundlagenforschung sein, als auch aus der Arbeit mit den Kunden resultieren. Das Screening der Ideen ist Aufgabe des ersten Tors. Hierbei werden die Ideen auf Realisierbarkeit, auf das mögliche Potenzial, die strategische Passung etc. überprüft. Fällt die Entscheidung zugunsten der Idee aus, geht die Idee in den ersten Abschnitt über. Dort sollen die Idee und deren technische und marktbezogene Potenziale weiter herausgearbeitet werden.

Die gewonnenen Informationen sind nun Gegenstand des zweiten Tors. An diesem erfolgt ähnlich dem ersten Tor eine Bewertung, ob eine Weiterverfolgung des Projekts lohnenswert erscheint. Kann dem zugestimmt werden, ist der »Rahmen des Projekts abzustecken«, d.h. das Projekt wird genau definiert und eine Projektbegründung geliefert, die die Rechtfertigung des Projekts erklärt sowie einen Projektplan beinhaltet.

Das dritte Tor stellt den letzten Kontrollpunkt vor der »physischen« Entwicklung dar. Bei diesem soll nochmals bestätigt werden, dass das Projekt der gewünschten Zielsetzung entspricht und benannte Potenziale erreichen kann. Damit soll vor Anlauf der Entwicklung und der Entstehung enormer Kosten überprüft werden, ob das Projekt weiterverfolgt werden soll. Wird das Projekt im dritten Tor positiv beurteilt, startet im dritten Abschnitt die Entwicklung des

Produkts. Neben der technischen Entwicklung und Ausgestaltung des Produkts werden parallel Marktanalysen durchgeführt sowie im Kontakt mit dem Kunden Rückmeldungen zu den ersten Prototypen gesucht.

Um in den vierten Abschnitt zu gelangen, ist zunächst das vierte Tor zu durchlaufen. An diesem wird erneut die Frage der Attraktivität des Produkts für den Markt aufgeworfen sowie in welchen Umfang das entwickelte Produkt der im dritten Tor aufgestellten Projektdefinition entspricht. Auf Grundlage aktualisierter und detaillierter Marktdaten ist zu entscheiden, ob das Projekt in den vierten Abschnitt übergehen kann. Der vierte Abschnitt befasst sich mit dem »Testen und Validieren« aller Aspekte des Projekts.

Das fünfte und gleichzeitig letzte Tor öffnet den Zugang zum Markt. Hierbei finden maßgeblich die Ergebnisse des vierten Abschnitts Berücksichtigung sowie die monetären Erwartungen, die mit der Einführung des Produkts verbunden sind. Der fünfte Abschnitt beschäftigt sich mit der Markteinführung, die sowohl den Anlauf der Produktion als auch die Aktivitäten des Marketings umfasst.

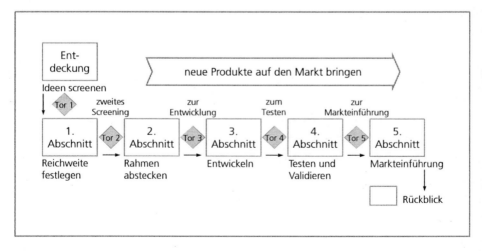

Abbildung 12:   Stage-Gate-Modell nach Cooper (2002, S. 146)

Cooper weist darauf hin, dass nicht jedes Projekt zwangsläufig alle Phasen durchlaufen muss. Des Weiteren besteht die Möglichkeit, Aktivitäten in andere Abschnitte zu verlagern. Trotz alledem scheint die feste Verankerung von Kontrollpunkten nicht für jedes Innovationsvorhaben geeignet. So zeigen bspw. Sethi und Iqbal (2008, S. 127f.) in einer Studie, dass eine zu strenge Verwendung des Stage-Gate-Modells und der einzusetzenden Bewertungskriterien nicht selten zur Inflexibilität führt und nicht förderlich im Innovationsmanagement sein kann.

2.4.2.2 Chain-Link-Modell nach Kline und Rosenberg

Viele Modelle des Innovationsmanagements zeigen einen linearen Verlauf für Innovationsprozesse auf. Oftmals ist dies jedoch nur eine idealtypische Darstellung und in der Praxis so nicht vorzufinden. Um dem Problem entgegen zu treten, hat sich bspw. Rosenberg (1976, S. 68ff.) der Aufgabe verschrieben, Verhaltensmuster und Ereignisfolgen von Innovationen herauszuarbeiten (vgl. Gerybadze 2004, S. 26). Aufbauend auf diesen Erkenntnissen haben Kline und Rosenberg (1986, S. 289ff.) ein Modell entwickelt, das sich von der linear-sequentiellen Betrachtungsweise abkehrt und einen rückgekoppelten Innovationsprozess vorsieht (vgl. Gerybadze 2004, S. 25; Heubach 2009, S. 64). In Abbildung 13 ist das als Chain-Link-Modell bekannte Modell dargestellt.

Charakteristisch für das Chain-Link-Modell ist die Entkopplung der Forschung- und Wissensebene vom direkten Prozess der Innovation. Forschung und Entwicklung muss nicht zwangsläufig für jede Innovation am Anfang ihrer Prozesskette stehen. Oftmals steht zu Beginn ein Problem, ein latenter Bedarf oder ebenfalls einfach nur eine »Idee«. Im Weiteren sind durch analytisches Gestalten, Entwickeln und Durchführen von Tests, Lösungen für das Problem oder die Bedürfnisse zu erarbeiten. Hierbei ist der Entwicklungsprozess jederzeit mit den Ebenen Wissen und Forschung verbunden. Es wird dabei angenommen, dass im Rahmen des analytischen Designs und der Entwicklung auf mehrere verschiedene Wissenspools zugegriffen wird. Die Forschung speist wiederum ihre Ergebnisse in die Wissenspools ein (vgl. Gerybadze 2004, S. 26; Heesen 2009, S. 71). Somit steht als Quelle für Innovationen nicht direkt die Forschung im Mittelpunkt, sondern die Wissensebene (vgl. Kohler 2008, S. 16). Sollten die Informationen in den Wissenspools nicht vorhanden sein, ist dieser Bedarf darzulegen und an die Forschung zu adressieren. Alle Phasen sind mit Feedback- und Feed-Forward-Schleifen vernetzt. Der lineare Ablauf wird somit aufgelöst.

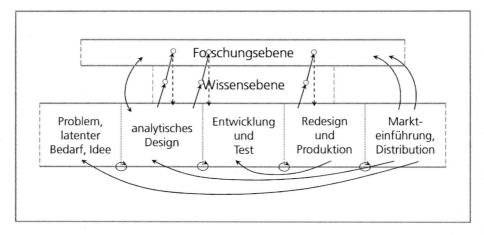

Abbildung 13:   Chain-Link-Modell nach Kline und Rosenberg (vgl. 1986, S. 290)

Das Chain-Link-Modell nach Kline und Rosenberg geht auf den Umstand ein, dass für Innovationen als unausweichliche Voraussetzung nicht grundlegende Forschungsarbeit gilt, sondern in der effektiven und effizienten Nutzung unternehmensinterner und -externer Wissenspools erhebliche Potenziale liegen. Zu bemerken ist jedoch, dass das Modell keine konkreten Hinweise zur Nutzung und Implementierung von technologischem Wissen und wissenschaftlichen Erkenntnissen gibt. Auch die Trennung der Ebenen von Forschung und Wissen ist nicht immer möglich bzw. teilweise wenig praktikabel (vgl. Heubach 2009, S. 65). Trotz der Kritikpunkte lassen sich, wie erwähnt, einige Erkenntnisse aus diesem Modell für die Entwicklung von Innovationen gewinnen.

2.4.2.3 Modell revolutionärer Innovationen nach Christensen und Raynor

Etablierte Unternehmen haben oftmals große Schwierigkeiten, mit ablösenden technologischen Innovationen umzugehen und neue Wachstumsfelder für sich aufzuspüren (vgl. Christensen & Raynor 2004, S. 9ff.). Zu dieser Erkenntnis kommen nach Durchführung umfangreicher Studien Christensen und Raynor und formulieren auf Basis der Ergebnisse ihr Modell der revolutionären Innovationen (vgl. auch Christensen 1997, S. 3ff.; Christensen & Rosenbloom 1995, S. 242ff.). Sie unterscheiden dabei zwischen evolutionären und revolutionären Innovationen, wobei evolutionäre den inkrementellen und revolutionäre mit radikalen Innovationen gleichzusetzen sind (siehe auch Kapitel 2.1.2).

Als grundlegend für ihr Modell und die revolutionären Innovationen sehen sie drei Kräfte: Adoptionsgeschwindigkeit des Markts, die Geschwindigkeit der technischen Innovation und neue Produkte und Dienstleistungen, die andere Vorteile bieten als die auf dem Markt gegenwärtig vorhandenen (vgl. Christensen & Raynor 2004, S. 36ff.).

Revolutionäre Innovationen versuchen insbesondere durch zwei verschiedene Ansätze Märkte und Kunden für sich zu erschließen, wie es Abbildung 14 darstellt.

Beim ersten Ansatz werden Kunden angesprochen, die bislang nicht zum Kundenkreis bestimmter Leistungen gehörten. Dies sind sogenannte »Nichtkunden«, die auf den jeweiligen Märkten gegenwärtig nicht im Fokus der Vermarktungsaktivitäten etablierter Unternehmen lagen. Der zweite Ansatz für revolutionäre Innovationen ist, dem Kunden Leistungen anzubieten, die auf einem anderen Wertenetz basieren, sodass ihm diese bspw. zu einem günstigeren Preis zur Verfügung gestellt werden können. Je nach Ansatz ist immer zu überprüfen, ob die jeweilige Idee auf die etablierten Marktakteure »revolutionäre Wirkung« entfalten kann (Christensen & Raynor 2004, S. 55). Ist dies nicht der Fall, sind tendenziell die großen Marktakteure in der aussichtsreicheren Position.

Das Modell von Christensen und Raynor geht von der Annahme aus, dass etablierte Unternehmen im Markt grundsätzlich die besseren Ausgangspositionen gegenüber neuen Marktteilnehmern auf ihren jeweiligen Märkten besitzen und die etablierten Unternehmen i.d.R. besser in der Lage sind, leicht modifizierte und verbesserte Leistungen (evolutionäre Innovationen) anzubieten. Sie zeigen aber mit ihrem Modell, welche Ansatzpunkte es für Unternehmen geben kann, um Märkte und Branchenstrukturen zu verändern und welche Potenziale sich trotz der scheinbar ungünstigeren Ausgangsbasis für sie ergeben können.

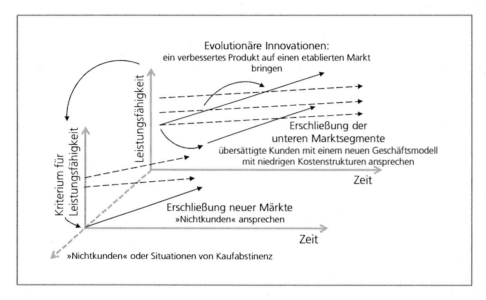

Abbildung 14: **Modell revolutionärer Innovationen nach Christensen und Raynor (2004, S. 49)**

2.4.2.4 Open-Innovation-Modell nach Chesbrough

Der mit dem Modell von Chesbrough im Jahre 2003 eingeführte Begriff »Open-Innovation« hat sich in den fast zehn Jahren als zentraler Bestandteil des Innovationsmanagements konstituiert (vgl. Braun 2012, S. 3; Huizingh 2011, S. 2; Chesbrough 2003a, S. 43ff.). Im Rahmen seines Ansatzes bemängelt er die häufig ausschließliche Innenausrichtung der Innovationsaktivitäten und -prozesse und bezeichnet diese traditionelle Sichtweise zur Entwicklung von Innovationen als »Closed-Innovation« (vgl. auch Reichwald & Piller 2009, S. 146).

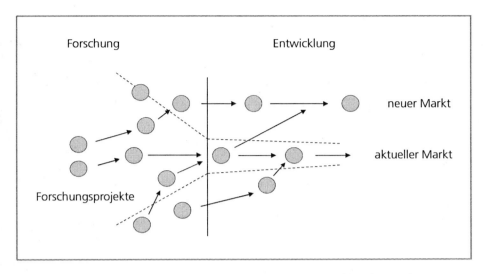

Forschung

Entwicklung

neuer Markt

aktueller Markt

Forschungsprojekte

Abbildung 15: **Open-Innovation-Modell nach Chesbrough (2003b, S. 37)**

Das Open-Innovation-Modell dagegen sieht die Öffnung der Innovationsprozesse als notwendige Bedingung an, wie in Abbildung 15 dargestellt, und meint eine systematische Einbeziehung externer Quellen und Informationen, sodass sich drei Kernprozesse für den Open-Innovation-Ansatz formulieren lassen (vgl. Gassmann & Enkel 2006, S. 134ff.):

- Outside-In-Prozess,
- Inside-Out-Prozess,
- Couple-Prozess.

Das grundlegende Verständnis des Open-Innovation-Ansatzes zeigt sich bereits im Outside-In-Prozess. Es wird dabei angenommen, dass die Innovation nicht zwangsläufig dort stattfinden muss, wo das Wissen generiert wird (vgl. Gassmann & Enkel 2006, S. 134). Der Outside-In-Prozess hat die Aufgabe, Wissen außerhalb der Unternehmensgrenzen (bspw. von Zulieferern, Kunden, Forschungseinrichtungen) aufzugreifen und für die eigene Unternehmung und das Innovationsgeschehen zu nutzen (vgl. Enkel, Gassmann & Chesbrough 2009, S. 312; Ili 2009, S. 34f.).

Der Inside-Out-Prozess beschäftigt sich mit der Verwertung vorhandener Kompetenzen, Technologien und Ressourcen in anderen Märkten. Dies kann in Form der Vergabe von Lizenzen, Ausgründungen etc. geschehen (vgl. Enkel & Gassmann 2009, S. 9). Somit lassen sich womöglich FuE-Kosten früher amortisieren, Vermarktungsrisiken begrenzen oder es wird so überhaupt erreicht, dass das vorhandene technologische Wissen finanzielle Rückflüsse erwirtschaftet (vgl. Ili 2012, S. 267)

Der Couple-Prozess setzt von Anfang an auf eine kooperative Entwicklung und Vermarktung von Leistungen. Er ist eine Verknüpfung des Outside-In- und Inside-Out-Prozesses. Gerade für die Durchsetzung von Standards bietet sich diese Form der Bündelungen von Innovationskapazitäten auch für komplementäre Partner an (vgl. Gassmann & Enkel 2006, S. 136).

Die Öffnung des Innovationsprozesses scheint insbesondere bei Diversifikationsvorhaben für Unternehmen eine wesentliche Bedingung, um erfolgsversprechende innovative Leistungen hervorzubringen. Der konkrete Umfang der Offenheit ist situativ zu entscheiden und die jeweiligen Chancen und Risiken sind gegeneinander abzuwägen. Das Grundverständnis des Open-Innovation-Modells zur Gestaltung der Innovationsaktivitäten scheint auch für die Gestaltung von Geschäftsmodellen sinnvoll, wenn auch konkrete Hinweise nicht gegeben werden.

2.4.2.5 Innovationsexzellenzmodell nach Spath et al.

Im letzten Jahrzehnt wurden zahlreiche Verfahren zur Messung und Steigerung der Innovationsperformance im Unternehmen aufgestellt, weiterentwickelt und validiert (vgl. bspw. Bannert 2008, S. 63ff.; Bürgin 2007, S. 85; Jones 2002, 266ff.; Burgelman, Maidique & Wheelwright 2001, S. 10ff.). Dabei hat sich im besonderen Maße das Innovationsexzellenzmodell nach Spath et al. (2006, S. 59ff.), das sich vom Grundaufbau her am EFQM-Modell orientiert, als geeignetes und ganzheitliches Rahmenkonzept zur Steigerung und Gestaltung der Innovationsfähigkeit von Unternehmen herausgestellt (vgl. Warschat 2006, S. 29ff.; Spitzley & Slama 2011, S. 271; Warschat & Slama 2012, S. 161; Rogowski 2011, S. 46; Rackensperger 2008, S. 55ff.; Spath & Slama 2009, S. 20).

Das Innovationsexzellenzmodell nach Spath et al. umfasst folgende neun Gestaltungsfelder, die die Grundlage des Modells bilden: Innovationskultur, Strategie, Kompetenz und Wissen, Technologie, Produkt und Dienstleistung, Prozess, Struktur und Netzwerk, Markt sowie Projektmanagement (Abbildung 16). Durch die Beschreibung und Ausgestaltung dieser Felder kann Einfluss auf die Innovationsfähigkeit von Unternehmen genommen werden (vgl. Spath et al. 2006, S. 60ff.; Slama 2010, S. 70).

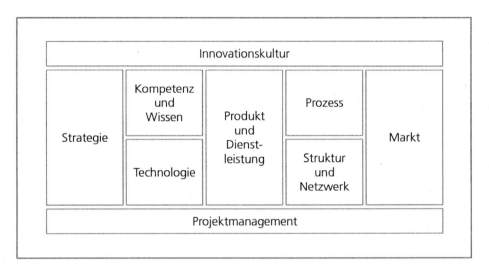

Abbildung 16:   **Gestaltungsfelder des Innovationsexzellenzmodells nach Spath et al. (2006, S. 59)**

Das Gestaltungsfeld Innovationskultur beschäftigt sich mit dem Kommunikations- und Motivationsverhalten, dem Führungsstil, den Normen und Werten im Unternehmen und ist somit eng mit der Unternehmenskultur verbunden. Mit dem Gestaltungsfeld Strategie soll sichergestellt werden, dass die gegenwärtig notwendigen sowie zukünftigen Innovationstätigkeiten explizit in die Unternehmensstrategie einbezogen werden sowie ein gemeinsames Verständnis für Innovationen im Unternehmen entsteht. Kompetenz und Wissen spiegelt den Bereich eines Unternehmens wider, in dem wesentliches Potenzial für neue Ideen und deren Umsetzung in Innovationen innewohnt. Dieses Gestaltungsfeld widmet sich den vorhandenen und aufzubauenden Kenntnissen, Fähigkeiten, Erfahrungen und Kompetenzen. Der Bedeutung von Technologie für die Innovationsfähigkeit einer Organisation soll mit einem eigenen Gestaltungsfeld Technologie Rechnung getragen werden. Es beinhaltet neben der Nutzung von Technologiepotenzialen auch die Beobachtung der technologischen Landschaft, die Erkennung von Synergien sowie die Bewertung von Technologien. Das Gestaltungsfeld Produkt und Dienstleistung hat zum Ziel, Sachgut-Dienstleistungs-Kombinationen als Produkt zu entwickeln, verworfene Produktkonzepte und -entwürfe als Pool für Innovationen zu bewahren sowie die auf dem Markt befindlichen Produkte entsprechend zu verbessern. Das Gestaltungsfeld Prozesse setzt sich mit der Frage auseinander, inwieweit die vorhandenen Prozesse für die Innovationsfähigkeit des Unternehmens förderlich oder hinderlich sind bzw. welche Eigenschaften die Prozesse haben oder haben müssen, damit Innovationen im Unternehmen hervorgebracht werden können. Als wichtige Voraussetzung für die Innovationsfähigkeit von Unternehmen werden entsprechende Strukturen und Netzwerke gesehen, sodass es notwendig erscheint, dass im Innovationsexzellenzmodell nach Spath et al. sich ebenfalls ein Gestaltungsfeld mit diesen beschäftigt. Im Gestaltungsfeld Markt werden die Objekte Kunde und Wettbewerber in den Mittelpunkt gerückt. Dabei geht es um die Fähigkeiten, den Kunden als Quelle zu nutzen sowie Wettbewerber zu beobachten, um Rückschlüsse für die eigenen Ideen zu erlangen. Als weiterer Baustein für die Innovationsfähigkeit von Unternehmen wird das erfolgreiche Management von Projekten gesehen, das passende Instrumente zur Projektplanung und -steuerung bereithält.

Das Innovationsexzellenzmodell nach Spath et al. ermöglicht eine ganzheitliche Sicht auf das Management von Innovationen im Unternehmen. Dabei beinhaltet es Aspekte der normativen, strategischen und normativen Ebene. Aufgrund des ganzheitlichen Charakters des Innovationsexzellenzmodells scheint es interessant, inwieweit dieses mit den Ergebnissen und Erkenntnissen der Geschäftsmodellforschung übereinstimmt. Eine vergleichende Gegenüberstellung wird deshalb im nachfolgenden Kapitel vorgenommen.

2.5 Zusammenfassung und Bewertung des Stands der Forschung

Im Kapitel 2.1 wurden die Begriffe Diversifikation, Innovation, Innovationsmanagement, Geschäftsmodell und Geschäftsmodellinnovationen beschrieben. Dabei wurden weiterhin verschiedene Arten der Diversifikation, Dimensionen der Innovation und Sichtweisen zum Begriff Geschäftsmodell aufgezeigt.

Motive und Ansatzpunkte für Diversifikationsvorhaben war Gegenstand von Kapitel 2.2. Dabei konnte festgestellt werden, dass sich gerade für technologieorientierte, produzierende Unternehmen zahlreiche Potenziale ergeben können.

Im Kapitel 2.3 wurde versucht, den vergleichsweise noch jungen Forschungsbereich Geschäftsmodelle zu erfassen. Nach Analyse von verschiedenen Ansätzen wurde deutlich, dass für viele Autoren die nachfolgenden Elemente als maßgeblicher Bestandteil von Geschäftsmodellen gelten: Nutzenversprechen (Leistungsangebot), Wertschöpfungskette und Prozesse, Netzwerk und Partner, Ressourcen, Kompetenzen und Technologien, Kundenbeziehungen, -schnittstellen und Kanäle sowie Erlöse. Des Weiteren wurden unterschiedliche Ansätze zur Entwicklung von Geschäftsmodellen vorgestellt. Eine Beurteilung der Eignung der Ansätze für die vorliegende Problemstellung wird nachfolgend vorgenommen.

Bei Betrachtung der verschiedenen Geschäftsmodellansätze stellte sich heraus, dass einige Autoren auf Modelle und Erkenntnisse des Innovationsmanagements zugreifen. Aufgrund der engen Verzahnung der beiden Forschungsgebiete und der Problemstellung der Arbeit wurden in Kapitel 2.4 Ergebnisse der Innovationserfolgsfaktorenforschung und grundlegende Modelle des Innovationsmanagements vorgestellt. Dabei ließ sich feststellen, dass das Innovationsexzellenzmodell nach Spath et al. zur ganzheitlichen Betrachtung und Steuerung von Innovationen im Unternehmen einen erheblichen Mehrwert liefert. Es ist daher von Interesse, inwiefern eine Übereinstimmung dieses Modells und der Analyse der Geschäftsmodellforschung besteht.

Bei Gegenüberstellung des Innovationsexzellenzmodells nach Spath et al. und der Analyse der bedeutenden Geschäftsmodellelemente für eine Systematik zur Erfassung und Beschreibung von Geschäftsmodellen fällt auf, dass bei Beibehaltung der begrifflichen Trennung zwischen Strategie und Geschäftsmodell und der im Kapitel 2.1.3 übernommenen Einordnung im St. Gallener Managementmodell starke Analogien zwischen diesen bestehen. Bei Anwendung dieser begrifflichen Logik ist das Gestaltungsfeld Innovationskultur des Innovationsexzellenzmodells der normativen Ebene im St. Gallener Managementmodell, das Gestaltungsfeld Strategie der strategischen Ebene und das Gestaltungsfeld Projektmanagement der operativen Ebene direkt zuzuordnen. Die weiteren sechs Gestaltungsfelder des Innovationsexzellenzmodells weisen große inhaltliche Parallelen zum Ergebnis aus der vorgenommenen Analyse auf. Abbildung 17 stellt die jeweiligen elementaren Geschäftsmodellelemente aus der Analyse und die relevanten Gestaltungsfelder des Innovationsexzellenzmodells gegenüber.

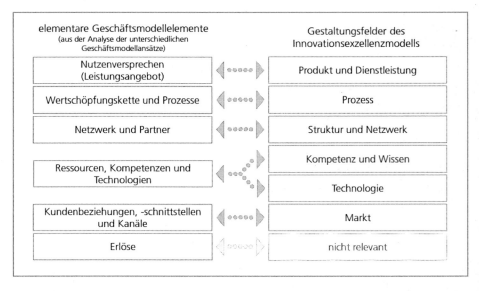

Abbildung 17:   Gegenüberstellung der elementaren Geschäftsmodellelemente und der Gestaltungsfelder des Innovationsexzellenzmodells

Auch bei Betrachtung der Erkenntnisse aus den Innovationserfolgsfaktorenstudien sowie den inhaltlichen Beschreibungen der Geschäftsmodellelemente verschiedener Autoren zeigen sich Gemeinsamkeiten. So wird bspw. die Notwendigkeit eines relativen Produktvorteils sowohl im Innovationsmanagement, als auch bei der Entwicklung neuer Geschäftsmodelle gefordert (vgl. bspw. Montoya-Weiss 1994, S. 411ff. und Afuah & Tucci 2003, S. 55).

Neben der ausschließlichen Beschreibung einer Geschäftsmodellkonzeption haben einige Autoren ein Vorgehensmodell oder einen Prozess zur Entwicklung von Geschäftsmodellen formuliert (siehe Kapitel 2.3.2). Dies stellt insofern einen Fortschritt für die praktische Nutzung dar, als dass die anwendenden Akteure Hilfestellungen für die konkrete Entwicklung von Geschäftsmodellinnovationen bekommen. Es zeigt sich jedoch, dass einige Ansätze nur unspezifisch formuliert sind, sodass sich in der Anwendung Schwierigkeiten ergeben. Im Hinblick auf die vorliegende Problemstellung und die im Kapitel 1.3 formulierten Teilziele soll im Folgenden eine Bewertung der beschriebenen Ansätze vorgenommen werden. Als Bewertungsgrundlage dienen folgende abgeleitete Kriterien:

- *Ganzheitliche Geschäftsmodellkonzeption bzw. -systematik*
  Es ist eine Geschäftsmodellkonzeption bzw. -systematik gegeben, die die Erfassung und Beschreibung von Geschäftsmodellen ermöglicht. Dabei muss es möglich sein, das Geschäftsmodell in einzelne Elemente und Strukturen zu zergliedern und detailliert darzustellen, ohne dass der Gesamtzusammenhang verloren geht.
- *Identifizierung von Potenzialfeldern*
  Unter Einbeziehung verschiedener Methoden und Instrumente ermöglicht der Ansatz, Potenzialfelder neuer Geschäftsmodelle zu identifizieren.
- *Methodische Unterstützung für die Ideenentwicklung von neuen Geschäftsmodellen*
  Mit dem Ansatz bzw. dem Vorgehensmodell wird konkret die Kreativität zur Entwicklung neuer Geschäftsmodelle gefördert und gezielt versucht, Denkbarrieren abzubauen und systematisch Anregungen für neue Gestaltungsoptionen zu geben.

- *Umfassendes und skalierbares Bewertungsinstrumentarium*
  Der Ansatz sieht eine umfassende – unter Berücksichtigung des Kontexts und des Untersuchungsbereichs – möglichst subjektivfreie Bewertung der Geschäftsmodellideen vor und gibt Hilfestellung zur Ableitung von Priorisierungsempfehlungen.

- *Praxistauglichkeit*
  Dies bedeutet, dass ein praktischer Einsatz möglich und die Nachvollziehbarkeit der Schritte gewährleistet wird sowie der Ansatz anpass- und erweiterbar ist. Weiterhin dürfen keine methodischen Lücken enthalten sein, sodass eine durchgängige Anwendung sichergestellt ist.

In der nachfolgenden Tabelle werden die in Kapitel 2.3.2 vorgestellten Ansätze zur Entwicklung von Geschäftsmodellinnovationen anhand der oben aufgeführten Kriterien bewertet.

Tabelle 4: Vergleich der Ansätze zur Entwicklung von Geschäftsmodellinnovationen

Ansätze zur Entwicklung von Geschäftsmodellinnovationen \ Bewertungskriterien	ganzheitliche Geschäftsmodell-systematik	Integration von Methoden zur Identifizierung gegenwärtiger und zukünftiger Potenzialfelder	methodische Unterstützung bei der Ideenentwicklung für neue Geschäftsmodelle	umfassendes und skalierbares Bewertungsinstrumentarium	Praxistauglichkeit
Ansatz von Chesbrough und Rosenbloom (2002, S. 534f)	○	○	○	○	○
Ansatz von Afuah (2004, S. 235ff.)	●	◐	○	○	◐
Ansatz von Zott und Amit (2010, S. 217ff.)	●	○	○	○	○
Ansatz von Wirtz (2010, S. 205ff.)	●	●	○	○	◐
Ansatz von Bucherer (2010, S. 73ff.)	◐	●	◐	○	◐
Ansatz von Osterwalder und Pigneur (2011, S. 20ff.)	●	●	◐	○	◐

Legende: ○ größtenteils nicht erfüllt   ◐ teilweise erfüllt   ● größtenteils erfüllt

Anknüpfend an die in Abbildung 17 zusammengestellten Erkenntnisse aus der Analyse der bestehenden Geschäftsmodellansätze und dem Innovationsexzellenzmodell wird im Weiteren eine Konzeption für die Beschreibung von Geschäftsmodellen entwickelt. Dabei ist eine systemtheoretische Betrachtung für eine Geschäftsmodellsystematik sinnvoll.

Für die Entwicklung und Generierung neuer Geschäftsmodellideen wurde bisher auf den Aspekt der methodischen Förderung der Kreativität nur unzureichend eingegangen. Es wird daher ein generisches Vorgehensmodell benötigt, um Kreativität anzuregen und völlig neuartige Geschäftsmodellideen zu entwickeln. Dabei sollen entsprechend dem Chain-Link-Modell (Kapitel 2.4.2.2) und dem Open-Innovation-Modell (Kapitel 2.4.2.4) sowohl unternehmensinterne wie auch unternehmensexterne Ideen für neue Geschäftsmodelle aufgegriffen werden. Im Hinblick auf die Anwendbarkeit in der Praxis ist auf die Durchgängigkeit und notwendige Konkretisierung bei der Gestaltung der Vorgehensschritte zu achten.

Um die Menge möglicher Geschäftsmodellideen zu bewerten und Priorisierungen vornehmen zu können, braucht es Kriterien, anhand derer die Einschätzung erfolgt. Dabei sind nicht alleine interne Bewertungskriterien heranzuziehen, sondern es bedarf einer Integration und Verknüpfung von Kunden-, Wettbewerbs- und unternehmensinterner Perspektive.

3 Lösungsansätze der Methodik

Die Betrachtung des Stands der Forschung in Kapitel 2 zeigte, dass die bestehenden Ansätze für die vorliegende Problemstellung Schwächen aufweisen. Die Defizite bestehen dabei in der gezielten Förderung von Kreativität zur Generierung und Entwicklung von Ideen für neuartige Geschäftsmodelle sowie in der fehlenden Bereitstellung eines Modells zur Bewertung und Priorisierung der entwickelten Geschäftsmodellideen. Weiterhin ergab sich aus der Analyse des Stands der Forschung, dass je nach Geschäftsmodellansatz unterschiedliche Geschäftsmodellelemente als relevant angesehen werden. Aus der Gegenüberstellung der verschiedenen Ansätze sowie dem Abgleich mit der Innovationsmanagementforschung wurden sechs elementare Geschäftsmodellelemente identifiziert. Anknüpfend an diesen Erkenntnissen soll in dieser Arbeit eine Geschäftsmodellsystematik entwickelt werden. Den theoretischen Rahmen hierfür könnte die Systemtheorie liefern. Sie wird deshalb in Kapitel 3.1 vorgestellt. In Kapitel 3.2 werden elementare Modelle, Methoden und Erkenntnisse der Kreativitätsforschung erläutert. Sie sollen Lösungsansätze für die Generierung von Geschäftsmodellideen innerhalb der Methodik verdeutlichen. In Kapitel 3.3 werden die theoretischen Grundlagen für ein Bewertungsmodell innerhalb der Methodik gelegt. Abschließend werden ausgehend von den identifizierten Defiziten der bestehenden Ansätze sowie den in Kapiteln 3.1 bis 3.3 aufgezeigten Lösungsansätzen Anforderungen an die zu entwickelnde Methodik formuliert.

3.1 Systemtheorie

Als eine der »ganz großen« Theorieentwürfe des Wissenschaftsbereichs betitelt Wolf (2011, S. 158) die Systemtheorie. Ihr Ursprung reicht weit zurück und war und ist Gegenstand unterschiedlicher Wissenschaftsdisziplinen (vgl. Ropohl 2009, S. 71). Der Vorteil liegt in ihrem universellen Charakter, in der ganzheitlichen Betrachtungsweise, in der Möglichkeit, reale komplexe Erscheinung transparent zu machen sowie Strukturen und Wirkzusammenhänge zu veranschaulichen (vgl. Haberfellner et al. 2002, S. 4).

Kern der Systemtheorie ist die Charakterisierung von Systemen anhand von fünf Merkmalen, mit denen sich wiederum Systeme beschreiben lassen (vgl. Wolf 2011, S. 159):

- Systemelemente,
- Beziehungsvielfalt,
- hierarchische Gliederung,
- Systemzustände,
- Systemstruktur.

Systeme bestehen aus Systemelementen. Sie sind jeweils eine Kombination bestimmter Merkmalsausprägungen (vgl. Grochla & Lehmann 1980, S. 2209). Mit Hilfe dieser Eigenschaft lassen sich die Elemente beschreiben und voneinander abgrenzen. Kennzeichnend für Systeme ist auch die Menge an unterschiedlichen Beziehungen zwischen den Elementen. Sie können von unterschiedlicher Gestalt sein: Informationsflussbeziehungen, Wertschöpfungsbeziehungen, Wirkzusammenhänge etc. (vgl. Haberfellner et al. 2002, S. 5). Hilfreich zur Veranschaulichung von Wirkzusammenhängen, ohne dass der Gesamtzusammenhang verloren geht, ist die hierarchische Gliederung. Dies bedeutet, dass jedes System aus mehreren Untersystemen, auch Subsystemen genannt, bestehen kann, und seinerseits wiederum als Teil eines umfassenderen Systems betrachtet werden kann. Dies wird dann als Supersystem bezeichnet (vgl. Ropohl 2009, S. 77). Zu betonen ist, dass eine hierarchische Gliederung nicht so zu verstehen ist, dass alle Systemelemente einander unter- bzw. übergeordnet sein müssen (vgl. Wolf 2011, S. 160). Oftmals sind viele Systemelemente gleichrangig, d.h. sie liegen nebeneinander auf einer Abstraktionsebene.

Ein weiteres Kennzeichen von Systemen ist die Möglichkeit der Erfassung der Zustände von Systemelementen, Subsystemen und den existierenden Beziehungsstrukturen. Der Zustand des Systems wird bestimmt durch die Zustände und Verhaltensweise seiner Elemente und den untereinander bestehenden Beziehungen. Dabei ist das System jedoch mehr als die Summe seiner Teile (vgl. Wolf 2011, S. 160).

Als Systemstruktur wird das Beziehungsgefüge der Elemente eines Systems bezeichnet (vgl. Grochla & Lehmann 1980, S. 2209). Charakteristisch für ein System ist, dass dieses Beziehungsgefüge zumindest für eine gewisse Zeitdauer stabil ist. Das heißt nicht, dass Elemente oder deren Beziehungen keinen Veränderungen unterliegen, sondern vielmehr dass die Systembeziehungen nicht kurz nach ihrer Konstituierung zerfallen (vgl. Wolf 2011, S. 160).

Mithilfe der Systemtheorie lassen sich Multikausalitäten und Verflechtungen darstellen, sodass die Modellierung realer Zusammenhänge eher möglich ist und die Komplexität beherrschbar bleibt. Für die Konzeption einer Systematik zur Erfassung und Beschreibung von Geschäftsmodellen und Geschäftsmodellideen eignet sie sich als Rahmenkonzept und kann deshalb als ein Lösungsansatz für die zu entwickelnde Methodik in Kapitel 4 bezeichnet werden.

3.2 Kreativitätsforschung und -techniken

3.2.1 Kreativität

Seit den 50er Jahren versuchen unterschiedliche Fachbereiche sich vermehrt wissenschaftlich mit dem Thema Kreativität auseinanderzusetzen (vgl. Albert & Runco 1999, S. 16ff.; Giesler 2003, S. 19ff.; Sonnenburg 2007, S. 9f.). Obwohl die Bedeutung von Kreativität in den einzelnen Disziplinen unbestritten ist, setzen sich in Relation zu den anderen Teilgebieten der jeweiligen Wissenschaftsdisziplinen meist weniger Forscher mit diesem Thema auseinander (vgl. Sonnenburg 2007, S. 10; Sternberg & Lubart 1999, S. 3). Grund hierfür mag sein, dass Kreativität häufig als komplexes und unbeeinflussbares Phänomen verstanden wird (vgl. Gaier 2011, S. 17). Vornehmlich in letzter Zeit zeigt sich wieder eine verstärkte Auseinandersetzung mit diesem Thema. So versuchen einige Forscher im Sinne eines Kreativitätsmanagements, sich diesem Phänomen sukzessiv zu nähern (vgl. Bullinger, Hermann und Ganz 2000, S. 5ff.; Bourguignon & Dorsett 2002, S. 3; Gaier 2011, S. 17; Deigendesch 2009, S. 48).

Ganz allgemein beschrieben sehen Bullinger, Herrmann und Ganz (2000, S. 6) mit Kreativität die Fähigkeit verbunden, etwas zu erschaffen, das noch nicht existierte. Dabei weisen sie daraufhin, dass bspw. bezogen auf den Produktentwicklungszyklus sich kreative Leistungen nicht auf die frühen Phasen beschränken lassen, sondern in allen Phasen der Produktentwicklung zu finden sind (vgl. Bullinger, Herrmann & Ganz 2000, S. 9). Kreativität im Innovationsmanagement beschreiben Geschka und Zirm (2011, S. 281) als »Fähigkeit, Wissen- und Erfahrungselemente aus verschiedenen Bereichen so zu verknüpfen, dass neuartige Ideen und Problemlösungsansätze entstehen. Dabei gilt es, verfestigte Strukturen und Denkmuster zu überwinden«.

Zusammenfassend ist festzuhalten, dass man Kreativität nicht einzelnen Bereichen, Prozessen oder Individuen zuschreiben kann. Vielmehr ist im Kontext dieser Arbeit, Kreativität als immerwährende Aufgabe und Herausforderung zu sehen. Im Folgenden sollen Modelle, Instrumente sowie theoretische und empirische Erkenntnisse zusammengetragen werden, die ein Verständnis zur Entstehung und Förderung von Kreativität vermitteln.

3.2.2 Modelle der Kreativitätsforschung

In der Kreativitätsforschung wurden zahlreiche Modelle entwickelt, um sich dem Phänomen Kreativität zu nähern. Dabei fokussieren die einzelnen Modelle auf unterschiedliche Aspekte und versuchen, verschiedene Hinweise im Zusammenhang mit Kreativität zu geben.

Phasenmodell nach Wallas

Ein Modell, das starken Einfluss auf die Kreativitätsforschung genommen hat und heute noch diskutiert wird, stellt das Phasenmodell von Wallas dar, das sich wiederum an die Arbeit von Poincaré anlehnt (vgl. Wallas 1926, S. 80; Torrance 1988, S. 45).

Wallas formuliert vier Phasen, indem sich der kreative Prozess vollzieht (vgl. Wallas 1926, S. 80; Schlicksupp 1992, S. 41):

- Vorbereitung,
- Inkubation,
- Illumination,

- Verifikation.

Im Mittelpunkt der Vorbereitungsphase stehen die Problemerkennung sowie die Bewusstmachung der Aufgabe. In der Auseinandersetzung mit dem Problem werden bereits kognitive Prozesse aktiviert sowie Erfahrungswissen genutzt, um wesentliche kausale Verknüpfungen transparent zu machen. Die Inkubationsphase lässt sich dadurch charakterisieren, dass in ihr unbewusste Denkprozesse vollzogen werden. Diese finden auch außerhalb der Momente der unmittelbaren Lösungssuche statt, d.h. auch in Zeiten, in denen eine Beschäftigung mit anderen Tätigkeiten erfolgt. Aus der Inkubationsphase resultierend findet in der Illuminationsphase das »Aha-Erlebnis« statt. Das plötzliche Auftauchen der Lösungsmöglichkeit ergibt sich durch die Verknüpfung von Wissen und Bildung von Analogien zur bestehenden Problemstellung. In der Verifikationsphase gilt es, die Idee(n) in Bezug auf die vorliegende Aufgabe bzw. Problemstellung zu prüfen. Dabei soll vor allem eine systematisch-logische und subjektivfreie Vorgehensweise vorherrschen.

Ein wesentlicher Kritikpunkt, der immer wieder im Zusammenhang mit dem Phasenmodell von Wallas genannt wird, ist der dem Modell zugrundegelegte lineare Verlauf. Weiterhin wird die Annahme kritisiert, dass eine kreative Idee maßgeblich auf einen plötzlichen Einfall beruht und nicht auch aus umfangreicher FuE-Tätigkeit, in Interaktionen mit Kunden oder durch Einsatz systematischer Innovationsmanagementmethoden resultieren kann (vgl. auch Preiser 1986, S. 42; Sonnenburg 2007, S. 29).

Denkmodelle nach De Bono sowie Getzels und Jackson

Eng mit Kreativität verbunden ist der Begriff des »lateralen Denkens«. Er geht auf De Bono zurück. Er vertritt die Meinung, dass laterales Denken über divergentes (schöpferisches) Denken hinausgeht und nur ein Element lateraler Denkprozesse ist (vgl. De Bono 1996, S. 53). Ziel des lateralen Denkens ist es, die menschliche Wahrnehmung zu verändern sowie die Grenzen früherer Erfahrungen und damit des Denkens zu durchbrechen. Er verwendet in diesem Zusammenhang den Begriff »vertikales Denken«, bei dem ausgehend von einer bestimmten Position Lösungsmöglichkeiten logisch abgeleitet werden. Im Gegensatz dazu erfolgt das laterale Denken »seitwärts«, d.h. es werden zunächst unterschiedliche Konzepte und Startpositionen gesucht (vgl. De Bono 1996, S. 51). Dafür können verschiedene Methoden eingesetzt werden, die helfen, auf gezielte und systematische Weise laterales Denken zu fördern und auf denen drei grundlegende Ansätze beruhen: Herausforderung, Alternativen und mentale Provokation (vgl. Brunner 2008, S. 23; De Bono 1996, S. XV). In der Realität kommt es jedoch meist zur Verknüpfung von vertikalem und lateralem Denken sowie einer Reihe von Rückkopplungsschleifen, sodass ausschließlich isolierte laterale Denkprozesse praktisch nicht vorkommen (vgl. Steiner 2011, S. 31f.). Die Entstehung kreativer Leistungen sowie das Finden kreativer Problemlösungen sehen auch Getzels und Jackson (1962, S. 79ff.) eher im Zusammenspiel von konvergentem und divergentem Denken (vgl. Steiner 2011, S. 32f.).

Die Denkmodelle zeigen, dass je nach Phase und Problemstellung unterschiedliche kognitive Herangehensweisen notwendig sind. Besonders De Bono verknüpft diese Erkenntnisse mit verschiedenen Methoden und Techniken und verweist auf deren Anwendung für die Generierung kreativer Ideen. Die Denkmodelle geben jedoch keine genaueren Hinweise für den Ablauf kreativer Prozesse oder mögliche Einflussfaktoren und sind somit nur als grobes Rahmenkonzept anzusehen.

Komponentenmodell nach Amabile

Ein differenziertes Modell, das auf zahlreiche empirische Studien basiert, stellt Amabile vor (1983, S. 77ff.; 1996, S. 81ff.). Gegenstand dieses Modells sind drei Komponenten, die auf die Phasen des kreativen Prozesses Einfluss nehmen. Dies sind:

- bereichsrelevante Fähigkeiten,
- kreativitätsrelevante Fähig- und Fertigkeiten,
- Aufgabenmotivation.

Die bereichsrelevanten Fähigkeiten umfassen das Wissen, das fachlich notwendig ist, um Ideen im entsprechenden Gebiet entwickeln zu können. Dies kann bspw. technologisches Know-how und das Verständnis für physikalische Wirkprinzipien sein. Die kreativitätsrelevanten Fähig- und Fertigkeiten sind charakterisiert durch den kognitiven Stil, den heuristischen Fähigkeiten und der zielführenden Arbeitsweise. Kognitiver Stil beschreibt die Fähigkeit, bestehende Denkmuster aufzubrechen und heuristische Fähigkeiten anzuwenden. Heuristische Fähigkeiten sind bspw. das Bilden von Analogien oder Verfremden. Eine zielführende Arbeitsweise ist ebenfalls bedeutend und bildet einen Teil der Komponente kreativitätsrelevante Fähig- und Fertigkeiten. Damit verbunden und als entscheidend sieht Amabile die Aufgabenmotivation, wobei sie diese in intrinsische und extrinsische unterteilt.

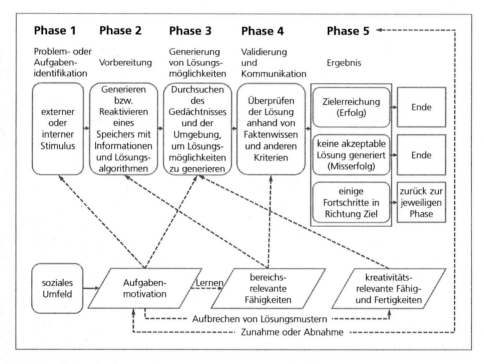

Abbildung 18:   Komponentenmodell nach Amabile (1996, S. 113)

Den kreativen Prozess sieht sie als fünf-stufiges Phasenmodell, der aus der Problemidentifizierung, Vorbereitung, Generierung von Lösungsmöglichkeiten, Ideenvalidierung und Ergebnisbeurteilung besteht, wie es Abbildung 18 darstellt.

Sie sieht in der ersten Phase die Erfassung des Problembereichs vor. Die zweite Phase beinhaltet das Suchen nach für die Problemstellung relevanten Informationen und Lösungsalgorithmen. In der dritten Phase erfolgt das Generieren von Lösungsmöglichkeiten, die im vierten Schritt auf Basis des bereichsrelevanten Wissens geprüft werden. In der fünften Phase werden die Ergebnisse aus Phase 4 bewertet. Für die Phase 1 ist die Aufgabenmotivation entscheidend, ebenso wie für Phase 3. Die bereichsrelevanten Fähigkeiten nehmen besonders auf Phase 2 und 4 Einfluss, wohingegen die kreativitätsrelevanten Fähig- und Fertigkeiten maßgeblich in Phase 3 zur Anwendung kommen. Das Ergebnis der kreativen Leistung hängt nach Amabile von der Ausprägung der einzelnen Komponenten sowie deren optimalem Zusammenwirken ab.

Das Komponentenmodell von Amabile integriert Erkenntnisse empirischer Forschung und arbeitet elementare Einflussfaktoren auf dem kreativen Prozess heraus. Jedoch konzentriert sich das Modell auf Ebene des einzelnen Individuums, sodass erweiterte Kontextfaktoren im Modell eher unberücksichtigt bleiben.

Systemmodell nach Csikszentmihalyi

Von einer systemischen Perspektive entwickelte Csikszentmihalyi (1997, S. 46ff.) ein Modell, das ebenfalls zur Erweiterung des Verständnisses kreativer Problemlösungsprozesse beigetragen hat (vgl. Steiner 2011, S. 47). Er betrachtet Kreativität als ein System, das sich aus drei Hauptelementen zusammensetzt (Abbildung 19): der Domäne, dem Feld und dem Individuum. Die Domäne ist gekennzeichnet durch symbolische Regeln und Verfahrensweisen. Das zweite Hauptelement »Feld« umfasst alle Personen, die die Domänen überwachen und Einfluss auf die Entscheidung haben, ob die kreative Leistung neuer Bestandteil der Domänen wird oder nicht. Das dritte Hauptelement stellt das Individuum dar, das in Auseinandersetzung mit den Symbolen von bestehenden Domänen neue Ideen entwickelt. Kreativität entsteht also nach Csikszentmihalyi im Wechselspiel dieser drei Hauptelemente und zeigt damit, dass kreative Leistungen erheblich von den jeweiligen Rahmenbedingungen und Beziehungen zwischen Domäne, Feld und Individuum abhängig sind (vgl. Csikszentmihalyi 1997, S. 48ff.; Sonnenburg 2007, S. 45).

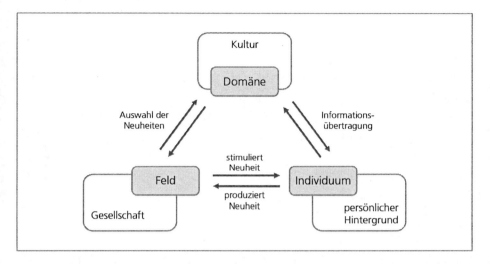

Abbildung 19:   **Systemmodell der Kreativität nach Csikszentmihalyi (Deigendesch 2009, S. 69; vgl. Csikszentmihalyi 2007, S. 47ff.)**

Mit dem Systemmodell entwickelt Csikszentmihalyi ein Rahmenkonzept, das einen ganzheitlichen Blick auf Kreativität ermöglicht. Bis zu diesem Zeitpunkt konzentrierte sich die Kreativitätsforschung eher auf das Individuum, sodass er mit diesem Modell ein »neues Emergenzniveau erzielt, das ihm ermöglicht, Erkenntnisse über kreative Erfolge, aber auch Misserfolge innerhalb eines Systems aus Individuum, Domäne und Feld zu gewinnen« (Sonnenburg 2007, S. 45).

3.2.3 Kreativitätstechniken

Für die Generierung von Ideen wird sowohl in der Theorie als auch in der Praxis die Anwendung von Kreativitätstechniken empfohlen. Diese Techniken sollen helfen, Denkbarrieren zu überwinden und neue Lösungsansätze zu entwickeln. Meist sind Verhaltens- und Denkregeln zu beachten, die für die Anregung neuer Ideen förderlich sein sollen (vgl. Geschka & Zirm 2011, S. 282). Bei den Kreativitätstechniken kann grundsätzlich zwischen zwei Arten unterschieden werden: den intuitiv-kreativen und den systematisch-analytischen Methoden (vgl. Schlicksupp 1992, S. 60; Steiner 2007, S. 299). Tabelle 5 zeigt beispielhaft einige Methoden der jeweiligen Kategorie.

Tabelle 5:   Kategorisierung der Methoden

Intuitiv-kreative Methoden	Systematisch-analytische Methoden
<ul><li>Brainstroming</li><li>635-Methode</li><li>Synektik</li><li>…</li></ul>	<ul><li>Osborn-Checkliste</li><li>Morphologischer Kasten</li><li>TRIZ</li><li>…</li></ul>

Die kreativ-intuitiven Methoden zielen darauf ab, auf Basis des Wissens und der Erfahrungen der an den Lösungsprozessen beteiligten Personen Ideen zu generieren, durch wechselseitige Assoziationen Denkprozesse anzustoßen und den Wissensspeicher jeden Teilnehmers auszuschöpfen (vgl. Schlicksupp 1992, S. 102). Die systematisch-analytischen Methoden versuchen, eher methodisch strukturiert Lösungen zu erarbeiten. Im Folgenden werden einige Methoden, die in der Praxis Verwendung finden, vorgestellt.

Brainstorming

Das wohl bekannteste Verfahren im Bereich der Kreativitätstechniken stellt das Brainstorming dar. Es beruht im Wesentlichen darauf, dass im Team unter Beachtung bestimmter Regeln an der Lösungsfindung gearbeitet wird. So sind restriktive Äußerungen grundsätzlich zu unterlassen. Auch von einer Bewertung der Ideen wird in den ersten Schritten Abstand genommen. So sollen die Teilnehmer ihre Ideen frei äußern können und dadurch Anstöße für weitere

Ideen erhalten. Weiterhin gilt das Prinzip, möglichst viele Ideen zu produzieren und dem Ideenfluss und der Spontanität möglichst freien Raum zu lassen (vgl. Schlicksupp 1992, S. 103ff.; Eversheim et al. 2003, S. 146f.). Neben dem klassischen Verfahren existieren zahlreiche abgewandelte Methoden. Hilfreich bei dieser Methode ist meist der Einsatz von Visualisierungsmedien (Tafel, Karten etc.). Somit wird sichergestellt, dass bei der Fülle an Ideen keine verloren gehen. Durch die Visualisierung der unterschiedlichen Ideen, können womöglich leichter weitere Assoziationen gebildet werden, die wiederum in neue Ideen münden.

Die Beliebtheit dieser Methode lässt sich vermutlich mit ihrer leichten Handhab- sowie ihrer universellen Anwendbarkeit begründen. Zum größten Teil werden jedoch nur Ideen aus dem unmittelbaren Umfeld generiert. Insbesondere bei komplexen Sachfragen und homogenen Gruppen bringt diese Methode i.d.R. ohne weitere unterstützende Maßnahmen keine radikal neuen Ergebnisse hervor.

635-Methode

Eine dem Brainstorming ähnliche Methode stellt die 635-Methode dar. Im Gegensatz zum Brainstorming erfolgt die Ideengenerierung nicht verbal, sondern mit Hilfe eines strukturierten Formulars, auf dem die Ideen niedergeschrieben werden. Die Bezeichnung 635-Methode beschreibt zugleich die Eckdaten dieses Verfahrens, bei dem wie folgt vorgegangen wird. Im ersten Schritt wird die Problemstellung vorgestellt und das Problem definiert, für das Lösungsideen gesucht werden soll. Im zweiten Schritt erhält jeder Teilnehmer - dies sind in der Grundform sechs Personen - ein Formular mit einer Tabelle von drei Spalten und mindestens sechs Zeilen. Auf diesem Formular werden alle Ideen gesammelt. In der ersten Runde notiert jeder Teilnehmer in die oberste Zeile seines Formulars seine drei Ideen zur Problemstellung. Hierfür sind fünf Minuten vorgesehen. Nach Ablauf der Zeit wird das Formular im oder gegen den Uhrzeigersinn an den nächsten Teilnehmer weitergegeben. Nun hat jeder Teilnehmer drei erste Ideen seines Vorgängers vorliegen, von denen ausgehend er nun ergänzende, alternative oder völlig neue Ideen entwickeln und niederschreiben kann. Dies erfolgt wiederum innerhalb eines vorgegebenen Zeitfensters. Dieses Vorgehen bzw. der Zyklus wiederholt sich bis jeder Teilnehmer das von ihm zuerst ausgefüllte Formular wieder erhält. Bei Teilnahme von sechs Personen, der Durchführung von sechs Runden sowie der Abgabe von jeweils drei Ideen pro Runde, stehen nach einem Durchlaufen 108 Ideen zur Verfügung.

Die Gewinnung vieler Ideen innerhalb kürzester Zeit ist eines der bedeutendsten Argumente für diese Methode, wobei gleichfalls zu bemerken ist, dass häufig auch Doppelnennungen vorkommen können. Weiterhin zeichnet sich diese Methodik dadurch aus, dass alle Ideen dokumentiert sind und mehrere Gruppen gleichzeitig ohne räumliche Trennung an der Problemlösung arbeiten können (vgl. Schlicksupp 1992, S. 117). Grundsätzlich ist jedoch auch wie beim Brainstorming davon auszugehen, dass insbesondere bei komplexeren Problemstellungen der Neuigkeitsgehalt der Ideen gering ausfallen wird.

Synektik

Synektik ist eine Methode, die versucht durch die Bildung von Analogien Ideen und Lösungsprinzipen zu generieren. Häufig bestehen in anderen Wissensgebieten für die eigene Problemstellung bereits Lösungen oder Prinzipien, die für das eigene Problem dienlich sein können. Ein immer öfters genutzter Ideengeber stellt dabei die Natur dar (vgl. Siwczyk & Le 2011, S. 281; Walter, Isenmann & Möhrle 2011, S. 625f.). Die Synektik fokussiert bei der Analogiebildung jedoch nicht ausschließlich auf die Natur, sondern nutzt mehrere Bereiche und lässt dem Anwender auch bei der Auswahl Gestaltungsfreiheit. Die Synektik dient im Wesentlichen dazu, zu überprüfen, ob in anderen Bereichen für das eigene Problem Lösungen bestehen, die transferiert werden könnten.

Das klassische Vorgehen der Synektik sieht folgende Schritte vor (vgl. Zobel 2009, S. 50f., Nöllke 2010, S. 75; Gordon 1961, S. 33ff.):

- Problembeschreibung und spontane Lösungsfindung,
- Neuformulierung des Problems,
- erste direkte Analogiebildung,
- persönliche Analogiebildung,
- symbolische Analogiebildung,

94

- zweite direkte Analogiebildung,
- Analogieanalyse,
- Rücktransfer und Beschreibung der Lösungsansätze.

Im ersten Schritt wird das Problem dargelegt und im Weiteren Lösungen spontan ermittelt. Dieser Schritt dient dazu, den Einstieg in die Methodik zu erleichtern und ein erweitertes Verständnis für die Problemstellung zu erlangen. Womöglich wurde der Kernbereich des Problems zu Beginn nur unzureichend beschrieben, sodass im zweiten Schritt hierfür nochmal Gelegenheit ist, jenes neu zu definieren. Ist der Problembereich umrissen, sind im dritten Schritt erste Analogien zu bilden. Dabei ist in einem anderen Bereich (bspw. Natur oder Technik) nach Lösungen für die Problemstellung zu suchen. Die Lösungen sind zunächst zu sammeln. Am Ende sind einige auszuwählen, von denen ausgehend die persönliche Analogiebildung erfolgt. In diesem Schritt soll eine Identifikation mit dem Problem, dem Gegenstand etc. stattfinden. Im Weiteren schließt sich die symbolische Analogiebildung an. Hierbei werden die persönlichen Analogien (meist nur eine Auswahl davon) in symbolische Formulierungen und Vergleiche überführt. Mithilfe dieser verschiedenen Analogiebildungsschritte soll das Problem sukzessive verfremdet werden, sodass in einer zweiten Analogiebildung nach Lösungen in anderen Bereichen gesucht werden soll. Diese gefundenen Analogien sind hinsichtlich ihrer Funktionsprinzipien und Eigenschaften zu untersuchen, um im letzten Schritt daraus Lösungsansätze für das eigentliche Problem zu finden.

Die Synektik ist eine Methode, die versucht, Erkenntnisse oder Lösungsprinzipien aus anderen Bereichen für die eigene Problemstellung nutzbar zu machen und dies sowohl im Nahbereich der Problemstellung wie auch stark verfremdet. Jedoch sind gerade die persönliche und symbolische Analogiebildung nicht unkritisch zu betrachten. Dabei stellt sich auch die Frage, wie sich daraus in der Praxis umsetzbare Lösungen ableiten lassen. Für die Ideengenerierung im Kontext von Geschäftsmodellen ist festzuhalten, dass dieses Verfahren bereits für relativ einfache Problemstellungen aufwändig ist, sodass aufgrund der vielfältigen Entscheidungsfelder beim Entwurf von Geschäftsmodellen der Aufwand bei Anwendung der Synektik den Nutzen übersteigen würde.

Osborn-Checkliste

Zu den systematisch-analytischen Methoden ist die Osborn-Checkliste zu zählen (vgl. Brunner 2008, S. 265ff.). Sie versucht durch bestimmte Fragestellungen, eine Problemstellung von unterschiedlichen Perspektiven zu beleuchten und so Lösungsansätze zu ermitteln.

Im ersten Schritt ist wiederum die konkrete Fragestellung bzw. der zu betrachtende Problembereich zu erfassen. Daran anschließend werden im zweiten Schritt unter Zuhilfenahme der Osborn-Checkliste verschiedene Variationsmöglichkeiten durchdacht (Tabelle 6). In ihrem Ursprung sieht die Liste neun Bereiche bzw. Ansätze vor, die alle gründlich durchgearbeitet und analysiert werden sollen. Bei Bedarf kann diese Checkliste aber auch beliebig erweitert werden.

Nach dem Durcharbeiten dieser Fragen, sind die ermittelten Ideen und Lösungsmöglichkeiten zu bewerten. Die Anwendung der Osborn-Checkliste kann in der Gruppe oder individuell erfolgen.

Tabelle 6:   Osborn-Checkliste (vgl. Boos 2009, S. 109)

Lösungsansätze	Beispielhafte Fragen hierzu
Anders verwenden	Auf welche Weise könnte das Produkt anders eingesetzt werden?
Anpassen	Inwiefern kann das Produkt an die neuen Anforderungen angepasst werden?
Modifizieren	Können Eigenschaften wie Drehzahl, Gewicht, Baugröße etc. verändert werden?
Vergrößern	Kann eine weitere Leistungseigenschaft hinzugefügt werden? Wie kann der Nutzen vergrößert werden?
Verkleinern	Können Komponenten oder Ausstattungsmerkmale weggelassen werden?
Ersetzen	Lässt sich ein technologisches Prinzip durch ein anderes ersetzen?
Umgruppieren	Kann in der Reihenfolge des Leistungsangebots etwas verändert werden?
Umkehren	Was ergibt sich bei Umkehrung der Idee oder des Leistungsversprechens ins Gegenteil?
Neu kombinieren	Wie lassen sich Eigenschaften neu zusammensetzen?

Dank des generischen Charakters der Osborn-Checkliste lässt sich diese in vielen Anwendungsfeldern einsetzen. Die Schwierigkeit bei der Methode besteht in der gezielten Fragestellung. Weiter kann i.d.R. davon ausgegangen werden, dass sich radikale Ideen eher weniger durch diese Methode generieren lassen.

Morphologischer Kasten

Eine weitere systematisch-analytische Methode stellt der Morphologische Kasten dar. Er versucht durch Zergliederung des Problems in seine Dimensionen sowie der Gegenüberstellung von Optionen, Lösungsvarianten zu generieren. Entwickelt wurde diese Methodik 1971 von Zwicky und umfasst folgende fünf Schritte (vgl. Zwicky 1989, S. 116; Schlicksupp 1992, S. 80ff.; Haberfellner et al. 2002, S. 503ff.):

- Definition und Verallgemeinerung des Problembereichs,
- Zerlegung des Problems in seine beeinflussenden Parameter,
- Aufstellung des Morphologischen Kastens, d.h. Anordnung der Parameter und seine Ausprägungen in einer Matrix,
- Analyse aller in der Matrix enthaltenen Lösungen bzw. Ausprägungen zu Lösungsalternativen,
- Auswahl und Umsetzung der geeignetsten Lösung.

Im ersten Schritt ist das Problem genau darzulegen und möglichst abstrakt zu definieren. Im zweiten Schritt sind alle Dimensionen oder Parameter zu suchen, die das beschriebene Problem beeinflussen oder in die sich das Problem zerlegen lässt. Dabei sollten die Dimensionen möglichst unabhängig voneinander sein, also wenige Überschneidungen aufweisen und skalierbar sein. Weiterhin ist darauf zu achten, dass alle Dimensionen wesentlich für das Problem sind, das Problem möglichst gänzlich umfasst und ein geeignetes Abstraktionsniveau gewählt wird. Wird das Problem in zu viele Dimensionen zerlegt und lassen sich jeweils wiederum eine Fülle an Ausprägungen (Schritt 3) finden, so ergibt sich schnell eine unüberschaubare Menge an Lösungskombinationen. Wird das Problem nur in geringem Maße zergliedert, wird es für komplexere Problemstellungen schwierig sein, neue Lösungsansätze zu finden. Im dritten

Schritt sind vorurteilsfrei alle Ausprägungen der jeweiligen Parameter zu suchen und in einer Matrix gegenüberzustellen. Die Suche nach Lösungswegen bzw. -varianten für die vorliegende Problemstellung erfolgt im vierten Schritt. Hierfür sind systematisch alle enthaltenen Lösungen innerhalb der Matrix zu prüfen und durch Kombinationen der Ausprägungen der Dimensionen Lösungsalternativen aufzustellen. Im Weiteren sind die Lösungsalternativen zu bewerten und die geeignete auszuwählen. Ebenfalls im fünften Schritt ist der Lösungsweg detaillierter auszuarbeiten und umzusetzen.

Zwicky beansprucht mit dieser Methode »Totalitätsanspruch«. Dies vermag sie jedoch nicht zu leisten. Trotzdem bietet sich mit ihrer systematischen Vorgehensweise die Möglichkeit, sich möglichst objektiv mit einem Problem auseinanderzusetzen und einen Überblick über eine Vielzahl von Lösungskombinationen zu erhalten. Sie eignet sich damit auch als Diskussionsgrundlage für eine gemeinsame Lösungssuche.

TRIZ

Im Zusammenhang mit Kreativitätstechniken wird des Öfteren auch die »Theorie der erfinderischen Problemlösung«, kurz: TRIZ genannt (vgl. Geschka & Zirm 2011, S. 292; Lambeck 2009, S. 68; Gundlach & Nähler 2006, S. 39). Sie dient oftmals als Grundlage für die Entwicklung neuartiger Verfahren im Technologie- und Innovationsmanagement wie bspw. bei Bannert (2008, S. 63ff.), Grawatsch (2005, S. 64ff.) sowie Warnecke, Jenke und Benedix (2002, S. 402) und soll deshalb an dieser Stelle ebenfalls vorgestellt werden.

TRIZ wurde von Altschuller entwickelt und hat im Laufe der Zeit zahlreiche Weiterentwicklungen erfahren (vgl. Zobel 2009, S. 95ff.). Zentral bei diesem Verfahren sind die Widerspruchsmatrix, die 40 Innovationsprinizipien und die Vorgehensweise in vier Schritten (Kapitel 8.2 Anhang B).
Im ersten Schritt wird das konkrete Problem erfasst und beschrieben. Im zweiten Schritt erfolgt eine Abstraktion des Problems mit Hilfe von 39 technischen Parametern und dem Aufzeigen von Widersprüchen. Durch binäre Widersprüche und der von Altschuller formulierten Widerspruchsmatrix ergeben sich Hinweise auf mögliche Lösungen durch die 40 Innovations-

prinzipien. Im dritten Schritt sind die für die Problemstellung geeigneten Innovationsprinzipien auszuwählen. Im vierten und letzten Schritt erfolgt der Transfer von der abstrakten Lösung zur spezifisch für das Problem passenden Lösung.

TRIZ versucht losgelöst vom konkreten Problem, Lösungen zu identifizieren. Dabei nutzt Altschuller als zentrales Element die Widerspruchsmatrix, die maßgeblich für technische Widersprüche konzipiert ist. Eine Übertragbarkeit auf die Identifizierung von Geschäftsmodellideen scheint deshalb fraglich.

3.2.4 Weitere Erkenntnisse der Kreativitätsforschung

Die wesentliche Aufgabe der oben vorgestellten Techniken ist es, Denkbarrieren zu überwinden und Ideen für das jeweilige Problem zu generieren. Nun ergeben sich mit Einsatz dieser Techniken jedoch nicht zwangsläufig kreative Ideen. Die zuvor beschriebenen Modelle der Kreativitätsforschung weisen bereits auf eine Reihe von Einflussfaktoren hin, die Kreativität begünstigen oder determinieren. Im Folgenden sollen weitere wesentliche Erkenntnisse der Kreativitätsforschung und Gestaltungsparameter genannt werden, die im Kontext kreativer Leistungen zu sehen sind, wobei es nicht möglich ist, alle Einflussfaktoren abschließend zu benennen.

Kreative Leistungen hängen selbstverständlicher Weise in großem Maße von den am Kreativitätsgeschehen beteiligten Personen ab: zum einen vom einzelnen Individuum sowie zum anderen von der Interaktion miteinander. Auf Ebene des Individuums fasst das Modell von Amabile die wesentlichen Einflussgrößen kreativer Leistung zusammen. Neurowissenschaftliche Studien bestätigen zum großen Teil ebenfalls diese Erkenntnisse (vgl. Fink 2011, S. 35). Im Hinblick auf die Zusammenstellung von Gruppen empfiehlt sich i.d.R. ein gewisser Grad an Heterogenität hinsichtlich der Persönlichkeitsmerkmale und der Wissensbereiche (vgl. Gaier 2011, S. 52; Mumford et al. 2002, S. 728f.). So soll eine möglichst differenzierte Betrachtung der Problemstellung oder die Generierung unterschiedlichster Ideen erfolgen. Oft bestehen auch Wahrnehmungs- oder gewohnheitsbedingte Barrieren, die es zu überwinden gilt (vgl. Steiner 2011, S. 41ff.). Ebenfalls ist ein differenzierter Blick auf die Frage zu werfen, inwieweit vorhandenes Wissen kreativitätshemmend bzw. -fördernd ist. Einerseits konnte in Untersu-chungen gezeigt werden, dass auch Ingenieure sich von einer unbewussten Zuschreibung von Funktionen zu Gegenständen beeinflussen lassen und einen trainierten (aber eher komplizier-ten) Lösungsweg wählten als einfachere (nicht trainierte) Lösungswege. Andererseits zeigt sich aber auch, dass Wissen und Erfahrung notwendig sind, um kreative Ideen zu entwickeln (vgl. Deigendesch 2009, S. 73f.; Bilalić, McLeod & Gobet 2008, S. 92ff.; Funke 2000, S. 297). Ideen entstehen in der Rekombination von Bekanntem, sodass ein hinreichend großer »Wis-sensspeicher« sowie die Bereitstellung zusätzlicher objektiver Informationen meist förderlich sind.

Prägend ist auch das Umfeld, in dem kreative Leistungen erbracht werden sollen. So wirkt sich oft eine Kultur der Offenheit, der Fehlertoleranz, der Wertschätzung und des Vertrauens positiv auf das Erbringen kreativer Leistungen aus (vgl. Gaier 2011, S. 15; Shalley & Gilson 2004, S. 44ff.; Hermann & Ganz 2000, S. 37).

Beeinflusst werden kreative Leistungen auch von der Art des Vorgehens bzw. in welcher Wei-se bestimmte Kreativitätstechniken genutzt werden, wobei grundsätzlich hierfür keine allge-meingültigen Aussagen getroffen werden können. Hauschildt und Salomo (2011, S. 297) ge-ben an, bei Innovationsprozessen zu Beginn eher auf intuitiv-kreative Methoden zu setzen und in den Schlussphasen systematisch-analytische Methoden anzuwenden. Ist eine Fülle an Informationen zu beschaffen, empfiehlt sich eine ganzheitliche Vorgehensweise, sodass auch Beziehungen und Verknüpfungen sichtbar gemacht werden. Zusammenfassend kann für kre-atives Denken gesagt werden, dass Kreativität durch eine besondere Kombination und Abfol-ge von Prozessen gefördert und durch diese auch gekennzeichnet wird (vgl. Spath 2009a, S. 34; Förster & Denzler 2006, S. 446ff.).

3.3 Bewertungsprinzipien und -kriterien

3.3.1 Bewertungsprinzipien und -dimensionen

Die Bewertung des Stands der Forschung in Kapitel 2.5 zeigte, dass es bei den bestehenden Ansätzen zur Entwicklung von Geschäftsmodellinnovationen an einem hinreichend konkreten Bewertungsmodell für die Bewertung der entwickelten Geschäftsmodellideen mangelt. Jedoch sollte gerade an dieser Stelle eine sorgfältige Auswahl erfolgen, sodass aus der Menge an entwickelten Geschäftsmodellideen für die Zukunft qualifizierte identifiziert werden.

Nach Adam (1996, S. 145f.) muss jede Bewertung von Entscheidungsalternativen nach drei Prinzipien erfolgen. Diese sind jedoch nicht isoliert voneinander zu betrachten, sondern vielmehr im Zusammenhang zu sehen. Konkret lauten diese Prinzipien:

- Für die Bewertung sind alle für die Entscheidung relevanten Informationen einzubeziehen.
- Die Wirkung der Entscheidung muss transparent und nachvollziehbar sein.
- Es sind die maßgeblichen und bestimmenden Kriterien, von denen der Erfolgsbeitrag abhängt, zur Bewertung heranzuziehen.

In Anlehnung an das erste und dritte Prinzip bedeutet dies für die Bewertung von Geschäftsmodellideen und der Anforderung der Nutzung von Diversifikationspotenzialen, dass mehrere Dimensionen zu berücksichtigen sind. Erstens soll das Geschäftsmodell derartig gestaltet sein, dass dieses vom Kunden möglichst schnell bzw. von möglichst vielen Kunden übernommen wird. Zweitens soll das Geschäftsmodell eine möglichst hohe Wettbewerbsfähigkeit aufweisen und drittens ergeben sich mit der Zielstellung der Diversifikation Anforderungen, die in einer unternehmensinternen Dimension zu berücksichtigen wären.

Für alle drei Dimensionen sind Kriterien zu finden, die kennzeichnend und ursächlich für die jeweilige Dimension sind. Beim Aufstellen eines Bewertungsmodells, wie es die Zielsetzung der Arbeit vorsieht, soll das zweite Prinzip explizit Berücksichtigung finden.

3.3.2 Kriterien der Kundendimension

Wie zuvor erwähnt gilt es, nicht allein aus internen Überlegungen Kriterien abzuleiten, sondern diese sowohl durch eine Kunden- als auch durch eine Wettbewerbssicht zu ergänzen (vgl. Day & Wensley 1988, S. 2ff). Im Rahmen dieses Kapitels soll insbesondere auf die Kundendimension eingegangen werden, wobei zu beachten ist, dass entsprechend der Zielsetzung der Arbeit die entwickelten Geschäftsmodellideen neuartig für den Kunden sind.

Es scheint daher interessant, von welchen Faktoren die Übernahme bzw. Verbreitung einer Innovation abhängt und in welcher Weise diese auch für die Bewertung von neuartigen Geschäftsmodellkonzepten genutzt werden kann.

Die Beantwortung dieser Fragestellung ist Gegenstand der Adoptionstheorie als Teilgebiet der Innovationsforschung (vgl. Rogers 2003, S. 168ff.; Weiber 1992, S. 4; Bähr-Seppelfricke 1999, S. 9; Kornmeier 2009, S. 95f., Hensel & Wirsam 2008, S. 22; zu den Begriffen siehe auch Kapitel 2.1.2). Geprägt wurde dieses Forschungsgebiet von Rogers (1962, S. 13ff.), dessen Erkenntnisse in vielen späteren Studien immer wieder bestätigt wurden (vgl. Albers 2011, S. 452f.; Binsack 2003, S. 18; Schmalen & Pechtl 1996, S. 816ff.). Er zeigte, dass in vielen Fällen die Übernahme oder die Ablehnung einer Innovation größtenteils von folgenden fünf Faktoren abhängig ist (vgl. Rogers 2003, S. 221):

- relativer Vorteil,
- Kompatibilität,
- Komplexität,
- Erprobbarkeit,
- Wahrnehmbarkeit bzw. Sichtbarkeit.

Oft werden diese Faktoren auch als produktbezogene Adoptionsfaktoren bezeichnet. Studien zeigen aber deren Nutzbarkeit auch im Dienstleistungsbereich und bei Leistungsbündeln (vgl. Salomo 2008, S. 198f.; Garczorz 2004, S. 245f.; Albers 2001, S. 522f.; Litfin 2000, S. 305ff.).

Der relative Vorteil beschreibt das Maß der Vorteilhaftigkeit gegenüber den auf den Markt vorhandenen Konzepten, Produkten etc. Dabei gilt, je höher der wahrgenommene Nutzen gegenüber den Vergleichsangeboten ist, desto größer ist die Wahrscheinlichkeit der Adoption der Innovation (vgl. Götze 2010, S. 79). Weiterhin beschränkt sich die Vorteilhaftigkeit nicht allein auf funktionale oder ökonomische Aspekte. Entscheidend ist der vom Kunden wahrgenommene relative Nutzenvorteil. So können die Zugehörigkeit zu einer bestimmten sozialen Gruppe, ein möglicher Imagegewinn oder emotionale Aspekte für den Kunden nutzbringend sein (vgl. Schmalen & Pechtl 1996, S. 816; Rogers 2003, S. 230f.).

Kompatibilität bezeichnet den Grad der Übereinstimmung der Innovation mit den persönlichen Wertvorstellungen, Erfahrungen, Bedürfnissen und funktionalen oder technischen Aspekten. Gerade bei technologischen Innovationen kann das Bestehen oder die Notwendigkeit von Technologiestandards elementar relevant für die Verbreitung einer Innovation sein. So ist sowohl auf die soziale als auch die technische Kompatibilität zu achten, da es bei Inkompatibilität schnell zur Ablehnung der Innovation kommt (vgl. Binsack 2003, S. 30).

Komplexität beschreibt das Phänomen, dass Innovationen eher abgelehnt werden, wenn sie als schwer fassbar und intransparent wahrgenommen werden. Dabei wird darauf hingewiesen, dass dieser Einflussfaktor stark vom jeweiligen Nutzer, also der individuell wahrgenommenen Komplexität abhängt.

Erprobbarkeit bezieht sich auf den Umstand, dass gegenüber der Innovation und des relativen Vorteils Skepsis besteht. Um die Unsicherheit zu reduzieren und den Entscheidungsprozess zu beschleunigen, kann versucht werden, mit Hilfe des Merkmals Erprobbarkeit dem entgegen zu wirken. Vielfach werden Referenzen genutzt, um dahingehende Adoptionsbarrieren abzubauen (vgl. Kornmeier 2009, S. 100). Gerade in den frühen Phasen der Diffusion der Innovation, insbesondere im Investitionsgüterbereich, kann dies ein entscheidender Faktor sein.

Die Wahrnehm- und Sichtbarkeit beeinflusst die Verbreitung einer Innovation dahingehend, dass die Innovation für potenzielle Anwender und Nutzer in deren Bewusstsein gelangen muss. Ist eine Innovation gut nach außen kommunizierbar und sind die relativen Vorteile für die möglichen Nutzer bzw. Kunden gut sichtbar, so steigt die Wahrscheinlichkeit der Adoption der Innovation.

Neben diesen fünf Faktoren wird oft das wahrgenommene Risiko als zusätzliches Kriterium genannt, das sich positiv oder negativ auf die Adoption der Innovation auswirkt (vgl. Kornmeier 2009, S. 100). Dabei ist dieser Aspekt insbesondere in der Phase der Meinungsbildung von hoher Bedeutung (vgl. Kroeber-Riel & Weinberg 2003, S. 251).

Weiterhin hängt die Adoption einer Innovation von den Eigenschaften des Adopters sowie von umweltbezogenen Faktoren ab. Bei der Ausgestaltung der Geschäftsmodellideen sind die adopterspezifischen Eigenschaften sowie die technologischen, politisch-rechtlichen, soziokulturellen und sonstigen Umweltfaktoren zu berücksichtigen. Der größte Teil der Adoptionsrate lässt sich meist bereits anhand der fünf von Rogers benannten Kriterien erklären (vgl. Leibold 2007, S. 13). Für die Bewertung der Geschäftsmodellideen aus Kunden- bzw. Nutzerperspektive sind somit die oben genannten Faktoren elementar. Hervorzuheben ist in diesem Zusammenhang noch einmal der relative Vorteil, dessen Bedeutung auch bei Betrachtung der Innovationserfolgsstudien (Kapitel 2.4.1) sowie in den bisherigen Geschäftsmodellansätzen und -konzeptionen (Kapitel 2.3.1) betont wurde.

3.3.3 Kriterien der Wettbewerbsdimension

Neben den Kriterien der Kundenperspektive ist zu untersuchen, aus welchen Gegebenheiten Wettbewerbsvorteile resultieren. Als Wettbewerbsvorteil soll dabei ganz allgemein ein Set an Erfolgsfaktoren angesehen werden, das eine nachhaltige Vorteilsposition gegenüber den Wettbewerbern ermöglicht.

Im Vergleich zu den Kriterien aus Kundenperspektive können zur Erzielung von Wettbewerbsvorteilen keine allgemeingültigen Kriterien benannt werden. Es existieren jedoch drei argumentative Stellhebel, die als Quellen und Dimensionen für die Erzielung von Wettbewerbsvorteilen anzusehen sind.

Diese können sein (vgl. Träger 2008, S. 26ff.):

- marktinduzierte Wettbewerbsvorteile,
- ressourceninduzierte Wettbewerbsvorteile,
- kompetenzinduzierte Wettbewerbsvorteile.

Als marktinduzierte Gründe zur Erzielung von Wettbewerbsvorteilen können eine besondere Stellung am Markt (bspw. ein hoher relativer Marktanteil), das Ausmaß der Umsetzung wettbewerbsstrategischer Positionen, Autarkie gegenüber Wettbewerbskräften oder andere Aspekte gelten (vgl. Baum, Coenenberg & Günther 2007, S. 198f.). Marktbezogen schließt dabei alle Faktoren ein, die nicht unmittelbar aus der Spezifität und Eigenschaften der Unternehmung resultieren.

Die ressourceninduzierte Betrachtungsweise subsumiert alle Erfolgsfaktoren, die aus der Überlegung heraus resultieren, dass Unternehmen als Bündel von Ressourcen zu betrachten sind und aus denen Wettbewerbsvorteile erwachsen können (vgl. Müller-Stewens & Lechner 2011, S. 346). Hierzu zählen: Zugänge zu Rohstoffen, das Image eines Unternehmens, Produktionsanlagen und -kapazitäten, gewerbliche Schutzrechte, finanzielle Ausstattung, Distributionskanäle etc.

Die kompetenzinduzierte Dimension bezieht sich weniger auf die Verfügungsgewalt über kritische Ressourcen, sondern sieht in den jeweiligen Kompetenzen eines Unternehmens die Möglichkeit, Wettbewerbsvorteile zu erreichen (vgl. Träger 2008, S. 48). Die Fähigkeit und Kompetenzen im Umgang mit Technologien sowie deren Einsatz in Produkten und deren Nutzung zur Herstellung von Produkten ist dabei meist eine der elementarsten für technologieorientierte, produzierende Unternehmen. Des Weiteren können aber auch FuE-Kompetenzen, Kompetenzen zur Identifizierung und Bewertung zukünftiger Entwicklungen, Kompetenzen zur Koordination der Leistungserstellung etc. entscheidend für die Erzielung von Wettbewerbsvorteilen sein.

Wettbewerbsvorteile werden meist nicht ausschließlich auf Basis eines Erfolgsfaktors oder einer Betrachtungsperspektive entstehen. Vielmehr werden in den meisten Fällen aus der spezifischen Kombination verschiedener Faktoren nachhaltige Wettbewerbsvorteile erwachsen.

3.3.4 Kriterien der unternehmensinternen Dimension

Für eine qualifizierte Bewertung und Auswahl der generierten Geschäftsmodellideen ist die Betrachtung aus Kunden- und Wettbewerbsperspektive evident. Jedoch beziehen sich diese beiden Perspektiven mehr auf die Akteure und Rahmenbedingungen des Geschäftsmodells im Außenverhältnis. Die unternehmensinterne Sicht bleibt bei diesen beiden Dimensionen außen vor. Deshalb sollen an dieser Stelle mögliche Kriterien für eine unternehmensinterne Dimension benannt werden.

Im Kapitel 2.2 wurden verschiedene Motive und Ansatzpunkte, in denen eine Diversifikation Nutzen für das Unternehmen stiften könnte, erläutert. Dort wurden folgende Motive genannt: Unternehmenswachstum, Erzielung von Synergien, Aufbau strategischer Kompetenzen, Minimierung und Streuung von Risiken und wettbewerbsbezogene Motive. Zur Vermeidung von Überlappungen und einseitigen Verzerrungen zu einer wettbewerbsorientierten Bewertung sollen die wettbewerbsbezogenen Motive bzw. Kriterien nicht Gegenstand der unternehmensinternen Dimension sein. Weiterhin empfiehlt sich das Potenzial des Wachstums für das Unternehmen als gesonderte Einheit aufzunehmen. Somit könnten abgeleitet aus Kapitel 2.2 folgende Kriterien Bestandteile einer unternehmensinternen Dimension sein:

- Erzielung von Synergien,
- Aufbau strategischer (technologischer) Kompetenzen,
- Streuung oder Minimierung von Risiken.

Oft wird eine weitere Ausdifferenzierung der oben benannten Kriterien sinnvoll sein. Darüber hinaus können je nach Zielsetzung und Motiven der Diversifikationsbemühungen und der Untersuchungsbereiche weitere Kriterien relevant sein. So sind gerade die Kriterien der unternehmensinternen Dimension jeweils individuell abzustimmen und ggf. durch andere zu ersetzen bzw. zu ergänzen.

3.4 Anforderungen an die Methodik

Anknüpfend an die Erkenntnisse aus den Kapiteln 3.1 bis 3.3 sowie den festgestellten Defiziten zum Stand der Forschung werden im Folgenden die Anforderungen an eine Geschäftsmodellsystematik, an eine Vorgehensweise zur Entwicklung von Geschäftsmodellideen, an ein Bewertungsmodell sowie an die Anwendbarkeit der Methodik formuliert.

3.4.1 Anforderungen an eine Geschäftsmodellsystematik

Die Methodik zur Entwicklung von Geschäftsmodellideen zur Diversifikation technologieorientierter, produzierender Unternehmen bedarf einer Geschäftsmodellsystematik, die die ganzheitliche Betrachtung und Beschreibung von Geschäftsmodellen ermöglicht. Konkret bedeutet dies:

- *Beschreibung des Gesamtsystems Geschäftsmodell*
  Die Geschäftsmodellsystematik muss – entsprechend der für die Arbeit vorgenommenen Abgrenzung von Strategie und Geschäftsmodell – das jeweiligen Prinzip des Leistungsaustauschs und Werterzielung beschreiben und die realen komplexen Sachverhalte und Strukturen abstrahiert abbilden können (vgl. Bieger & Reinhold 2011, S. 26).

- *Abgrenzung und Beschreibung von Systemelementen*
  Es sind die dem System kennzeichnenden Systemelemente zu benennen, inhaltlich zu beschreiben und voneinander konkret abzugrenzen.

- *Möglichkeit der Darstellung vielfältigster Beziehungen zwischen den Systemelementen*
  Aufgrund der jeweiligen individuellen Gegebenheiten und der Vielzahl an Möglichkeiten in der Gestalt und des Ausmaßes an Beziehungen zwischen den Systemelementen ist eine Geschäftsmodellsystematik erforderlich, die die Darstellung vielfältigster Beziehungen nicht determiniert. Es soll möglich sein, alle in der Realität bestehenden und relevanten Beziehungen zu erfassen und darzustellen.

- *Abbildung einer Systemstruktur*

  Eine stabile und konsistente Systemstruktur soll die Geschäftsmodellsystematik prägen. Somit soll es möglich sein, Geschäftsmodelle miteinander zu vergleichen, weiterzu-entwickeln etc. Die Geschäftsmodellsystematik soll somit als Managementinstrumentarium angesehen werden, welches hilft, Geschäftsmodelle bzw. -ideen zu identifizieren, zu entwickeln und zu optimieren.

- *Erfassung von Zuständen von Systemelementen*

  Die Geschäftsmodellsystematik soll die Erfassung von Zuständen einzelner Systemelemente zulassen. Weiterhin soll sie den Rahmen dafür geben, Veränderungen einzelner Systemelemente auf andere Systemelemente oder das System in der Gesamtheit zu untersuchen.

3.4.2 Anforderungen an eine Vorgehensweise

Aus den Defiziten der bestehenden Ansätze sowie den Lösungsansätzen aus der Kreativitätsforschung ergeben sich für die Vorgehensweise zur Entwicklung von Geschäftsmodellideen folgende Anforderungen:

- *Vermeidung und Reduzierung von Denkbarrieren*

  Grundsätzlich besteht beim Vorgehen zur Ideengenerierung die Forderung, mögliche Barrieren und Faktoren, die die Kreativität begrenzen, zu minieren. Das bedeutet, förderliche Rahmenbedingungen zu schaffen und durch die Gestaltung des Vorgehens Denkbarrieren zu begrenzen oder idealerweise aufzulösen.

- *Umfassende Beschaffung relevanter Informationen*

  Wie aus verschiedenen Kreativitätsmodellen deutlich wurde, sind kognitive Prozesse dadurch geprägt, dass durch die Verknüpfung und Kombination von Wissen und Erfahrung und durch die Analogiebildung nach neuen Lösungen gesucht wird. So wird in diesem Zusammenhang vom Füllen des »Wissensspeichers« gesprochen (vgl. Amabile 1996, S. 113). Es ist somit notwendig, in das Vorgehen Methoden der Informationsbeschaffung zu integrieren.

- *Nutzung und Kopplung von intuitiv-kreativem und systematisch-analytischem Vorgehen*

  Die Vorgehensweise soll beide Prinzipien der Ideenentwicklung kombinieren und die jeweiligen Vorzüge des intuitiv-kreativen und des systematisch-analytischen Vorgehens entsprechend einsetzen.

- *Adaptierbarkeit und Erweiterungsfähigkeit der Vorgehensweise*

  Die Vorgehensweise soll die Möglichkeit der Adaption an unterschiedliche Rahmenbedingungen zulassen, wobei zwischen unveränderlichen Randbedingungen und bestehenden Denkbarrieren bzw. temporären Barrieren zu differenzieren ist. Des Weiteren soll die Vorgehensweise bspw. um weitere generische oder branchenspezifische Gestaltungsfelder und -optionen ergänzt werden können.

3.4.3 Anforderungen an ein Bewertungsmodell

Entsprechend der Zielsetzung aus Kapitel 1.3 sind die Geschäftsmodellideen zu bewerten. Dabei werden die nachfolgenden Anforderungen an ein Bewertungsmodell gestellt:

- *Bewertung aus verschiedenen Perspektiven und unter Berücksichtigung der maßgeblich bestimmenden Kriterien*

  Die Bewertung der Geschäftsmodellideen soll aus den elementaren Perspektiven des Kunden, der Erzielung von Wettbewerbsvorteilen sowie der unternehmensinternen Sicht erfolgen. Weiterhin sind die für die Bewertung bestimmenden Kriterien für jede Perspektive heranzuziehen.

- *Nachvollziehbarkeit und Objektivität der Kriterien*

  Die Auswahl der Kriterien soll nachvollziehbar und plausibel sein. Die Bewertung soll nicht auf Basis subjektiver Präferenzen erfolgen, sondern transparent und eindeutig strukturiert sein. Des Weiteren sollen die Kriterien unabhängig voneinander sein und keine Überdeckungen aufweisen.

- *»Lernfähigkeit« des Bewertungsmodells*
  Rahmenbedingungen und äußere Einflüsse sollen bei der Aufstellung des Bewertungsmodells Berücksichtigung finden. Des Weiteren soll das Bewertungsmodell die vorangegangener Entscheidungsergebnisse sowie die gewonnenen Erfahrungen einbeziehen.

3.4.4 Anforderungen an die Anwendbarkeit

Im Hinblick auf die Anwendung der Methodik zur Entwicklung von Geschäftsmodellideen zur Diversifikation technologieorientierter, produzierender Unternehmen stellen sich die nachfolgenden Anforderungen:

- *Durchgängigkeit*
  Die Methodik darf keine konzeptionellen oder methodischen Lücken aufweisen, sodass ihre Anwendbarkeit gewährleistet ist. Weiterhin soll sie von einer durchgängigen Logik geprägt sein.
- *Integration von Instrumenten zur Unternehmens- und Umfeldanalyse und Zusammenführung unterschiedlicher relevanter Informationsquellen*
  Die Methodik integriert verschiedene Instrumente der Unternehmens- und Umfeldanalyse sowie unterschiedliche Informationsquellen und bereitet relevante Informationen für die Entwicklung von Geschäftsmodellideen auf Systemelementebene auf.
- *Konsistenz der Geschäftsmodellideen*
  Die Methodik soll die Entwicklung in sich konsistenter Geschäftsmodellideen sicherstellen. Gegenläufige Gestaltungsoptionen in und zwischen den jeweiligen Geschäftsmodellelementen sind zu identifizieren, sodass idealerweise nur Geschäftsmodellideen ohne interne Spannungszustände aufgestellt werden.
- *Effiziente und praxisgerechte Anwendbarkeit*
  Die Methodik muss von Nutzern aus technologieorientierten, produzierenden Unternehmen anwendbar sein und praxistaugliche Ergebnisse hervorbringen. Dabei soll sich der Aufwand in einem akzeptablen Rahmen halten, ohne dass dies mit qualitativen Abstrichen einhergeht.

- *Skalierbarkeit und Weiterentwicklungsfähigkeit*
  Die Methodik soll entsprechend der Zielsetzung und des Untersuchungsbereichs skalierbar sein. Weiterhin soll die Methodik exogen induzierte Veränderungen sowie Erkenntnisse aus der Anwendung der Methodik aufgreifen, sodass ein weiterer Ausbau der Methodik gewährleistet ist.

3.5 Zusammenfassung und Weiterentwicklungsbedarf

Im Folgenden sollen die zentralen Erkenntnisse der Kapitel 3.1 bis 3.3 bewertend für die Konzeption einer Methodik zur Entwicklung von Geschäftsmodellideen zur Diversifikation von technologieorientierten, produzierenden Unternehmen zusammengefasst werden.

Für die Entwicklung einer ganzheitlichen Geschäftsmodellsystematik liefert die Systemtheorie den geeigneten Rahmen. Dank ihres generischen Charakters können je nach Aufgabe und Situation Beziehungsstrukturen offen gelegt und die Komplexität reduziert werden, ohne dass der Gesamtzusammenhang verloren geht.

Die Kreativitätsforschung bietet mit den aufgestellten Modellen, entwickelten Methoden und unternommenen Studien eine Vielzahl von Erkenntnissen, die sich insbesondere für die Entwicklung einer Vorgehensweise einsetzen lassen. Zentrale Herausforderung für die Konzeption und Entwicklung der Methodik wird dabei die Verknüpfung und Integration der verschiedenen Lösungsansätze der Kreativitätsforschung sein.

Die Betrachtung der bestehenden Ansätze zur Entwicklung von Geschäftsmodellinnovationen machte deutlich, dass insbesondere für die Entscheidungsunterstützung zur Priorisierung von Geschäftsmodellideen methodisch keine Hilfestellung gegeben wird. Um diesem Defizit entgegenzuwirken, wurden für das in Kapitel 4 zu konzipierende Bewertungsmodell entsprechend der drei Perspektiven bzw. Dimensionen im Kapitel 3.3 geeignete Kriterien hergeleitet.

Somit kann festgestellt werden, dass für die nachfolgende Entwicklung geeignete Lösungsansätze vorgestellt wurden, wenngleich es auch Aufgabe des vierten Kapitels ist, die verschiedenen Lösungsansätze zu vereinen, sodass die Methodik den aufgestellten Anforderungen entspricht.

4 Entwicklung der Methodik

Im Kapitel 4 soll eine Methodik entwickelt werden, die technologieorientierte, produzierende Unternehmen dabei unterstützt, Ideen für neue Geschäftsmodelle im Rahmen ihrer Diversifikationsbemühungen zu generieren und zu bewerten. Zunächst wird in Kapitel 4.1 die Konzeption der Methodik vorgestellt. Diese umfasst die Nennung der Bestandteile der Methodik sowie ihre Charakterisierung. Im Weiteren wird der Aufbau der Methodik erläutert (Kapitel 4.2). In den Kapiteln 4.3 bis 4.7 werden alle Phasen der Vorgehensweise und die jeweiligen Schritte in den Phasen detailliert beschrieben. Abschließend wird in Kapitel 4.8 ein Überblick über die Methodik gegeben.

4.1 Konzeption der Methodik

4.1.1 Bestandteile der Methodik

Für die Identifizierung und Bewertung von Geschäftsmodellideen zur Diversifikation technologieorientierter, produzierender Unternehmen ist eine Methodik erforderlich, die folgende Bestandteile umfasst:

- eine Geschäftsmodellsystematik,
- eine Vorgehensweise zur Entwicklung von Geschäftsmodellideen,
- ein Bewertungsmodell.

Die Geschäftsmodellsystematik ermöglicht eine ganzheitliche Sicht auf Geschäftsmodelle, mit der sich diese erfassen und beschreiben lassen. Sie besteht aus Geschäftsmodellelementen zwischen denen vielfältige Beziehungen existieren.

Die Vorgehensweise beschreibt verschiedene Phasen für die Entwicklung von Geschäftsmodellideen zur Diversifikation technologieorientierter, produzierender Unternehmen und beinhaltet folgende Aufgaben: die Identifizierung zukünftiger Potenziale in den einzelnen Geschäftsmodellelementen, die systematische Entwicklung von Geschäftsmodellideen, die Überprüfung der Konsistenz der entwickelten Geschäftsmodellideen sowie deren Bewertung.

Für die Einschätzung der Eignung der einzelnen Geschäftsmodellideen für das Unternehmen wird ein Bewertungsmodell erarbeitet. Charakteristisch für dieses Bewertungsmodell sind dessen Nachvollziehbarkeit sowie die Nutzung verschiedener objektiver Kriterien. Es integriert verschiedene Bewertungsperspektiven und wird als Multifaktorenkonzept bezeichnet.

4.1.2 Charakterisierung der Methodik

Die zu entwickelnde Methodik stellt einen neuartigen Ansatz zur Ideengenerierung und -bewertung zukünftiger Geschäftsmodelle für technologieorientierte, produzierende Unternehmen dar und wurde insbesondere für den Fall der Ausweitung der Geschäftstätigkeiten außerhalb der bisherigen Aktivitätsfelder konzipiert. Im Unterschied zu den bestehenden Ansätzen beinhaltet die Methodik folgende Neuerungen:

- eine detaillierte Geschäftsmodellsystematik auf Basis der Erkenntnisse der Geschäftsmodell- und Innovationsmanagementforschung,
- die Ausnutzung gegenwärtiger und zukünftiger Diversifikationspotenziale,
- eine »systematische Inspiration« durch Aufzeigen von Potenzialfeldern in jedem Geschäftsmodellelement,
- eine durchgängige Vorgehensweise, die explizit auf die Schwierigkeit der Generierung von Geschäftsmodellideen eingeht, methodisch und konzeptionell Hilfestellung bietet, die Identifizierung inkrementeller und radikaler Geschäftsmodellideen zulässt sowie artikulierte und latente Kundenbedürfnisse integriert,
- ein Bewertungsmodell, das die entworfenen Geschäftsmodellideen aus unterschiedlichen Perspektiven und anhand objektiver Kriterien bewertet.

Kennzeichnend für die Methodik ist, dass deren Einsatz bei einer lebenszyklusbezogenen Betrachtungsweise eher in den frühen Phasen eines Geschäftsmodellmanagements anzusiedeln ist. Für die Diversifikationsforschung stellt diese Methodik ebenfalls einen neuartigen Ansatz dar, da die Basis zur Diversifikation bisher neue Produkte und Dienstleistungen waren und nicht neuartige Geschäftsmodelle.

4.2 Aufbau der Methodik

4.2.1 Aufbau der Geschäftsmodellsystematik

Die Grundlage der Geschäftsmodellsystematik bildet die in Kapitel 2.3.1 vorgenommene Analyse bestehender Geschäftsmodellansätze sowie das Innovationsexzellenzmodell (Kapitel 2.4.2.5). Eine Gegenüberstellung der jeweiligen Geschäftsmodellelemente wurde bereits in Kapitel 2.5 vorgenommen, sodass die daraus resultierende Geschäftsmodellsystematik aus folgenden Geschäftsmodellelementen besteht:

- Nutzenversprechen,
- Kompetenzen, Technologien und Schlüsselressourcen,
- Kanäle und Kundenbeziehungen,
- Wertschöpfungsstrukturen und Prozesse,
- Netzwerk und Partner,
- Erlöse.

Diese Geschäftsmodellelemente sind untereinander als gleichrangig zu betrachten, d.h. im Hinblick auf die hierarchische Struktur von Systemen befinden sich diese sechs Elemente auf einer Beschreibungsebene. Jedes Element kann dabei wieder als System angesehen und weiter untergliedert werden. Im Sinne einer ganzheitlichen Betrachtung von Geschäftsmodellen soll für die Beschreibung von Geschäftsmodellen diese Abstraktionsebene mit den genannten sechs Elementen die grundlegende sein. Zwischen den Elementen existieren unterschiedliche Beziehungen. Diese Interdependenzen sind individuell für jedes Geschäftsmodell festzuhalten. Für die Systemstruktur der Geschäftsmodellsystematik ist somit zu sagen, dass alle Elemente wechselseitig miteinander in Beziehung stehen.

Für eine klare Abgrenzung der Systemelemente wird im Folgenden für jedes Element der Geschäftsmodellsystematik eine Beschreibung gegeben:

- *Geschäftsmodellelement Nutzenversprechen*
  Gegenstand des Geschäftsmodellelements Nutzenversprechen ist die exakte Formulierung des Leistungsangebots des Geschäftsmodells. Die Einnahme der Kundenperspektive ist dabei entscheidend. Dies meint sowohl mögliche Vorteile gegenüber Vergleichsangeboten wie auch alle weiteren Eigenschaften und Vorteile, die in der Wahrnehmung des Kunden einen Nutzen darstellen könnten. Entscheidend ist dabei nur für Kunden gleichartiger Bedürfnisse, ein gemeinsames Nutzenversprechen zu formulieren und bei verschiedenartigen Ansprüchen differenzierte Nutzenversprechen zu beschreiben.

- *Geschäftsmodellelement Kompetenzen, Technologien und Schlüsselressourcen*
  In diesem Geschäftsmodellelement sind die internen und für die Leistungserbringung elementaren Kompetenzen, Technologien und Schlüsselressourcen festzuhalten. Als besonders wesentlich sind für die Entwicklung neuer Geschäftsmodelle jene anzusehen, die Werte für Kunden erzeugen oder Vorteile gegenüber Wettbewerbern bieten.

- *Geschäftsmodellelement Kanäle und Kundenbeziehung*
  Die Übermittlung des Nutzenversprechens sowie die Distribution des Leistungsangebots erfolgen über das Geschäftsmodellelement Kanäle und Kundenbeziehung. Aufgabe dieses Elements ist es, sich gezielt mit der Entwicklung von Kundenbeziehungen auseinanderzusetzen, diese auszubauen sowie mögliche Veränderungen der Kundenbedürfnisse zu erfassen. Auch die Frage, in welcher Weise Kunden an das Geschäftsmodell gebunden werden können, ist Gegenstand dieses Geschäftsmodellelements.

- *Geschäftsmodellelement Wertschöpfungsstrukturen und Prozesse*
  Das Geschäftsmodellelement Wertschöpfungsstrukturen und Prozesse befasst sich zum einen mit der grundlegenden Wertschöpfungsstruktur des Geschäftsmodells sowie zum anderen mit den zur Erfüllung des Nutzenversprechens erforderlichen Prozessen. Grundsätzlich sind die Wertschöpfungsstrukturen und Prozesse ausschließlich auf die Erzielung von Wertschöpfung im Sinne des Nutzenversprechens auszurichten. Des

Weiteren sollten die eigenen Wertschöpfungsstrukturen und Prozesse, Vorteile gegenüber direkten Konkurrenten und anderen Wettbewerbskräften generieren.

- *Geschäftsmodellelement Netzwerk und Partner*

  Die Beschreibung und Gestaltung von Beziehungen zu Akteuren im Geschäftsmodellumfeld außerhalb der Kundenbeziehung geschieht im Geschäftsmodellelement Netzwerk und Partner. Kunden sind dann Gegenstand in diesem Geschäftsmodellelement, wenn sie nicht ihre eigentliche Rolle als Leistungsbezieher einnehmen, sondern bspw. als Partner für Entwicklung neuer Leistungen in Erscheinung treten.

- *Geschäftsmodellelement Erlöse*

  Die Gestaltung der finanziellen Rückflüsse für das Leistungsangebot ist Inhalt des Geschäftsmodellelements Erlöse. Es bildet die ökonomische Basis des Geschäftsmodells. In diesem Zusammenhang ist in Verbindung mit den Geschäftsmodellelementen Nutzenversprechen sowie Kanäle und Kundenbeziehung auch die Preisgestaltung vorzunehmen.

Grundsätzlich sind die Geschäftsmodellelemente als gleichrangig anzusehen. Dies bedeutet aber nicht, dass die Geschäftsmodellsystematik keinen inneren strukturellen Aufbau vorsieht. Sowohl bei den Geschäftsmodellelementen wie auch in den Beziehungsstrukturen zeigt sich das logische Konzept der Geschäftsmodellsystematik (Abbildung 20). Wie im Innovationsexzellenzmodell (Kapitel 2.4.2.5) werden Erkenntnisse des EFQM-Modells genutzt und zwischen Geschäftsmodellelementen unterschieden, die die Befähigung schaffen und solchen, die das Ziel darstellen. So ermöglichen die Geschäftsmodellelemente Kompetenzen, Technologien und Schlüsselressourcen, Kanäle und Kundenbeziehungen sowie Netzwerken und Partner ein Nutzenversprechen zu formulieren, um damit wiederum Erlöse zu erzielen. Das Geschäftsmodellelement Wertschöpfungsstrukturen und Prozesse werden innerhalb der Geschäftsmodellsystematik als Strukturelement gesehen. Je nach Ausgestaltung der drei »Befähiger-Geschäftsmodellelemente« zeigen sich die Optionen des anzustrebenden Wertschöpfungsstrukturmuster (Kapitel 4.5.2.2). Auch die Prozesse sind je nach genutzten Kompetenzen, Technologien und Schlüsselressourcen, Kanälen und Kundenbeziehungen sowie Netzwerken und Partnern zu gestalten. Das Zusammenwirken der »Befähiger-Geschäftsmodellelemente«

mit dem Strukturelement soll bestmöglich zur Realisierung des Nutzenversprechens und der Erlöserzielung beitragen, die wiederum die Form des Leistungsaustauschs beschreiben.

Auch die Ausrichtung der Beziehungsstrukturen spiegelt das Ziel des Geschäftsmodells wieder. Grundsätzlich ist das Geschäftsmodell auf die Erzielung von Wertschöpfung für den Kunden ausgerichtet. Jedoch sollen auch Werte im Sinne des Aufbaus neuer Kompetenzen, Technologien und Schlüsselressourcen erzielt werden.

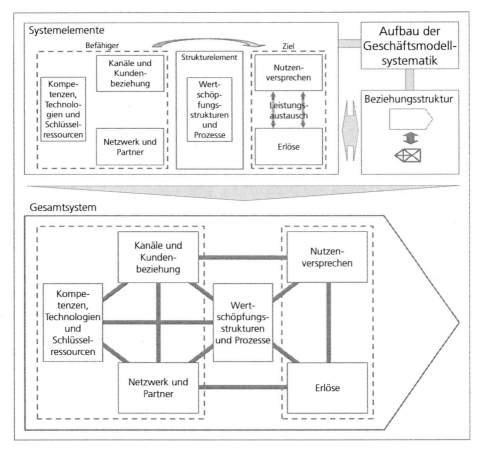

Abbildung 20:   Aufbau der Geschäftsmodellsystematik

4.2.2 Aufbau der Vorgehensweise

Die Geschäftsmodellsystematik ermöglicht eine ganzheitliche Sichtweise auf Geschäftsmodelle. Für die Entwicklung neuer Geschäftsmodellideen braucht es des Weiteren eine Vorgehensweise, die die Erkenntnisse der Kreativitätsforschung umsetzt und den Anwender methodisch unterstützt.

In Anlehnung an die Ausführungen in Kapitel 3.2 wird eine Vorgehensweise vorgeschlagen, die sich in folgenden fünf Phasen konstituiert:

- Phase I: Erfassung der Ausgangssituation und intuitiv-kreative Ideengenerierung,
- Phase II: Identifizierung von Potenzialfeldern,
- Phase III: Systematisch-analytische Geschäftsmodellideenentwicklung,
- Phase IV: Bewertung der Geschäftsmodellideen,
- Phase V: Entwurf von Geschäftsmodellvarianten.

Dabei ist der Durchlauf und die sukzessive Abfolge der Phasen nicht zwingend notwendig. Des Weiteren ist es denkbar, einzelne Phasen zu überspringen oder mehrfach zu durchlaufen, wobei anzumerken ist, dass eine explizit »freie« Ideensammlung zu Beginn und vor der systematisch-analytischen Ideensammlung erfolgen sollte. Im Vorfeld der Ideengenerierung empfiehlt es sich, den Untersuchungsbereich zu definieren. An die Ideenentwicklung anschließend sollte eine systematische Bewertung der Geschäftsmodellideen erfolgen. Somit wird die Phase der Ideenentwicklung von der Erfassung der Ausgangssituation und der Bewertung der aufgeworfenen Geschäftsmodellideen umschlossen.

Innerhalb der einzelnen Phasen kann das Vorgehen je nach Untersuchungsbereich variieren und es können ggf. Anpassungen sinnvoll sein. Grundsätzlich soll aber das in den Kapiteln 4.3 bis 4.7 detailliert beschriebene Vorgehen Maßgabe für die Entwicklung von Geschäftsmodellideen zur Diversifikation von technologieorientierten, produzierenden Unternehmen sein. Abbildung 21 stellt das Vorgehen in einer Übersicht dar.

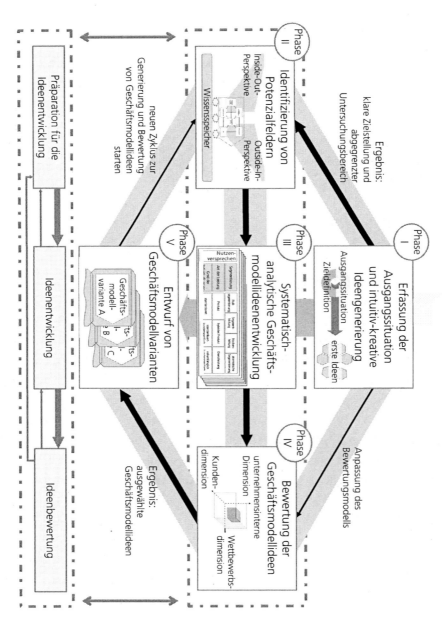

Abbildung 21: Übersicht zur Vorgehensweise

Kennzeichnend für die Vorgehensweise und die in dieser Arbeit entwickelte Methodik ist, dass mehrere Personen gemeinsam an der Entwicklung neuer Geschäftsmodellideen arbeiten. Somit soll durch gegenseitige Inspiration sowohl bei der intuitiv-kreativen als auch bei der systematisch-analytischen Ideenentwicklung Kreativität gefördert werden. Die eigenen Gedanken werden durch Verbal- und Visualisierung der Ideen anderer angeregt, sodass es zur Bildung neuer Assoziationen kommt. Auch aus neurowissenschaftlicher Sicht lässt sich dieses Phänomen bestätigen und es wird gezeigt, dass der kreative Output sich dadurch erhöhen lässt (vgl. Fink, Benedek & Neubauer 2007, S. 47ff.). Ähnlich dem Systemgedanken lässt sich somit festhalten, dass die Kreativität einer Gruppe mehr ist als die Summe der individuellen Kreativitätspotenziale. Wie in Kapitel 3.2.4 beschrieben wurde, sollte bei der Zusammensetzung der Gruppe auf Interdiszplinarität geachtet werden. Dies wird weiterhin um so bedeutender, desto breiter das Untersuchungsfeld ist oder je weiter entfernt Geschäftsmodellideen von der bisherigen Geschäftstätigkeit gesucht werden.

4.2.3 Aufbau des Bewertungsmodells

Nach der Ideenentwicklung sieht die Vorgehensweise eine Bewertung der generierten Geschäftsmodellideen vor. Ein Bewertungsmodell soll an dieser Stelle sicherstellen, dass die Bewertung der Ideen möglichst frei von Subjektivität erfolgt.

Die wesentliche Schwierigkeit in der Bewertung und Auswahl geeigneter Geschäftsmodell ideen liegt darin, dass neue Geschäftsmodelle nicht ausschließlich ein Merkmal erfüllen oder eine Zielsetzung verfolgen sollen. Meist werden differierende Eigenschaften angestrebt. Somit ergibt sich für die Bewertung der generierten Geschäftsmodellideen ein Entscheidungsproblem mit mehreren Zielgrößen. Das Bewertungsmodell soll dazu beitragen, dass unter Berücksichtigung der mit diesem Vorhaben verbundenen Ziele, den Umweltparametern und den zukünftigen Entwicklungen ein vorwiegend objektives Entscheidungsbild für die Entscheidungsträger generiert werden kann.

Kennzeichnend für das Bewertungsmodell ist die Integration dreier Perspektiven: Kundenperspektive, Wettbewerbsperspektive und unternehmensinterne Perspektive. Der Entscheidungs-

raum wird durch diese drei Dimensionen aufgespannt. Die Einordnung der Geschäftsmodellideen im Modellraum ergibt sich durch die Bestimmung der Erfüllung der aufgestellten Kriterien der Dimensionen. Die Kriterien sollen überschneidungsfrei, operationalisiert und unabhängig voneinander sein (vgl. Götze & Bloech 2004, S. 181; Adam 1996, S. 414f.). Weiterhin
sieht das Bewertungsmodell die Möglichkeit der Abstufung und Skalierung der Kriterien vor,
sodass sich je nach Zielsetzung und Rahmenbedingungen ein möglichst objektives Entscheidungsbild ergibt.

Abbildung 22 zeigt schematisch das Bewertungsmodell. Hierbei wurden die in Kapitel 3.3
hergeleiteten Kriterien für die drei Dimensionen mit aufgenommen. Für die Kundendimension
konnten zum Teil allgemeine Kriterien formuliert werden, die für nahezu jede Zielsetzung und
jeden Untersuchungsbereich passend erscheinen. Für die Wettbewerbsdimension und unternehmensinterne Dimension sind die Kriterien größtenteils spezifisch mit den in Phase I formulierten Zielen und dem Untersuchungsbereich abzustimmen. Somit ergibt sich für jeden Untersuchungsbereich ein jeweils geeigneter Kriterienkatalog.

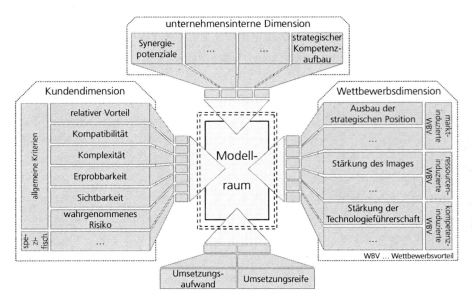

Abbildung 22: **Bewertungsmodell der Methodik**

4.3 Phase I: Erfassung der Ausgangssituation und intuitiv-kreative Ideengenerierung

4.3.1 Ziel der Phase I

Ziel der ersten Phase ist es, den Untersuchungsbereich abzugrenzen und erste Ideen und Quellen für neue Geschäftsmodelle festzuhalten. Bei der Definition des Untersuchungsbereichs ist die mit dem Vorgehen verbundene Zielsetzung zu diskutieren und im Weiteren so konkret wie möglich zu beschreiben. Gegenstand dieser Phase ist es auch, erste Ideen und potenzialträchtige Anknüpfungspunkte für zukünftige Geschäftsmodelle zu ermitteln.

4.3.2 Vorgehensweise in Phase I

Das Vorgehen in Phase I umfasst zwei Schritte: Erfassung der Ausgangssituation und intuitiv-kreative Ideengenerierung. Zu bemerken ist dabei, dass auch im ersten Schritt zufällig aufgeworfene Ideen bereits festgehalten werden sollen. Der zweite Schritt setzt sich gezielt mit der Ideengenerierung auseinander, wobei dafür Sorge zu tragen ist, dass die Entfaltung von Kreativität nicht behindert wird.

4.3.2.1 Schritt 1.1: Erfassung der Ausgangssituation

Für ein effizientes Vorgehen ist die Abgrenzung und Erfassung der Ausgangssituation und des Untersuchungsbereichs essentiell. Dabei soll der Zweck der Aktivitäten zur Entwicklung von Geschäftsmodellideen sowie ein möglicher Fokus des Diversifikationsvorhabens erörtert werden. Alle Beteiligten des Ideengenerierungsprozesses sollen ausreichend Kenntnis über die Zielrichtung und den Gegenstandsbereich der Untersuchung erlangen. Des Weiteren sollen an dieser Stelle die Potenziale der Diversifikationsbemühungen offengelegt und mögliche mit dem Vorhaben verbundene Widerstände abgebaut werden. Ziel ist es, die Bedeutung dieses Vorhabens herauszuheben und entsprechend des Modells von Amabile (Kapitel 3.2.2) Motivation für die Aufgabe zu schaffen.

Bei diesen vorbereitenden Maßnahmen werden bereits häufig erste Ideen und Quellen für zukünftige Geschäftsmodelle aufgedeckt. Dieser Fundus an Ideen ist an dieser Stelle zu sammeln, sodass dieser zu einem späteren Zeitpunkt wieder genutzt werden könnte und Anstoß für weitere Geschäftsmodellideen liefert. Weiterhin sind Aspekte, die den Untersuchungsbereich eingrenzen oder explizit nicht Gegenstand zukünftiger Geschäftsmodelle sein sollen, aufzunehmen. Dies können bspw. ethische Aspekte sein oder Gründe, die aus der Unternehmensstrategie und/oder -kultur resultieren.

4.3.2.2 Schritt 1.2: Intuitiv-kreative Ideengenerierung

Inhalt des zweiten Schritts in Phase I ist es, nach dem intuitiv-kreativen Prinzip methodisch unterstützend Ideen und Ansatzpunkte für zukünftige Geschäftsmodelle zu gewinnen. Intuitiv-kreativ bedeutet dabei, dass sich die individuelle Kreativität frei entfalten soll und durch Bildung von Assoziationsketten und Analogien Geschäftsmodellideen entwickelt werden. Empfehlenswert ist es dabei, die Ideengenerierung auf Ebene der Geschäftsmodellelemente durchzuführen, da es i.d.R. schwierig ist, aufgrund der vielfältigen Möglichkeiten und Beziehungen neuartige Geschäftsmodellideen ganzheitlich zu beschreiben. Auch identifizierte Potenziale, zukünftige Entwicklungen, Trends und sonstige Quellen, die Basis oder Gegenstand von neuen Geschäftsmodellen sein können, sind aufzunehmen. Dies sind bspw. einzigartige technologische Kompetenzen, ein langfristig gesicherter Zugang zu bedeutenden Rohstoffen oder ein umfassendes Kooperationsnetzwerk.

Die Sammlung der Ideen soll schriftlich auf Karten erfolgen im Sinne einer schriftlichen Variante des Brainstormings, die auch unter der Bezeichnung Kartentechnik bekannt ist (vgl. Brunner 2008, S. 190; Witt 2010, S. 107). Charakteristisch für diese Art der Ideengenerierung ist, dass aufbauend auf den Regeln und in Anlehnung an das Vorgehen des Brainstormings Ideen auf Karten gesammelt und bspw. an Stellwänden für alle Beteiligten sichtbar visualisiert werden. Anknüpfend an die Abgrenzung des Untersuchungsbereichs sind für diesen, spontan Ideen für neue Geschäftsmodelle zu entwickeln und auf Karten festzuhalten. Für die Durchführung und Leitung der Ideengenerierung empfiehlt sich ein Moderator, der auf die Einhaltung der Regeln achtet, die beschriebenen Karten sammelt und an das Visualisierungsmedium heftet. Wie bereits erwähnt, gelten die Regeln des Brainstormings in gleicher Weise. Das bedeutet, dass die Ideen frei von jeglicher Bewertung zu entwickeln sind und jede Idee willkommen ist. So gilt das Prinzip »Quantität vor Qualität«. Jegliche Kritik oder Aktivität, die den Ideenfluss negativ beeinflusst, ist dabei verboten (vgl. Witt 2010, S. 101; Backerra, Malorny & Schwarz 2007, S. 52ff.). Der Grundgedanke dieser Methode und der Visualisierung der Ideen ist, dass jeder Teilnehmer bewusst fremde Ideen aufgreift, Assoziationen knüpft und Ideen weiterentwickelt oder sich ganz neue Ideen ergeben. Bedeutend ist dabei, dass die Ideen so konkret wie möglich erläutert und beschrieben werden. Der Kern und die elementaren Vorteile sollen für alle Beteiligten aus der Beschreibung hervorgehen. Diese Notwendigkeit ergibt sich auch für die Nachbetrachtung und Weiterverwendung der entwickelten Ideen.

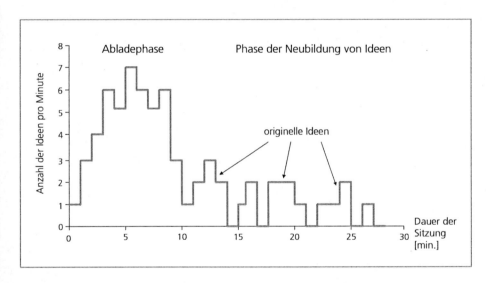

Abbildung 23:   Typischer Ideenfluss bei einer Kreativitätssitzung (Geschka & Zirm 2011, S. 300)

Neben einer überschaubaren Anzahl von Teilnehmern, die wie erwähnt unterschiedlichen Fachbereichen angehören sollen, ist die Frage der Zeitdauer dieser Ideengenerierungsphase noch zu klären. Ratsam ist es, die Dauer nicht zu stark auszudehnen, da meist mit fortschreitender Zeitdauer keine nennenswerten Ideen mehr entwickelt werden. Jedoch zeigt sich aber auch, dass es in den ersten Minuten zu einer sogenannten »Abladung« von Ideen kommt und originelle Ideen erst mit Überwindung dieser »Abladephase« entwickelt werden. In Abbildung 23 ist dieses Phänomen dargestellt. Somit ist situativ zu entscheiden, nach welcher Dauer diese Phase zu beenden ist.

4.3.3 Ergebnis der Phase I

Nach Beendigung der ersten Phase ist die Ausgangssituation erfasst und der Untersuchungsbereich hinreichend konkret beschrieben. Weiterhin sind allen Beteiligten die Ziele sowie die Potenziale der Diversifikation klar. Durch den Schritt der intuitiv-kreativen Ideengenerierung sowie durch die Beschreibung des Untersuchungsbereichs im Schritt 1.1 konnten erste Anknüpfungspunkte für Geschäftsmodellideen ermittelt werden. Weiterhin wurden bereits einige Quellen möglicher Potenzialfelder für neue Geschäftsmodelle benannt, sodass diese Ergebnisse als erster »Input« für Phase II anzusehen sind.

4.4 Phase II: Identifizierung von Potenzialfeldern

4.4.1 Ziel der Phase II

Bei Betrachtung der Kreativitätsforschung wurde deutlich, dass (Vor)-Wissen und Informationen Kreativität determinieren können. Sie sind dagegen aber auch eine notwendige Bedingung dafür, dass in kognitiven Prozessen durch Verknüpfungen und Rekombinationen von Wissen, Erfahrungen und Informationen kreative Ideen entstehen können. Daher ist es Aufgabe dieser Phase, zukunftsträchtige Quellen für die Entwicklung von Geschäftsmodellideen zu identifizieren und für die Phase III notwendige Kontextinformationen bereitzustellen. Dabei sind in jedem Geschäftsmodellelement unterschiedliche Aspekte zu beleuchten und möglichst viele Potenzialfelder aufzuzeigen.

4.4.2 Vorgehensweise in Phase II

Die Identifizierung von Potenzialfeldern ist ein wesentlicher Schritt für die Entwicklung von Geschäftsmodellideen. Er soll notwendige Informationen erfassen und diese für die direkt am Ideengenerierungsprozess Beteiligten entsprechend aufbereiten. Somit soll sichergestellt werden, dass gegenwärtige Potenziale des Unternehmens und des Umfelds sowie zukünftige Entwicklungen und Trends bei der Entwicklung der Geschäftsmodellideen Berücksichtigung finden.

Für eine effiziente Anwendung der Methodik und eine unmittelbare Nutzung der Ergebnisse aus dieser Phase soll sich die Suche nach Potenzialfeldern am Untersuchungsbereich und den Geschäftsmodellelementen orientieren. Konkret umfasst somit die Phase II folgende drei Schritte:

- Ableitung des Informationsbeschaffungsbedarfs,
- Identifizierung von Potenzialfeldern in den einzelnen Geschäftsmodellelementen,
- Kommunikation und Darstellung der Potenzialfelder.

Während der Identifizierung von Potenzialfeldern (Schritt 2) kann weiterer Informationsbeschaffungsbedarf entstehen, sodass diese Schrittfolge Rückkopplungsschleifen vorsieht.

Für die Identifizierung von Potenzialfeldern sind in jedem Geschäftsmodellelement i.d.R. jeweils zwei grundsätzliche Betrachtungsperspektiven einzunehmen: die Outside-In- und Inside-Out-Perspektive. Die Outside-In-Perspektive bezieht sich maßgeblich auf externe Entwicklungen und Trends und versucht, durch die Verknüpfung mit den unternehmensindividuellen Gegebenheiten, Potenzialfelder aufzustellen. Durch die Betrachtung der extern ermittelten Potenzialfelder im eigenen Kontext ergeben sich relativierte Einschätzungen der Potenziale sowie Ansatzpunkte für anzustoßende Maßnahmen, mit denen sich die Erhaltung oder aber auch Steigerung der Wettbewerbsfähigkeit der Unternehmung erreichen lässt. Im Hinblick auf die Entwicklung von Geschäftsmodellideen können grundsätzlich bestimmte Bereiche hohe Zukunftspotenziale aufweisen. Im Zuge einer Betrachtung der gegenwärtigen Aktivitäten, Kompetenzen, Technologien etc. können sich diese aber für die Anwendung in einem eigenen Geschäftsmodell als weniger geeignet herausstellen. Die Inside-Out-Perspektive versucht, aufbauend auf der Analyse der internen Gegebenheiten und der Einbeziehung der zukünftigen Entwicklungen, Potenzialfelder abzuleiten.

Des Weiteren sind ähnlich der Technologiefrühaufklärung oder dem Strategic Foresight, zwei Beobachtungsarten zu unterscheiden: Scanning und Monitoring (vgl. Müller-Stewens & Lechner 2011, S. 192f.; Lang-Koetz, Ardilio & Warschat 2008, S. 135f.; Ashton & Klavans 1997, S. 16). Scanning versucht allgemein, jegliche Anzeichen für Potenziale zu identifizieren, wohingegen sich das Monitoring gezielt mit der systematischen Beobachtung und Analyse meist über eine gewisse Zeitdauer relevanter Einzelphänomene auseinandersetzt (vgl. Müller-Stewens & Lechner 2011, S. 192f.). Beide Beobachtungsarten sind anzuwenden und miteinander zu verbinden.

Die Identifizierung der Potenzialfelder erfolgt für jedes Geschäftsmodellelement, wobei anzumerken ist, dass auch für die Identifizierung von Potenzialfeldern Zusammenhänge zwischen den Geschäftsmodellelementen bestehen und diese ggf. Gegenstand der Analyse sein können. Bei der Identifizierung wird auf bewährte Ansätze, Instrumente und Methoden zurückgegriffen. Je nach Untersuchungsbereich können weitere Methoden integriert werden. Anlage D (Kapitel 8.4) enthält hierfür eine Zusammenstellung.

4.4.2.1 Ableitung des Informationsbeschaffungsbedarfs

Der Informationsbedarf leitet sich maßgeblich aus dem Untersuchungsbereich und der formulierten Zielsetzung ab. Für die Gewährleitung eines effizienten Vorgehens ist dieser Schritt unerlässlich. Er soll sicherstellen, dass eine Überflutung mit Informationen vermieden und irrelevante Potenzialfelder bei den Betrachtungen außen vor gelassen werden. Der Informationsbeschaffungsbedarf ist nur allgemein festzuhalten und nicht für jedes Geschäftsmodellelement zu beschreiben. Eine Erweiterung oder aber auch Fokussierung des Informationsbeschaffungsbedarfs ist im Verlauf der Informationsbeschaffung jederzeit möglich. Innerhalb dieses Schritts soll sichergestellt werden, dass möglichst viele Fassetten des Untersuchungsbereichs beachtet werden und gleichzeitig die Konzentration auf die wesentlichen Potenzial- und Untersuchungsfelder gelenkt wird.

4.4.2.2 Identifizierung von Potenzialfeldern in den einzelnen Geschäftsmodellelementen

Aufgabe dieses Schritts ist es, für jedes Geschäftsmodellelement Potenzialfelder zu bestimmen und damit entscheidende Informationen für die Entwicklung und Gestaltung von Geschäftsmodellideen zu liefern. Dabei werden bestehende Ansätze und Methoden miteinander verknüpft und ggf. Modifikationen für einen zielführenden Einsatz vorgenommen, sodass die entscheidenden Analyseaspekte berücksichtigt werden. Im Folgenden werden für alle sechs Geschäftsmodellelemente Analysefelder und Vorgehensweisen zur Identifizierung von Potenzialfeldern erläutert. Weitere Methoden für die einzelnen Geschäftsmodellelemente werden in Kapitel 8.4 Anhang D genannt und sind je nach Aufgabenstellung und Untersuchungsbereich einzusetzen.

Identifizierung von Potenzialfeldern im Geschäftsmodellelement Nutzenversprechen

Bei der Identifizierung von Potenzialfeldern nimmt das Geschäftsmodellelement Nutzenversprechen eine besondere Rolle ein, da es insbesondere hier um die Erkennung zukünftiger Kundenbedürfnisse und die Identifizierung zukünftiger Kunden(-gruppen) geht. Grundsätzlich ist dabei die Sicht des Kunden entscheidend (vgl. Matt 2007, S. 375f.). Häufig existieren jedoch Bedürfnisse, welche die Kunden nicht bewusst wahrnehmen und somit auch nicht artikulieren können. Diese werden als latente Kundenbedürfnisse bezeichnet (vgl. Spath, Dill & Scharer 2001, S. 107f.) Aufgabe innerhalb dieser Phase und dieses Geschäftsmodellelements ist es, möglichst viele zukünftige (artikulierte und latente) Kundenbedürfnisse zu identifizieren und die möglichen Potenziale zu benennen. Dieses Vorgehen kann als Outside-In-Perspektive charakterisiert werden.

Des Weiteren sind Potenzialfelder aus einer Inside-Out-Perspektive aufzudecken. So soll unter Analyse vorhandener Kompetenzen, Technologien, Ressourcen und den Motiven der Diversifikation zielgerichtet die Suche nach möglichen Nutzenversprechen erfolgen (vgl. Spath, Dill & Scharer 2001, S. 97f.).

Als Ausgangspunkt für neue Nutzenversprechen und potenzielle Diversifikationsansätze soll zunächst das bisherige Leistungsangebot dienen. So gilt es, die gegenwärtigen Nutzenversprechen und die derzeit bedienten Märkte bzw. Kunden-(gruppen) zu erfassen. Daran anknüpfend sind im Folgenden Prognosen und Einschätzungen zu treffen, auf welche Weise Veränderungen und Fortentwicklung der Kundenbedürfnisse zu erwarten sind und inwieweit sich die Märkte und Kunden-(gruppen) verschieben und welche Änderungen sie erfahren könnten. Nun kann ausgehend von dieser Prognose eine Identifizierung von potenziellen Märkten für neue Geschäftsmodelle in unmittelbare Nähe der bisherigen Geschäftstätigkeit erfolgen.

Neben dieser Analyse im Nahbereich der gegenwärtigen Märkte ist es sinnvoll, im weiteren Umfeld attraktive Potenzialfelder zu detektieren. Für ein systematisches Top-Down-Vorgehen kann der NACE-Code genutzt werden, der zur Systematisierung und Klassifikation von Wirtschaftszweigen entwickelt wurde (vgl. Ardilio, Spath & Warschat 2010, S. 427; Seidenstricker 2011, S. 163ff.). Bei der Suche nach potenziellen Märkten wird es i.d.R. zu einer Verknüpfung von Top-down- und Bottom-up-Vorgehen kommen, um sich so sukzessive einer handhabbaren Menge zu adressierender und potenzialträchtiger Märkte zu nähern. Dabei bietet sich in vielen Fällen für technologieorientierte, produzierende Unternehmen eine Suche auf drei Ebenen an: Marktebene, Applikationsebene und Nutzenversprechensebene. Mit dieser Differenzierung wird dem Umstand Rechnung getragen, dass auf Basis technologischer Applikationen oftmals verschiedene Nutzenversprechen möglich sind. Des Weiteren können so idealerweise weitere Märkte oder Nutzenversprechen generiert werden.

Somit ergibt sich für das Geschäftsmodellelement Nutzenversprechen ein Bild potenzieller Märkte, möglicher Applikationen und Nutzenversprechen, die Gegenstand zukünftiger Geschäftsmodelle sein können (siehe Abbildung 24).

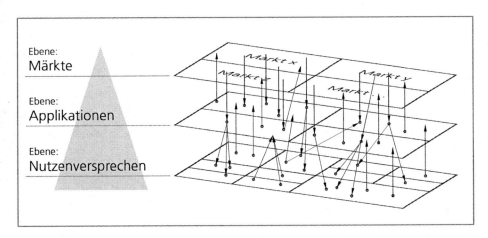

Abbildung 24:   **Vorgehen bei der Identifizierung möglicher Märkte, Applikationen und Nutzenversprechen**

Identifizierung von Potenzialfeldern im Geschäftsmodellelement Kompetenzen, Technologien und Schlüsselressourcen

Aus der Inside-Out-Perspektive wurden im Geschäftsmodellelement Nutzenversprechen auf Basis vorhandener (einzigartiger) Kompetenzen, Technologien und Schlüsselressourcen potenzialträchtige Anknüpfungspunkte für zukünftige Märkte und Nutzenversprechen entwickelt. Im Rahmen dieses Geschäftsmodellelements sollen detailliert die gegenwärtigen und zukünftigen Kompetenzen, Technologien und Schlüsselressourcen sowie mögliche Synergien betrachtet werden. Zeigen sich dabei Potenziale für das Geschäftsmodellelement Nutzenversprechen oder andere Geschäftsmodellelemente, sind diese Erkenntnisse den entsprechenden Geschäftsmodellelementen bereitzustellen.

Im ersten Schritt der Identifizierung von Potenzialfeldern für dieses Geschäftsmodellelement ist eine interne Analyse durchzuführen, um die gegenwärtigen elementaren Kompetenzen, Technologien und Ressourcen des Unternehmens zu erfassen. Für die Ermittlung der Technologien soll eine Liste aller im Unternehmen eingesetzten Technologien aufgestellt werden, wobei zwischen Produkt- und Prozesstechnologien unterschieden werden sollte (siehe auch Kapitel 2.1.2). Um eine Einschätzung der gegenwärtigen technologischen Basis zu erlangen, sind die im Unternehmen eingesetzten Technologien in Relation zu den existierenden und zukünftigen Konkurrenztechnologien zu stellen (vgl. Spath, Renz & Seidenstricker 2009, S. 109f.). Da dieser Schritt mit einem größeren Aufwand einhergeht, ist es ratsam, die verfasste Technologieliste einer ABC-Analyse zu unterziehen und dafür die in Tabelle 7 abgebildete Kategorisierung anzuwenden.

Vordergründig sind im Folgenden alle Technologien der Kategorie A zu untersuchen. Bei der Suche nach Konkurrenztechnologien ist die Erfüllung der gleichen Funktion maßgeblich. Funktionenbeschreibung meint dabei eine abstrahiert verbalisierte Form, die das Kennzeichnende, also das Hauptwirken der jeweiligen Technologie erfasst (vgl. VDI 2803 1996, S. 2). Sind alle Konkurrenztechnologien benannt, können diese im Anschluss bezüglich ihrer Zukunftsträchtigkeit bewertet werden. Zukunftsträchtigkeit bezeichnet »die unternehmensunabhängigen Chancen und Risiken, die mit dem Einsatz der betrachteten Technologie verbunden sind. Sie ist ein Maß für die Wettbewerbsrelevanz der Technologie« (Eversheim et al. 2003, S. 204). Als Abstufung kann zwischen hoher, mittlerer und geringer Zukunftsträchtigkeit differenziert werden. Weist die Technologie eine hohe Zukunftsträchtigkeit auf, ist zu untersuchen, inwieweit dieses Potenzial auch in anderen Anwendungsfeldern genutzt werden kann und welche Synergiepotenziale sich daraus ergeben könnten. Im Rahmen dieser Analyse könnten auch bis dato unbeachtete Märkte und Nutzenversprechen identifiziert werden. Ist dies der Fall, gilt es, diese Potenzialfelder im Geschäftsmodellelement Nutzenversprechen zu ergänzen. Um den Umfang an Potenzialfeldern auszuweiten, können auch Technologien mit mittlerer Zukunftsträchtigkeit analysiert werden. Hierfür ist analog das oben beschriebene Vorgehen anzuwenden.

Tabelle 7: Kategorien zur Identifizierung der elementaren Technologien

Kategorien	Beschreibung der Kategorien
A	Als A sind Technologien zu klassifizieren, die einen entscheidenden Vorteil in der Wahrnehmung des Kunden bieten, d.h. Kern des Nutzenversprechens sind oder/und die Basis für gegenwärtige und zukünftige Wettbewerbsvorteile darstellen.
B	Als B sind Technologien zu klassifizieren, wenn sie einen nicht unwesentlichen Anteil zum Nutzenversprechen beitragen oder in Zukunft haben könnten.
C	Als C sind Technologien zu klassifizieren, wenn die Technologien weder aus Kundensicht noch aus Wettbewerbsaspekten relevant sind.

Neben der Analyse der Technologien sind die gegenwärtigen und im Aufbau befindlichen Kompetenzen und Schlüsselressourcen zusammenzustellen und zu bewerten. Für die Bewertung der Kompetenzen ist ein geeignetes Messmodell aufzustellen, mit dessen Hilfe die elementaren Kompetenzen bestimmt werden. Weiterhin sind alle dem Unternehmen zugänglichen Schlüsselressourcen zu erfassen und mögliche Potenzialfelder zu beschreiben.

Parallel zur Inside-Out-Perspektive sind Potenzialfelder aus der Outside-In-Perspektive aufzudecken. Das umfasst Aktivitäten des Scannings und Monitorings von Entwicklungen und Trends von Kompetenzen, Technologien und Schlüsselressourcen. Hierbei eignet sich grundsätzlich ebenfalls ein Top-Down-Vorgehen, sodass im ersten Schritt in Bezug auf die Technologien die relevanten Technologiefelder zu analysieren sind. Für eine erste Einschätzung des

Potenzials der Technologien eignet sich das Hype-Cycle-Modell. Es betrachtet Technologien hinsichtlich ihrer momentanen Leistungsfähigkeit und den in »der Öffentlichkeit« bestehenden Erwartungen (vgl. Fenn & Raskino 2008, S. 7ff.; Tiefel 2007, S. 36ff.). Weiterhin empfiehlt es sich, Technologien, denen eine hohe Zukunftsträchtigkeit attestiert wurde, detailliert zu analysieren. Analog zum Vorgehen für Technologien sind die zukünftig erfolgsrelevanten Kompetenzen zu identifizieren. Dabei sind die dafür erforderlichen Ressourcen zu benennen sowie mögliche Synergien transparent zu machen.

Im Ergebnis sind alle gegenwärtigen und zukünftigen Potenzialfelder für das Geschäftsmodellelement Kompetenzen, Technologien und Schlüsselressourcen zusammenzustellen. In Abbildung 25 ist das beschriebene Vorgehen für dieses Geschäftsmodellelement im Überblick dargestellt.

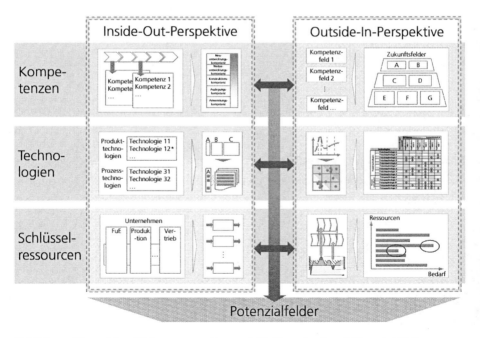

Abbildung 25: **Identifizierung von Potenzialfeldern im Geschäftsmodellelement Kompetenzen, Technologien und Schlüsselressourcen**

Identifizierung von Potenzialfeldern im Geschäftsmodellelement Kanäle und Kundenbeziehung

Im Mittelpunkt der Analyse nach Potenzialfeldern im Geschäftsmodellelement Kanäle und Kundenbeziehung stehen die vorhandenen und zukünftigen Beziehungsstrukturen zum Kunden. So kann für die Entwicklung von Geschäftsmodellideen ein global ausgebautes Distributionsnetzwerk eine bedeutende Potenzialquelle sein. Im ersten Schritt ist daher zu untersuchen, welche gegenwärtigen Stärken und Schwächen in der Kundeninteraktion, bei der Distribution der Leistung und der Vermittlung des Wertangebots bestehen. In diesem Zusammenhang ist zu klären, über welche Kanäle das Unternehmen gegenwärtig verfügt, wie diese genutzt werden und welche Reaktionen der Kunden daraus resultieren. Bei der Analyse dieser Aspekte können sich aus einer Inside-Out-Perspektive Potenzialfelder für neue Geschäftsmodelle ergeben.

Des Weiteren sind in einer Outside-In-Perspektive die Positionen sowie das Verhalten der Wettbewerber zum Kunden zu untersuchen, um aus möglichen unerschlossenen Feldern bzw. Schwächen der Wettbewerber Potenzialfelder abzuleiten.

Auch neue technologische Möglichkeiten können die Interaktion mit dem Kunden und die Beziehung zu ihm maßgeblich verändern, sodass Entwicklungen und Trends dieser Art ebenfalls Gegenstand einer Identifizierung von Potenzialfeldern im Geschäftsmodellelement Kanäle und Kundenbeziehung sind.

Aus der Spezifität der Kunden bzw. dem Grad der Kundenbindung und -abhängigkeit können sich ebenfalls Potenziale ergeben. So befinden sich möglicherweise bestimmte Kunden oder Kundengruppen bewusst in der gegenwärtigen Geschäftsbeziehung, obwohl die Möglichkeit des Wechsels besteht. Für die Diversifikation können sich daraus vielleicht Anknüpfungspunkte ergeben, die bei der Entwicklung von Geschäftsmodellideen berücksichtigt werden sollten.

Identifizierung von Potenzialfeldern im Geschäftsmodellelement Wertschöpfungsstrukturen und Prozesse

Für die Frage nach möglichen Potenzialfeldern für die Gestaltung der Wertschöpfungsstrukturen und Prozesse ist der Blick auf die für die Leistungserbringung erforderlichen Prozesse sowie deren Beiträge zur Generierung eines Mehrwerts zu lenken. Des Weiteren sind im Rahmen dieses Geschäftsmodellelements die Strukturen der Branchen und des Wettbewerbs zu analysieren, um daraus mögliche Ansätze zur aktiven Gestaltung von Wertschöpfungsstrukturen ableiten zu können.

Für die Analyse der Branche und des Wettbewerbs sind sowohl die gegenwärtig in der Branche tätigen Unternehmen als auch mögliche zukünftige Akteure zu untersuchen. Für die gegenwärtig tätigen Unternehmen empfiehlt es sich, weiterhin zu analysieren, wie die Wertaktivitäten zwischen diesen aufgeteilt sind. Dies soll verdeutlichen, wie die einzelnen Unternehmen bei der Leistungserzeugung agieren (vgl. Götze & Mikus 1999, S. 210f.).

Um eine Vorstellung davon zu erhalten, welche Unternehmen zukünftige Wettbewerber sein könnten, ist zu untersuchen, für welche Unternehmen keine oder leicht überwindbare Eintrittsbarrieren bestehen oder für welche der Eintritt in den Markt eine erhebliche Verbesserung ihrer Position bedeuten würde. Auch Abnehmer oder Lieferanten könnten durch Ausweitung ihrer Aktivitäten auf andere Wertschöpfungsstufen die Rolle des direkten Konkurrenten einnehmen (vgl. Porter 2008, S. 88). Sind die möglichen zukünftigen Wettbewerber identifiziert, so ist zu überlegen, welche Stärken und Schwächen diese jeweils aufweisen, welche Ziele von diesen in Zukunft verfolgt werden könnten und auf welche Weise daraus Potenziale resultieren, die im Rahmen der Gestaltung der Wertschöpfungsstruktur von Bedeutung sein können.

Grundsätzlich sollte auch eine Prozessbetrachtung erfolgen. Bei etablierten Märkten bedeutet dies, die Analyse der gegenwärtigen Prozessketten. Geeignet erscheint eine Untersuchung des jeweiligen Wertbeitrags, den die Kunden dem jeweiligen Prozess beimessen (vgl. Kraus 2005, S. 216ff.). Wird dann der jeweilige Wertbeitrag dem verbundenen Aufwand gegenübergestellt, ergeben sich Erkenntnisse, welche Prozesse sich zur Erzielung von Kunden- und Wettbewerbsvorteilen eher qualifizieren und welche nicht (Abbildung 26). Prozesse, die einen hohen Wertbeitrag für den Kunden liefern und deren Aufwand überschaubar ist, sollten möglichst Kern der eigenen Tätigkeit sein, wohingegen Prozesse mit einem hohem Aufwand und einem geringen Wertbeitrag in der Wahrnehmung des Kunden nicht unbedingt Gegenstand der eigenen Prozesskette sein müssen. Es kann auch überlegt werden, ob eine Eliminierung dieser Prozesse möglich ist und welche Auswirkungen dies hätte.

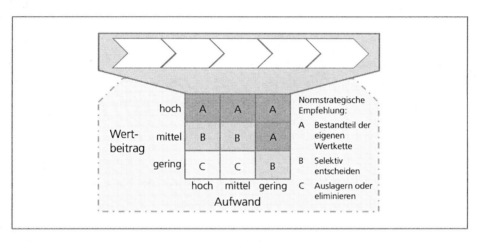

Abbildung 26:   Prozessbetrachtung hinsichtlich Wertbeitrag und Aufwand

Identifizierung von Potenzialfeldern im Geschäftsmodellelement Netzwerk und Partner

Auch für das Geschäftsmodellelement Netzwerk und Partner sind Potenzialfelder zu identifizieren. Grundsätzlich können in vielen Bereichen und aus unterschiedlichen Gründen Kooperationen geschlossen werden. Mögliche Partner könnten Lieferanten, Wettbewerber, Forschungseinrichtungen etc. sein. Für die Suche nach Potenzialfeldern ist einerseits von den gegenwärtigen vorhandenen Netzwerken und Partnerschaften auszugehen, andererseits sind mögliche zukünftige Kooperationen zu identifizieren. Hierbei empfiehlt es sich, Bezug zu der

Potenzialfeldanalyse der Geschäftsmodellelemente Kompetenzen, Technologien und Schlüsselressourcen sowie Wertschöpfungsstrukturen und Prozesse zu nehmen.

Eine wesentliche Voraussetzung für das Gelingen von Kooperationen ist, dass alle Beteiligten an der Kooperation partizipieren und einen jeweiligen Nutzen erlangen können (vgl. Wojda, Herfort & Barth 2006, S. 16). Aus der Inside-Out-Perspektive ist zu überlegen, in welchen Bereichen und Feldern Kooperationen sinnvoll wären bzw. sich ein erhöhter Nutzen ergeben würde. Nutzen kann dabei die Streuung von Risiken, die Generierung von Synergiepotenzialen, die Bündelung von Ressourcen etc. sein.

Bei der Suche nach potenziellen Partnern ist zu analysieren, welcher Nutzen für einen selbst und für den jeweiligen Partner erzielt werden könnte und inwieweit die jeweiligen individuellen Ziele der Partnerschaft miteinander vereinbar wären (vgl. Schuh, Boos & Osterloh 2008, S. 829f.).

Für die Identifikation von Potenzialfeldern für dieses Geschäftsmodellelement ist grundsätzlich nicht nur das Potenzial entscheidend, sondern ebenfalls festzustellen, wie groß die Bereitschaft zur Kooperation des möglichen Partners ist und inwieweit die Fähigkeiten zur Kooperation ausgebildet sind. Die Kooperationsfähigkeit beinhaltet dabei sowohl fachliche und methodische wie auch soziale und interkulturelle Kompetenzen (vgl. Wojda, Herfort & Barth 2006, S. 18). Darüber hinaus sind aus taktischer Sicht mögliche Kooperationspotenziale zu relativieren, wenn sich aufgrund von Abhängigkeitsstrukturen und Machtverhältnissen sowie von Informationsasymmetrien eine Drehung des Potenzials ins Negative vollziehen könnte (vgl. Schuh, Friedli & Kurr 2005, S. 110ff.).

Abschließend sollte nach Abwägung der Nutzenpotenziale, der Kooperationsfähigkeit und -bereitschaft sowie der mit der Kooperation verbundenen Risiken eine Gesamteinschätzung des Kooperationspotenzials getroffen werden, wie es in Abbildung 27 dargestellt ist.

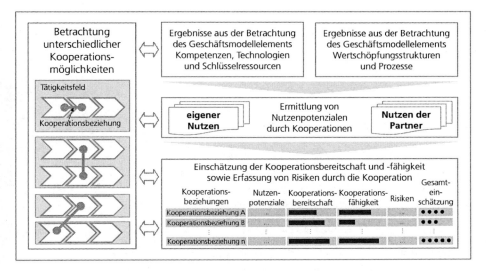

Abbildung 27:   Identifizierung potenzialträchtiger Netzwerke und Partner

Identifizierung von Potenzialfeldern im Geschäftsmodellelement Erlöse

Für die Entwicklung von Geschäftsmodellideen scheint es vorteilhaft zu wissen, an welchen Stellen in Branchen und Märkten Erlöse erzielt werden können und welche Erlösmöglichkeiten es entlang des Lebenszyklusses gibt. Um diese beiden Aspekte zu beleuchten, scheinen folgende zwei Analysen geeignet:

- Profit-Pool-Analyse,
- Revenue-Stream-Analyse.

Die Profit-Pool-Analyse dient dazu, profitable und weniger profitable Teilbereiche entlang von Wertschöpfungsketten zu identifizieren (vgl. Hungenberg 2008, S. 119). Dabei sollte sich die Analyse nicht nur auf gegenwärtige Strukturen und Wertschöpfungsketten beschränken, sondern auch die Prognose wagen, in welchen Teilbereichen von zukünftigen Märkten, Branchen und Wertschöpfungsketten mit überdurchschnittlichen Gewinnen gerechnet werden könnte (Abbildung 28).

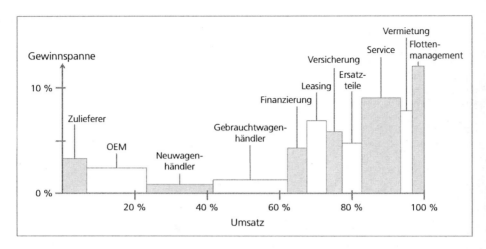

Abbildung 28: **Profit-Pool-Analyse am Beispiel Automobilbranche (Hungenberg 2008, S. 120)**

Die Revenue-Stream-Analyse betrachtet das einzelne Nutzenversprechen bzw. das dazugehörige Produkt und dessen Lebenszyklus (vgl. Hungenberg 2008, S. 118). Bei vielen Produkten stellt der Verkauf nur eine Erlösquelle neben zahlreichen anderen dar. Eine Analyse des gesamten Lebenszyklusses und der jeweiligen Bedürfnisse könnte aufdecken, in welchen Phasen bzw. an welchen Stellen sich weitere Erlöse erzielen lassen und welche weiteren Leistungsangebote für den Kunden attraktiv sein könnten(Abbildung 29). So kann es aus Sicht einer schnellen Verbreitung der Innovation sinnvoll sein, zunächst auf Erlöse zu verzichten oder eine geringere Vergütung zu verlangen und im Laufe des Lebenszyklusses die Erlöse an anderer Stelle zu erwirtschaften. Somit kann möglicherweise über den gesamten Lebenszyklus betrachtet eine größere Erlössumme realisiert werden als im anderen Fall.

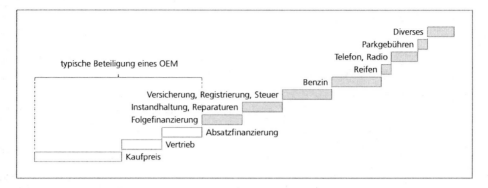

Abbildung 29: **Revenue-Stream-Analyse am Beispiel eines Automobilherstellers (Hungenberg 2008, S. 119)**

4.4.2.3 Kommunikation und Darstellung der Potenzialfelder

Nach Betrachtung aller Geschäftsmodellelemente sind alle ermittelten Potenzialfelder auf einer Potenzialfeldlandkarte darzustellen. Sie dient maßgeblich als Überblick und soll mögliche Zusammenhänge zwischen den Geschäftsmodellelementen verdeutlichen. Weiterhin soll sie gedankliche Freiräume für die am Ideengenerierungsprozess Beteiligten schaffen und dazu anregen, wiederum Verknüpfungen zwischen Potenzialfeldern zu bilden und weitere Potenziale abzuleiten.

Bei der Kommunikation der Potenzialfelder ist zum einen darauf zu achten, hinreichend konkrete Potenzialfelder zu benennen und zu beschreiben. Zum anderen soll aber keine direkte Fokussierung auf bestimmte Potenzialfelder bei der Vermittlung erfolgen, sondern die Teilnehmer in Phase III sollen aus den bereitgestellten Informationen Ideen für die Entwicklung von Geschäftsmodellen ableiten. Weiterhin ist darauf zu achten, dass die Informationen möglichst frei von Subjektivität sind. Darüber hinaus sollen die zu vermittelnden Informationen adressatengerecht und für den Geschäftsmodellideenentwicklungsprozess kreativitätsfördernd aufbereitet werden.

4.4.3 Ergebnis der Phase II

Mit dem Abschluss dieser Phase sind hinreichend viele Informationen gesammelt und erfolgs-versprechende Anknüpfungspunkte für die Entwicklung neuer Geschäftsmodelle benannt worden. Es wurden in Phase II alle elementaren Aspekte in den jeweiligen Geschäftsmo-dellelementen untersucht. Sowohl die gegenwärtigen Situationen waren Gegenstand der Analyse als auch zukünftige Entwicklungen und Trends. Im Ergebnis wurden zahlreiche Po-tenzialfelder aufgedeckt, die es bei der Entwicklung von Geschäftsmodellideen zu nutzen gilt.

4.5 Phase III: Systematisch-analytische Geschäftsmodell-ideenentwicklung

4.5.1 Ziel der Phase III

Ziel der Phase III ist die Entwicklung von Geschäftsmodellideen durch ein systematisch-analytisches Vorgehen. Systematisch-analytisch bedeutet, dass durch systematische Zerlegung des Untersuchungsbereichs sowie auf Basis von theoretisch möglichen generischen Gestal-tungsfeldern und -optionen Ideen für neue Geschäftsmodelle entwickelt werden. Dabei sollen entsprechend der Zielsetzung der Arbeit (Kapitel 1.3) methodisch unterstützt ganzheitliche Geschäftsmodellideen erarbeitet werden, die durch eine hohe interne Konsistenz geprägt sind.

4.5.2 Vorgehensweise in Phase III

Im Gegensatz zur Phase I, in der auf intuitiv-kreative Weise Geschäftsmodellideen entwickelt wurden, erfolgt die Entwicklung von Geschäftsmodellideen in dieser Phase auf systematisch-analytische Weise. Die Suche nach Ideen vollzieht sich dabei ebenfalls auf Ebene der einzelnen Geschäftsmodellelemente, sodass sich eine Gesamtlösung, also eine Idee für ein neues Ge-schäftsmodell, aus Verknüpfung der Teillösungsideen der Geschäftsmodellelemente ergibt. Dieser Schritt wird als elementar und bedeutend für diese Arbeit angesehen, da die Entwick-lung von Geschäftsmodellideen aufgrund der Vernetztheit der Systemelemente, der Vielzahl möglicher verschiedener Ausprägungen in jedem Systemelement und der komplexen Wirkzusammenhänge ohne Zerlegung und Reduktion der Komplexität intransparent und schwer zu handhaben ist. An dieser Stelle zeigt sich auch die Notwendigkeit der aufgestellten Geschäftsmodellsystematik, die den Rahmen für die Strukturierung und Zerlegung des Untersuchungsbereichs vorgibt.

Neben dem Aspekt der Reduktion der Komplexität soll durch gezielte systematisch-logische Inspiration auf Lösungsalternativen hingewiesen werden. Eine Kreativitätsmethode, die den Problem- bzw. Untersuchungsbereich systematisch in seine Dimensionen und Ausprägungen zerlegt, ist der morphologische Kasten. Die Erarbeitung neuer Lösungen erfolgt dadurch, dass verschiedene Kombinationen von Lösungsalternativen »gedanklich durchgespielt« werden. In Anlehnung an dieses Vorgehen werden für jedes Geschäftsmodellelement entsprechend generische Gestaltungsfelder und -optionen bereitgestellt, von denen ausgehend Teillösungsideen entwickelt werden. Abweichend vom klassischen Vorgehen der morphologischen Analyse ergibt sich die Lösung nicht alleine durch Kombination der einzelnen Optionen in den Feldern, sondern es sind zusätzlich Transferleistungen zu vollbringen. Dies bedeutet, dass die generischen Gestaltungsoptionen lediglich als Gestaltungsvariablen anzusehen sind, die im Kontext des Untersuchungsbereichs auszuformulieren sind.

Da die Ideensuche sich auf Ebene der einzelnen Geschäftsmodellelemente vollzieht, sind diese Teillösungsideen zu Geschäftsmodellideen zusammenzuführen. Aufgrund der Menge an möglichen Teillösungsideen sowie deren wechselseitigen Beziehungen wird an dieser Stelle ebenfalls methodische Unterstützung gegeben. So sollen entsprechend der Zielsetzung in dieser Phase möglichst widerspruchsfreie, d.h. Geschäftsmodellideen ohne interne Spannungszustände, aufgestellt werden. Somit enthält die Phase zwei Schritte: Entwicklung von Ideen auf Geschäftsmodellebene (Teillösungsideen) sowie die Zusammenführung der Teillösungsideen zu Geschäftsmodellideen.

4.5.2.1 Entwicklung von Ideen auf Geschäftsmodellelementebene (Teillösungsideen)

Unter Nutzung der in Phase II bereitgestellten Informationen sind in jedem Systemelement Teillösungen für neue Geschäftsmodellideen zu suchen. Die Entwicklung der Ideen erfolgt, wie bereits bei der Vorgehensweise erwähnt, auf Basis der morphologischen Analyse. Hierfür stehen in jedem Geschäftsmodellelement generische Gestaltungsfelder und -optionen bereit, die sukzessive zu durchdenken sind. Dabei ist eine Transferleistung durch die am Prozess Beteiligten zu erbringen. Die generischen Gestaltungsfelder und -optionen sollen dazu inspirieren, über alternative Gestaltungsvarianten nachzudenken. Es soll sowohl die Menge an Ideen, die Qualität der Ideen als auch die Anzahl an Ideen, die ein hohes Potenzial zur Veränderung der Wertschöpfungslogik haben, gesteigert werden (Abbildung 30).

Es ist in diesem Schritt irrelevant, inwieweit die Ideen umsetzbar sind und Kunden- und/oder Wettbewerbsvorteile mit sich bringen. Es sollen möglichst viele Ideen entwickelt werden. Jede andersartige Teillösungsidee ist gesondert aufzunehmen. Für die konkrete Anwendung und Weiterverwendung der Ideen ist es notwendig, alle Gestaltungsvarianten in allen Geschäftsmodellelementen hinreichend konkret zu beschreiben. Somit werden im unmittelbaren Kontext des Untersuchungsbereichs Ideen entwickelt und die Praktikabilität der Methodik gewährleistet.

Damit für alle Beteiligten die Vielfalt an Gestaltungfeldern und -optionen deutlich wird, empfiehlt sich die Visualisierung und Beschreibung der Gestaltungsfelder und -optionen. Alle Beteiligten sollen befähigt werden, mit diesen generischen Gestaltungsfeldern und -optionen zu arbeiten. Dies bedeutet, jedem Teilnehmer soll es möglich sein, aus den Informationen der Phase II, seinen eigenen Erfahrungen und Wissen und den generischen und theoretisch möglichen Gestaltungsfeldern und -optionen durch Verknüpfungen und Bilden von Assoziationsketten Ideen zu entwickeln. Im Weiteren sind je nach Gestaltung des Ideenentwicklungsvorgehens Rahmenbedingungen zu schaffen, die die Kreativität fördern. Auch externe Ideengeber oder Experten sollen genutzt werden, sodass möglichst viele und unterschiedliche Ideen entwickelt werden.

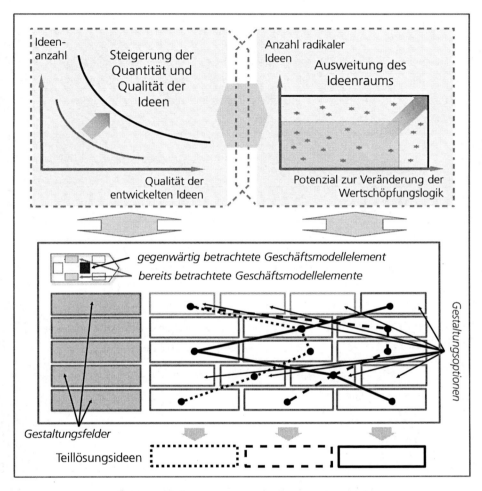

Abbildung 30: **Steigerung der Qualität und Quantität der Ideen sowie Ausweitung des Ideenraums durch ein systematisch-analytisches Vorgehen**

Im Folgenden werden die verschiedenen Gestaltungsfelder und -optionen für jedes Geschäftsmodellelement dargestellt. Dabei erhebt die Auflistung keinen Anspruch auf Vollständigkeit. Auch sollten weitergehende Erkenntnisse im Umfeld dieser Methodik, die im Verlauf der Zeit gewonnen werden, ergänzt und bei der Anwendung berücksichtigt werden.

Gestaltungsoptionen Geschäftsmodellelement Nutzenversprechen

Im Geschäftsmodellelement Nutzenversprechen ist zu überlegen, welche Nutzenversprechen den Kunden gegenüber abgegeben werden könnten. Alle Gestaltungsfelder und -optionen für das Geschäftsmodellelement Nutzenversprechen sind in Abbildung 31 dargestellt.

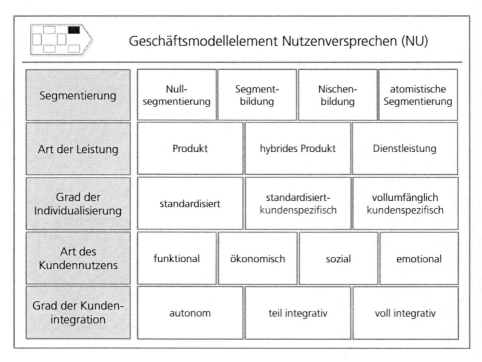

Abbildung 31: **Gestaltungsoptionen im Geschäftsmodellelement Nutzenversprechen**

Grundsätzlich ist bei der Entwicklung von Ideen im Geschäftsmodellelement Nutzenversprechen zu überlegen, inwieweit bei der Formulierung des Nutzenversprechens zwischen den Eigenschaften der Kunden und ihrer subjektiven Nutzenwahrnehmung differenziert werden soll, d.h. in welche Weise eine Marktsegmentierung durchzuführen ist. Der Begriff Marktsegmentierung meint dabei die Gliederung eines Gesamtmarkts in möglichst in sich homogene und untereinander heterogene Teilmärkte (vgl. Meffert, Burmann & Kirchgeorg 2008, S. 182). Hierfür stehen eine Vielzahl von Segmentierungsansätzen zur Verfügung (vgl. Kesting & Rennhak 2008, S. 7ff.).

Eine praxisorientierte Systematisierung nach dem Segmentierungsgrad nehmen Kotler, Keller und Bliemel (2007, S. 358) vor und differenzieren zwischen:

- Nullsegmentierung,
- Segmentbildung,
- Nischenbildung,
- atomische Segmentierung.

Bei einer Nullsegmentierung wird keine Differenzierung zwischen den Bedürfnissen und Präferenzen der Kunden vorgenommen. Alle Kunden sollen mit dem gleichen Nutzenversprechen angesprochen werden. Sie stellt die eine Extremform der Marktsegmentierungsansätze dar. Die andere Extremform bildet die atomische Segmentierung. Hierbei wird jeder Kunde als eigenständiges Marktsegment betrachtet. Auch die Bearbeitung erfolgt individuell. Eine weitere Zergliederung ist nicht möglich. Gerade für technologieorientierte, produzierende Unternehmen sind meist die beiden Zwischenformen Segmentbildung und Nischenbildung die gebräuchlichsten Formen. Bei der Segmentbildung werden größere identifizierbare Kundengruppen zu Marktsegmenten zusammengefasst. Die Aufteilung des Gesamtmarkts erfolgt auf Basis größerer erkannter Differenzen. Die Kunden eines Segments sind im Hinblick auf bestimmte Merkmale ähnlich, jedoch nicht identisch. Eine weitere Ausdifferenzierung des Käuferverhaltens und der Bedürfnisse erfolgt bei der Nischenbildung. Dabei werden kleinere Kundengruppen mit spezifischen Anforderungen unterschieden. Oft werden Nischen auf Basis vorher identifizierter Marktsegmente gebildet. Teilweise zeigt sich die Notwendigkeit erst später, sodass Anforderungen von bestimmten Kundenkreisen durch die Segmentbildung nur unzureichend berücksichtigt werden. Die notwendige Konsequenz daraus ist die Bildung von Nischen (vgl. Kotler, Keller & Bliemel 2007, S. 358ff.; Runia et al. 2011, S. 99f.).

Ein Gestaltungsfeld im Geschäftsmodellelement Nutzenversprechen beschäftigt sich mit dem Aspekt, auf welcher Art der Leistung das Nutzenversprechen beruht. Traditionell wird zwischen Sachleistungen (Produkten) und Dienstleistungen unterschieden. Produkte sind meist das geplante Ergebnis eines betrieblichen Leistungserstellungsprozesses, das Märkten angeboten wird (vgl. Bartoschek 2011, S. 11). Dagegen sind Dienstleistungen dadurch charakterisiert, dass Produktion und Konsumption der Leistung zusammenfallen und Leistungserbringer und Nachfrager Bestandteil der zu erbringenden Leistung sind (vgl. Picot, Dietl & Franck 2008, S. 387; Peschl 2010, S. 25; Corsten 1997, S. 21ff.). Zunehmend zeigt sich, dass diese Differenzierung in vielen Fällen nicht mehr zweckmäßig ist, sondern Produkt und Dienstleistung miteinander zu verknüpfen sind. Diese sogenannten hybriden Produkte sind i.d.R. »komplexe Problemlösungen für den Kunden, die sich aus einem stimmigen, auf den Kundennutzen ausgerichteten Mix aus materiellen und immateriellen Leistungsergebniskomponenten zusammensetzen« (Spath & Demuß 2006, S. 472). Mit zunehmender Heterogenität und Anzahl der Teilleistungen im hybriden Produkt steigt die Komplexität der Leistungserbringung, da alle Teilleistungen aufeinander abzustimmen sind (vgl. Burianek, Ihl & Reichwald 2007, S. 14f.; Bienzeisler 2009, S. 245f.).

Ein weiterer Aspekt für die Formulierung des Nutzenversprechens ist der Grad der Individualisierung. So können Leistungen standardisiert angeboten oder spezifisch auf die Bedürfnisse jedes einzelnen Kunden zugeschnitten werden. Neben diesen beiden Extremformen existieren eine Vielzahl von Mischformen, die versuchen, jeweils bestimmte Vorteile der beiden Extremformen zu vereinen. Hierzu zählt bspw. das Mass-Customizing-Konzept. Es zeichnet sich dadurch aus, dass auf Basis vorhandener Leistungskomponenten, die aus Sicht des Kunden wesentlich für die jeweiligen Nutzenversprechen sind, unterschiedliche (individuelle) Bedürfnisse im Rahmen der Leistungserstellung berücksichtigt werden können (vgl. Reichwald & Piller 2009, S. 230; Pine 1999, S. 9ff.).

Weiterhin ist im Geschäftsmodellelement Nutzenversprechen zu überlegen, welche Arten des Kundennutzens maßgeblich angesprochen werden sollen. Viel zu oft wird davon ausgegangen, dass die Entscheidung der Nachfrager allein von ökonomischen oder funktionellen Gründen abhängig ist, wenn gleich sie auch zwei wesentliche Gründe darstellen (vgl. Wang &

Lo 2003, S. 490). Anlehnend an die Untersuchungen von Sheth, Newman und Gross (1991, S. 160ff.), Sweeney und Soutar (2001, S. 216ff.) und Wachter (2006, S. 47) soll zwischen funktionalem, ökonomischem, sozialem und emotionalem Kundennutzen differenziert werden. Beim funktionalen Kundennutzen steht der praktische Nutzen, der aus den funktionalen Eigenschaften der Leistung resultiert, im Vordergrund. Bei Leistungen mit ökonomischem Nutzen sehen die Kunden für sich kurz- oder langfristige wirtschaftliche Vorteile. Als eine Art symbolischer Nutzen ist der soziale Kundennutzen zu sehen. Hierbei steht der soziale Geltungsnutzen im Mittelpunkt (vgl. Wachter 2006, S. 47). Auf gefühlsbetonte Zustände zielt der emotionale Kundennutzen ab. Selbstverständlich sind die vier beschriebenen Arten nicht ganz losgelöst voneinander zu betrachten und oftmals werden mehrere Arten anzusprechen sein. Es gilt vielmehr, die maßgebliche(n) Art(en) bzw. Dimension(en) für das Nutzenversprechen herauszuarbeiten und dies bei der Entwicklung von Geschäftsmodellideen zu berücksichtigen.

Des Weiteren ist festzulegen, inwieweit der Kunde in den Leistungserstellungsprozess integriert werden soll. Dies kann analog zum Gestaltungsfeld Grad der Individualisierung von voll integrativ bis zu einer autonomen Leistungserstellung des Anbieters geschehen (vgl. Spath 2009b S. 11). Für eine Kundenintegration spricht grundsätzlich die Möglichkeit, Differenzierungs- und Individualisierungsprämien zu erzielen sowie die Geschäftsbeziehung auszubauen und festigen zu können. Mit der Erbringung von Teilleistungen durch den Kunden könnten eventuell auch Kosten reduziert werden (vgl. Poznanski 2007, S. 16f.). Gleichzeitig kann es aber mit der Integration des Kunden in den Leistungserstellungsprozess auch zu Störungen im Prozessablauf kommen. Es ist daher sicherzustellen, dass die vom Kunden zu erbringende Leistung tatsächlich erbracht werden kann und die durch ihn entstandenen Störungen nicht der Qualität der Leistung oder des Anbieters zugeschrieben werden (vgl. Dahlke & Kergaßner 1996, S. 181f.; Fließ 2001, S. 36ff.). Eine autonome Leistungserstellung sieht keine Integration des Kunden im Leistungserstellungsprozess vor. Je nach Art der Leistung kann oftmals auch eine Teilintegration des Kunden sinnvoll sein. So kann der Kunde bspw. nur an bestimmten Prozessen oder zu bestimmten Zeitpunkten eingebunden werden.

Gestaltungsoptionen Geschäftsmodellelement Kompetenzen, Technologien und Schlüsselressourcen

Für das Geschäftsmodellelement Kompetenzen, Technologien und Schlüsselressourcen sind die in Abbildung 32 aufgeführten Gestaltungsoptionen und -felder relevant.

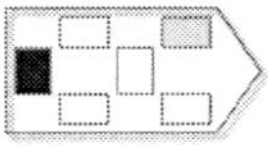

Geschäftsmodellelement Kompetenzen, Technologien und Schlüsselressourcen (KTS)				
Kompetenz-entwicklung	Festigung und Ausbau vorhandener Kompetenzen	Konzentration auf bestimmte Kompetenzen	Ergänzung bestehender Kompetenzen	Neuent-wicklung und Aufbau von Kompetenzen
Kompetenz-nutzung	ausschließlich für Nutzen-versprechen	Nutzenver-sprechen und Transferierung	Transferierung	keine Nutzung (nur Bewahrung)
Technologie-beschaffung	selbst entwickeln	kooperativ beschaffen		extern beschaffen
Technologie-verwertung	selbst nutzen	kooperativ verwerten		extern verwerten
Schlüssel-ressourcen	erweitern	kooperativ ergänzen	konzentrieren	outsourcen

Abbildung 32: **Gestaltungsoptionen im Geschäftsmodellelement Kompetenzen, Technologien und Schlüsselressourcen**

Die Kompetenzen, Technologien und Schlüsselressourcen bilden i.d.R. bei technologieorientierten, produzierenden Unternehmen die Basis für deren Geschäftsmodelle. Ausgehend vom Ansatz der Diversifikation ist in diesem Geschäftsmodellelement zu überlegen, inwieweit die vorhandene Kompetenzbasis weiterentwickelt werden soll. Einerseits besteht die Möglichkeit, nahtlos an die bestehenden Kompetenzen anzuknüpfen und die gegenwärtigen Kompetenzen zu festigen und weiter auszubauen. Andererseits kann es sinnvoll sein, eine Konzentration auf elementare Kompetenzen vorzunehmen. Damit erfolgt zwar eine Determination auf bestimmte Felder, dafür könnten aber diese auserwählten Kompetenzfelder weiter konsequent gefestigt werden. Aus der Potenzialfeldbetrachtung aus Phase II kann die Notwendigkeit sichtbar werden, die bestehenden Kompetenzen zu ergänzen. Somit ist im Gestaltungsfeld Kompetenzentwicklung konkret zu bestimmen, wie die gegenwärtigen Kompetenzen passend erweitert werden können. Neben der Ergänzung kann es erforderlich sein, Kompetenzen komplett neu aufzubauen oder zu entwickeln (vgl. Baum, Coenenberg, Günther 2007, S. 265; Krüger & Homp 1997, S. 109ff.; Rühli 1994, S. 48f.; Hamel & Prahalad 1993, S. 78ff.).

Parallel zur Kompetenzentwicklung ist festzuhalten, in welcher Weise die Kompetenzen des Geschäftsmodells genutzt werden sollen. Zur Erfüllung des Nutzenversprechens sind Kompetenzen erforderlich, sodass es notwendig erscheint, die vorhandenen, ergänzenden und neu aufgebauten Kompetenzen maßgeblich mit dem Nutzenversprechen abzustimmen. Weiterhin kann es aber auch sinnvoll sein, Kompetenzen in andere Bereiche zu transferieren bzw. für andere nutzbar zu machen. Ferner kann aus strategischen Gesichtspunkten eine temporäre Nichtnutzung der Kompetenzen ebenfalls eine Option darstellen. In diesem Fall besteht die Aufgabe darin, die vorhandenen Kompetenzen zu konservieren, um sie ggf. zu einem späteren Zeitpunkt wieder aktivieren zu können (vgl. Deckow & Zanger 2002, S. 133ff.; Mikus 2003, S. 267; Hamel & Prahalad 1993, S. 78ff.).

Der starke Zusammenhang zwischen Kompetenzen und Technologien zeigt sich in den jeweiligen Gestaltungsfeldern und -optionen. So ist für Technologien zu überlegen, auf welche Weise diese beschafft bzw. verwertet werden sollen.

Der Aspekt der Technologiebeschaffung beschäftigt sich mit der Frage, wie die Technologien bzw. das technologische Know-how erworben werden soll. Grundsätzlich sind drei Arten der Technologiebeschaffung zu unterscheiden: Nutzung interner Quellen, kooperative Technologiebeschaffung und Erwerb von Rechten und Know-how aus externen Quellen (vgl. Renz 2004, S. 57). Die Beschaffung über interne Quellen sichert i.d.R. eine gewisse Unabhängigkeit bei der Nutzung des Know-hows. Weiterhin wird somit eher verhindert, dass Know-how abfließt und die Fähigkeit verloren geht, technologisches Know-how selbst aufzubauen und zu erschließen. Das Gegenstück zur internen Technologiebeschaffung bildet die externe Technologiebeschaffung. Sie setzt ausschließlich auf externe Quellen und ermöglicht durch den Erwerb von Lizenzen und Technologiekauf meist relativ schnell, FuE-Ergebnisse zu erzielen (vgl. Gerpott 2005, S. 275ff.).

Die Möglichkeiten der Technologieverwertung gestalten sich in analoger Weise. Grundsätzlich bestehen die Optionen: die Technologien ausschließlich selbst zu nutzen, kooperativ zu verwerten oder komplett extern zu verwerten (vgl. Gerpott 2005, S. 296ff.). Oftmals erfolgt bei technologieorientierten, produzierenden Unternehmen die Differenzierung im Wettbewerb über das technologische Know-how. Ist das Know-how von derartiger Bedeutung, dass bei dessen Abfluss die Wettbewerbsfähigkeit entscheidend beeinflusst oder sogar die Existenz des Unternehmens bedroht wird, empfiehlt sich die Nutzung dieses Know-hows ausschließlich zur Realisierung des eigenen Nutzenversprechens. Um die Kosten der Erschließung technologischer Verwertungs- und Vermarktungspotenziale sowie die Risiken nicht alleine tragen zu müssen, wird sich in vielen Fällen auch eine kooperative Verwertung anbieten. Dies kann bspw. in Form der Gründung von SpinOffs mit anderen Unternehmen geschehen. Eine externe Verwertung kann durch Lizenzvergabe oder den Verkauf der Technologie realisiert werden (vgl. Renz 2004, S. 77). Gerade die externe Verwertung wird als mögliche Option oftmals nur unzureichend berücksichtigt. Zusätzliche Erlöse könnten sich mit der Verwertung von nicht oder nicht mehr benötigtem technologischem Know-how realisieren lassen (vgl. Lichtenthaler, Lichtenthaler & Frishammer 2009, S. 301).

Im Gestaltungsfeld Schlüsselressourcen soll überlegt werden, wie mit den elementaren Ressourcen, die kennzeichnend für das Geschäftsmodell oder die Unternehmung gegenwärtig und zukünftig sind, umgegangen werden soll. Die Ausweitung der Geschäftstätigkeit kann auf Basis zur Verfügung stehender Schlüsselressourcen geschehen. Dabei kann es notwendig sein, dass diese kapazitiv oder auf den neusten Stand der Technik zu erweitern sind. Neben der direkten Erweiterung besteht die Möglichkeit, fehlenden Bedarf durch die Nutzung externer Ressourcen auszubauen (also kooperativ zu ergänzen). Eine weitere Option ist es, sich im Rahmen der Entwicklung neuartiger Geschäftsmodellideen auf bestimmte Schlüsselressourcen zu konzentrieren. Darüber hinaus kann es sogar sinnvoll sein, Schlüsselressourcen komplett nach außen zu verlagern. Insbesondere bei marktnahen Geschäftsmodellideen ist abzuwägen, welche Vorteile und welche Kosten mit der direkten Verfügungsgewalt über die Schlüsselressourcen verbunden sind, um je nach Geschäftsmodellkonzept die jeweiligen Vorzüge der Varianten zu nutzen.

Gestaltungsoptionen Geschäftsmodellelement Kanäle und Kundenbeziehung

Im Rahmen dieses Geschäftsmodellelements stehen die Gestaltungsoptionen der Kanäle und Kundenbeziehung für das Geschäftsmodell im Mittelpunkt. Diese beiden wesentlichen Felder sind auch im Lebenszyklus von Kundenbeziehungen wiederzufinden, der sich idealtypisch in drei Phasen manifestiert, beginnend bei der Kundengewinnung, über die Kundenbindung bis hin zur Kundenrückgewinnung (vgl. Stauss 2000, S. 15ff.). Für die Entwicklung von Geschäftsmodellen sind zunächst die ersten beiden Phasen von besonderer Bedeutung und werden deshalb im Folgenden weiter thematisiert. Die grundlegenden Gestaltungsfelder und -optionen für dieses Geschäftsmodellelement sind in Abbildung 33 zusammengefasst.

Wie bei der Definition dieses Geschäftsmodellelements in Kapitel 4.2.1 bereits angedeutet wurde, ist zwischen zwei Arten von Kanälen zu differenzieren:

- Distributionskanal,
- Kommunikationskanal.

Über den Distributionskanal erfolgt dabei der physische Vertrieb des Leistungsangebots, wohingegen die Übermittlung des Nutzenversprechens über den Kommunikationskanal erfolgt.

Bei der Distribution der Leistungen stellt sich grundsätzlich die Frage, ob dies direkt (auch einstufig genannt) oder indirekt (mehrstufig) geschehen soll. Der direkte Vertrieb ist dadurch gekennzeichnet, dass die Leistung vom Hersteller direkt auf den Kunden übergeht bzw. zwischen diesen beiden erbracht wird (vgl. Kleinaltenkamp 2006, S. 329). Beim indirekten Vertrieb erfolgt die Distribution über rechtlich selbstständige Absatzorgane. Diese werden oft auch als Absatzmittler bezeichnet.

Sollen die Leistungen teilweise oder in vollem Umfang über Absatzmittler vertrieben werden, sind die entsprechend Geeigneten auszuwählen. Dabei kann je nach Leistungsangebot und Distributionsziel der Vertrieb über vertraglich-gebundene Distributionspartner wie Franchise-, Vertragshändlersysteme etc. oder über vom Unternehmen unabhängige Distributionsorgane wie Handelsvertreter, Vertriebsagenturen, Logistikdienstleister, Einzel- und Großhandelsunternehmen etc. realisiert werden (vgl. Homburg & Krohmer 2006, S. 868ff.; Nieschlag, Dichtl & Hörschgen 2002, S. 929ff.). Kennzeichnend für Franchisesysteme ist, dass der Franchisenehmer auf Basis eines Vertrags und gegen Zahlung eines Entgelts Rechte und Pflichten zur Nutzung eines Vertriebskonzepts erwirbt. Dieses Vertriebskonzept ist insbesondere dann attraktiv, wenn ein flächendeckendes Distributionsnetz aufgebaut werden soll, jedoch hierfür nur begrenzt finanzielle Mittel zur Verfügung stehen. Eine weniger starke Bindung, die das rechtlich selbständige Absatzorgan jedoch ebenfalls vertraglich fest in die Vertriebsstrategie des Anbieters einbindet, wird als Vertragshändlersystem bezeichnet. Völlig unabhängig dagegen agieren Handelsvertreter und selbstständige Distributoren. Vertriebsagenturen eignen sich meist zur Unterstützung bei der Distribution der Leistung, wie z.B. bei der Kontaktaufnahme oder bei der Auftragsabwicklung. Auch Logistikdienstleister können als Distributionspartner dienen. Auf eigene Rechnung sowie unter eigenem Namen agieren Einzelhandels- und Großhandelsunternehmen und stellen eine oftmals nicht zu unterschätzende Machtposition innerhalb der Distributionskette dar, wobei oft regional unterschiedliche Wege erforderlich sind (vgl. Kuß & Kleinaltenkamp 2011, S. 254ff.; Homburg & Krohmer 2006, S. 868ff.; Runia et al. 2011, S. 220ff.; Kleinaltenkamp 2009, S. 104ff.). Neben der Art des indirekten Vertriebssystems ist festzuhalten, ob grundsätzlich allen rechtlich-selbstständigen Absatzorganen der Vertrieb des Leistungsangebots offen stehen soll oder nur auserwählten. Damit wird bestimmten Absatzorganen die Exklusivität des Vertriebs der Leistung gewährt. Diese beiden Gestaltungsoptionen werden unter dem Gestaltungsfeld »Breite des indirekten Distributionswegs« subsumiert (vgl. Bruhn 2010, S. 260f.; Becker 2006, S. 534).

Die Gestaltungsfelder im Distributionskanal sind wie oben erläutert: der Distributionsweg, die Intensität der Bindung der Distributionsorgane sowie die Breite des direkten Distributionswegs. Nun zeigt sich, dass in den vergangenen Jahren immer mehr Unternehmen ihre Produkte und Dienstleistungen nicht über einen einzigen Kanal vertreiben, sondern mehrere Kanäle gleichzeitig nutzen (vgl. Neslin & Shankar 2009, S. 70; Ansari, Mela & Neslin 2008, S. 60). Ziele eines sogenannten Multi-Channel-Vertriebs können sein: Verbesserung der eigenen Wettbewerbsfähigkeit, Erzielung eines größeren Umsatzes, Ausbau des Images, Erschließung unterschiedlicher Kundengruppen, Abschöpfen individueller Zahlungsbereitschaften, Erhöhung des Kundenwissens etc. (vgl. auch Schögel 1997, S. 25ff.). Bei Einsatz mehrerer Kanäle ist bei der Ausgestaltung auf die Wechselwirkungen zwischen den Kanälen zu achten. Dabei kann einerseits versucht werden, die Kanäle isoliert voneinander zu organisieren oder andererseits Synergiepotenziale auszuschöpfen und die verschiedenen Kanäle und Aktivitäten miteinander zu verknüpfen. Bei der erst genannten Variante sollen Interdependenzen vermieden werden. Jeder Absatzkanal erfüllt eigenständig seine Aufgaben. Im Gegensatz dazu ergänzen sich die Kanäle in einem integrieren Multi-Channel-Vertrieb untereinander und Verknüpfungen werden gezielt gefördert. Bedeutend für die gleichzeitige Nutzung und Bedienung mehrerer Kanäle ist wie im gesamten Geschäftsmodellideenentwicklungsprozess die Einnahme einer kundennutzenorientierten Perspektive (vgl. Steinmann 2011, S. 16ff.; Vaccaro & Iyer 2005, S. 170; Reinartz, Krafft & Hoyer 2004, S. 293).

Parallel zur Entwicklung von Gestaltungsideen für die Distributionskanäle sind Ideen im Bereich der Kommunikationskanäle zu entwickeln. Dabei ist anzumerken, dass die Betrachtung dieser Gestaltungsoptionen meist in Abhängigkeit vom formulierten Nutzenversprechen stattfinden sollte. Gleichzeitig können aber durch die gezielte Nutzung der Kommunikationskanäle bestimmte restriktive Gegebenheiten, die bspw. aus der Wertschöpfungsstruktur resultieren, umgangen werden. Beispielhaft sei hier das Konzept des Ingredient Branding genannt, das die Generierung eines Nachfragesogs nach der Zulieferkomponente beim Endkonsumenten vorsieht (vgl. Kotler & Pförtsch 2010, S. 2ff.; Linder & Seidenstricker 2010, S. 44ff.). Somit zeigt sich, dass auch unabhängig vom konkreten Nutzenversprechen, Ideen im Bereich der Kommunikationskanäle entwickelt werden können.

Geschäftsmodellelement Kanäle und Kundenbeziehung (KK)				

Distributionskanal	Anzahl der Distributionskanäle	ein Kanal		mehrere Kanäle
	Distributionsweg	einstufig		mehrstufig
	Intensität der Bindung der Distributionsorgane	unabhängig		vertraglich gebunden
	Breite des indirekten Distributionswegs	nur für auserwählte Distributionspartner		keine Einschränkung
Kommunikationskanal	Anzahl der Kommunikationskanäle	ein Kanal		mehrere Kanäle
	Kommunikationsweg	einstufig		mehrstufig

Kundenbeziehung	Bezugsobjekt	Anbieter		Leistung	Absatzmittler
	Art	technisch funktional / öko-nomisch	vertraglich	emotional	situativ
	Instrumente	preisbezogen / kommunikations-bezogen	vertriebs-bezogen		leistungs-bezogen
	Kooperation	keine Kooperation	bestehende Kooperation nutzen		neue Kooperation aufbauen

Abbildung 33: **Gestaltungsoptionen im Geschäftsmodellelement Kanäle und Kundenbeziehung**

Im kommunikationsbezogenen Gestaltungsbereich sind folgende zwei Fragestellungen zu klären (vgl. Meffert, Burmann & Kirchgeorg 2008, S. 632):

- Über welche Kanäle erfolgt die Kommunikation des Nutzenversprechens?
- Auf welche Art und Weise soll das Nutzenversprechen kommuniziert werden?

Analog zum Distributionsweg kann die Kommunikation einstufig oder mehrstufig erfolgen. Bei einer einstufigen Kommunikation wird die Botschaft vom Sender direkt an den Empfänger übermittelt, während bei einer mehrstufigen Kommunikation die Botschaft über Multiplikatoren an die eigentlichen Adressaten verbreitet wird (vgl. Homburg & Krohmer 2006, S. 764). Neben der klassischen Werbung, Öffentlichkeitsarbeit, Präsenzen bei Messen und Ausstellungen, Sponsoring, Verkaufsförderung und Internet-Kommunikation eignen sich häufig auch Instrumente wie Product Placement, Event-Marketing und Mobiles Marketing (vgl. Kuß & Kleinaltenkamp 2009, S. 223ff.). Um das Nutzenversprechen übermitteln zu können, ist es in konkrete und symbolische Eigenschaften zu übersetzen. Idealerweise ist hierfür eine Begründung zu liefern sowie ein Kommunikationsstil zu entwerfen (vgl. Meffert, Burmann & Kirchgeorg 2008, S. 638).

Für die Entwicklung von Geschäftsmodellideen in diesem Element sollten neben den Distributions- und Kommunikationskanälen auch bereits Möglichkeiten der Kundenbindung proaktiv angegangen werden. So kann bereits in der Entwurfsphase von Produkten bspw. durch konstruktive Maßnahmen die Kundenbindung beeinflusst werden. Daher soll auch bei der Entwicklung von Geschäftsmodellideen über mögliche Optionen der Kundenbindung nachgedacht werden. In Anlehnung an die sechs Dimensionen eines Kundenbindungsmanagements nach Homburg und Bruhn (2010, S. 19) sind im Rahmen dieser Arbeit vier Gestaltungsfelder als maßgeblich anzusehen (Abbildung 33). Diese sind das Bezugsobjekt, die Art der Kundenbindung, die Instrumente und die Gestaltungsform.

Das erst genannte Gestaltungsfeld Bezugsobjekt stellt zur Diskussion, zu welchem Objekt die Kunden eine Beziehung und Bindung aufbauen sollen. Dies kann zum Anbieter, zum Leistungsangebot (bzw. Marke) oder zum Absatzmittler geschehen. Soll das Kundenbindungskonzept auf mehrere Bezugsobjekte ausgestaltet werden, sind diese mit-einander abzustimmen (vgl. Bruhn 2007, S. 121f.).

Die Art der Kundenbindung unterscheidet fünf verschiedene Bindungsarten: technisch-funktional, ökonomisch, vertraglich, emotional und situativ (vgl. Homburg & Bruhn 2010, S. 11). Durch entsprechende, technisch-funktionale Gestaltung des Leistungsangebots können möglicherweise Kunden gebunden und/oder weitere Erlöse erzielt werden. Die ökonomische Bindung zielt darauf ab, dass aus Sicht des Kunden ein Wechsel mit hohen Kosten verbunden wäre, sodass er diesen als wirtschaftlich unvorteilhaft für sich empfindet (vgl. Bruhn 2007, S. 127). Rechtlich verpflichtende Vereinbarungen können ebenfalls eine Möglichkeit sein, den Kunden zu binden, wie bspw. durch Lizenz- oder Wartungsverträge. Die emotionale Bindung setzt auf die Verbundenheit mit dem Bezugsobjekt und erfordert meist einen hohen Grad der Zufriedenheit des Kunden (vgl. Bruhn 2007, S. 128). Die situative Kundenbindung kann sich aus den spezifischen Rahmenbedingungen ergeben, die den Kunden dazu veranlassen, sich gebunden zu fühlen (vgl. Homburg & Bruhn 2010, S. 11).

Zur Realisierung der Kundenbindung sind hierfür geeignete Instrumente auszuwählen. So sind je nach Konzept leistungs-, preis-, distributions- und kommunikationspolitische Instrumente möglich. Häufig werden mehrere Instrumente miteinander kombiniert, die aufeinander abzustimmen sind (vgl. Bruhn 2007, S. 128). Hierbei ist auf die Verknüpfung dieses Geschäftsmodellelements mit den Elementen Nutzenversprechen und Erlöse zu achten.

Im Gestaltungsfeld Kooperation soll untersucht werden, an welchen Stellen die eigenen Kundenbindungsmaßnahmen mit Maßnahmen anderer Unternehmen verknüpft werden könnten, um Synergien zu nutzen und den Gesamterfolg aller Kundenbindungsmaßnahmen zu steigern (vgl. Homburg & Bruhn 2010, S. 20).

Gestaltungsoptionen Geschäftsmodellelement Wertschöpfungsstrukturen und Prozesse

Entsprechend der Benennung und Definition des Geschäftsmodellelements Wertschöpfungsstrukturen und Prozesse beinhaltet dieses zwei Kernbereiche. Zum einem gilt es zu überlegen, welche grundlegende Wertschöpfungsstruktur das Geschäftsmodell verfolgen könnte. Dabei soll explizit darüber nachgedacht werden, wie eine Abgrenzung zum Wettbewerb erfolgen kann. Aus der formulierten Wertschöpfungsstruktur sollen sich möglichst viele Wettbewerbsvorteile ergeben. Zum Zweiten ist im Rahmen dieses Geschäftsmodellelements zu bestimmen, welche Prozesskonfigurationsmuster möglich wären, um wiederum die Wettbewerbsfähigkeit zu steigern oder/und einen Mehrwert für den Kunden zu erzielen. Die in Abbildung 34 dargestellten idealtypischen Systematisierungen sowie die Bezeichnungen beruhen auf den Arbeiten von Heuskel (1999, S. 57ff.), Müller-Stewens und Fontin (2003, S. 18), Krüger (2004, S. 67ff.; 2009, S. 54f.) sowie Müller-Stewens und Lechner (2011, S. 369ff.). Diese Kategorisierung wurde immer wieder übernommen sowie deren Anwendbarkeit bspw. im Werkzeugbau von Frick (2006, S. 207) überprüft und bestätigt. Somit bilden sie die Grundlage für dieses Geschäftsmodellelement.

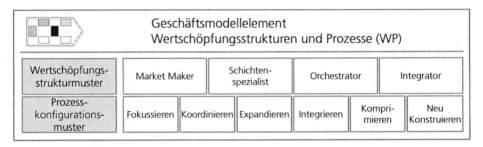

Abbildung 34: **Gestaltungsoptionen im Geschäftsmodellelement Wertschöpfungsstrukturen und Prozesse**

Im Rahmen der Wertschöpfungsstrukturen lassen sich vier Grundtypen charakterisieren (Abbildung 35): Market Maker, Schichtenspezialist, Orchestrator und Integrator. Dies sind idealtypische Muster, sodass je nach Branche, Wettbewerbssituation und Unternehmen auch Kombinationen daraus möglich sind.

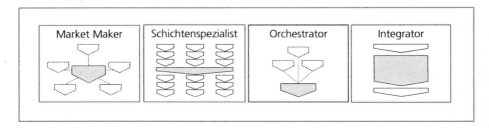

Abbildung 35:   Wertschöpfungsstrukturmuster (Heuskel 1999, S. 57ff.)

Der »Market Maker« oder auch Pionier genannt, erschafft durch die Veränderung traditioneller Wertschöpfungsstrukturen und Integration neuer Wertschöpfungsstufen einen (neuen) Markt. Innovative technologische Lösungen schaffen häufig die Befähigung dazu und ermöglichen es ihm, neue Leistungsangebote zu formulieren (vgl. auch Seidenstricker & Linder 2012, S. 384ff.). Mit der Gestaltung eines neuen Markts eröffnet sich dem Pionier ein meist zeitlich befristetes Angebotsmonopol, in dem er idealerweise hohe Renditen erzielen kann. Die Pionierposition erlaubt ihm möglicherweise auch Standards zu setzen sowie Markteintrittsbarrieren aufzubauen. Dem Pionier obliegt auch die Option, sich frühzeitig attraktive Teilsegmente des Markts auszuwählen und zu besetzen. Weiterhin verbunden mit dieser Position sind oftmals Vorteile, die sich aus dem Vorsprung auf der Erfahrungskurve sowie der Gestaltung der Kunden- und Lieferantenbeziehungen ergeben. Hierdurch können möglicherweise langfristig Zugänge zu elementaren Ressourcen gesichert werden. Den Vorteilen gegenüber stehen die Gefahr des Scheiterns sowie die nicht unerheblichen Kosten für FuE, Erschließung von Märkten, Aufbau von Kunden-, Lieferantenbeziehungen und für sonstige erforderliche Strukturen. Die Fähigkeit mit dieser Unsicherheit umzugehen, Kundenreaktionen des eigenen Nutzenversprechens aufzufangen und sein Leistungsangebot dementsprechend schnell anzupassen, sind Kerneigenschaften des Pioniers.

Der Schichtenspezialist (auch »Layer Player« genannt) versucht durch Konzentration auf einzelne Wertschöpfungsstufen, die integrierte Wertkette aufzulösen und so Wachstumspotenziale für sich zu generieren. Sein Ziel ist es branchenübergreifend ein optimiertes, spezifisches Leistungsangebot zu formulieren. Damit ergeben sich häufig Größenvorteile, die sich positiv auf die Wettbewerbsfähigkeit auswirken. So können bspw. bei größeren Produktionsmengen andere Verfahren zur Herstellung von Produkten und Leistungen genutzt werden, sodass sich damit die Kosten pro Stück reduzieren lassen. Meist ergeben sich auch aufgrund der höheren Produktionsvolumina Lern- und Rationalisierungseffekte, die genutzt werden können. Auch der Fixkostenanteil verteilt sich bei größeren Produktionsmengen, was wiederum zu geringeren Stückkosten führt. Oft beziehen sich diese Effekte nicht alleine auf den Produktionsbereich, sondern sind in anderen Bereichen wie bspw. im Vertrieb oder Einkauf zu beobachten. Mancher Schichtenspezialist verfügt über einen spezifischen Zugang zu Ressourcen. Dieser kann bspw. historisch bedingt sein, auf Basis vertraglicher Vereinbarungen beruhen oder aus dem Halten von Grundsatzpatenten resultieren. Die Spezialisierung auf eine oder wenige Wertschöpfungsstufen erlaubt es ihm, ganz spezifische Fähigkeiten und Kompetenzen (insbesondere auch technologische) aufzubauen und weiterzuentwickeln. Die Ergebnisse seiner Optimierungsbemühungen können sowohl einen Mehrwert für den Kunden darstellen als auch stärkend im Wettbewerb wirken. Ein Schichtenspezialist muss sich jedoch mit den verschiedenen Besonderheiten der jeweiligen Branche auseinandersetzen und eine Menge an unterschiedlichen Instrumenten der Kundengewinnung und -bindung anwenden. Voraussetzung für den Ausbau als Schichtenspezialist ist, dass die relevante Wertschöpfungsstufe von den Wertketten der jeweiligen Branchen separierbar ist. Durch den Einblick in die verschiedenen Branchen ist es dem Schichtenspezialist oftmals auch eher möglich, zu diversifizieren und bis dato unbefriedigte Bedürfnisse zu erkennen. Auch kann Wert und Wachstum innerhalb einer Wertschöpfungsstufe für den Schichtenspezialisten dadurch erzeugt werden, dass Abfallprodukte der einen Branche wiederum ein Leistungsangebot für andere Märkte und Branchen bieten können. Die Gefahr von konjunkturellen und strukturellen Risiken verteilt sich für den Schichtenspezialisten auf unterschiedliche Branchen. Wird seine Wertschöpfungsstufe obsolet, steht er jedoch einer existenziellen Bedrohung gegenüber.

Der »Integrator« dagegen versucht durch die Gestaltung einer optimierten Wertkette, einen Vorsprung im Wettbewerb zu erlangen. Er richtet seine Geschäftstätigkeiten entlang der Wertschöpfungskette aus und ist dadurch geprägt, dass er alle wesentlichen vor- und nachgelagerten Wertschöpfungsstufen integriert. Krüger (2004, S. 69) bezeichnet ihn auch als traditionellen Typ, der weiterhin vertreten sein wird und als »logisches Gegenstück« des Schichtenspezialisten gesehen werden kann. Sein Wettbewerbsvorteil liegt in der optimierten, verknüpften Wertkette. Ihm obliegt die Kontrolle über den Großteil des Wertschöpfungsprozes-ses der Leistung, was wiederum bedeutet, dass er in den jeweiligen Wertschöpfungsstufen über wettbewerbsfähige Stärken verfügen muss. Mit der Kontrolle über die wesentlichen Wertschöpfungsstufen besitzt der Integrator auch einen gewissen Grad an Autonomie und wirkt somit dem Abfluss von technologischem Know-how entgegen. Damit verknüpft, be-steht meist auch die Notwendigkeit, auf allen tätigen Wertschöpfungsstufen die technologi-schen Entwicklungen zu beobachten und Veränderungsprozesse zu erkennen.

Durch Neukombination und -konfiguration von Vorhandenem erbringt der »Orchestrator« einen Mehrwert. Er fokussiert seine direkten leistungserstellenden Aktivitäten wie ein Schich-tenspezialist auf eine oder wenige Wertschöpfungsstufen wie bspw. die Entwicklung oder den Vertrieb und übernimmt des Weiteren nur die Koordination der Leistungserstellung der anderen Wertschöpfungsstufen. Meist bildet ein Orchestrator ein marktnahes Geschäftskon-zept und hat Zugang zu den Distributions- und Kommunikationskanälen (vgl. Krüger 2009, S. 70). Im Vergleich zu Integratoren müssen Orchestratoren i.d.R. viel weniger Ressourcen zur direkten Leistungserstellung vorhalten, sodass es Orchestratoren meist schneller möglich ist, auf Marktveränderungen zu reagieren als Integratoren. Oft sind für diese auch die Marktaus-trittsbarrieren niedriger und alle Ressourcen können für die Optimierung der wenigen eigenen Wertschöpfungsstufen eingesetzt werden. Des Weiteren muss ein Orchestrator die Fähigkeit besitzen, geeignete Partner auszuwählen und in einem Netzwerk zu koordinieren. Orchestra-toren werden sich oft im Wettbewerb mit Unternehmen befinden, die sich die Erschließung der Wertschöpfungsstufe des Orchestrator bzw. der gesamten Wertkette zum Ziel gesetzt haben. Für Orchestratoren ist es deshalb enorm wichtig, die Kontrolle über entscheidende »Schlüsselstellen« an den Wertschöpfungsketten zu besitzen und den eigenen Vorteil lang-fristig zu sichern.

Neben den Wertschöpfungsstrukturmustern stellt sich die Frage, wie auf Prozessebene Neu-konfigurationen vorgenommen werden können, um Wettbewerbsvorteile zu erzielen und/oder ein verbessertes Leistungsangebot zu formulieren. Dabei ist anknüpfend an die Er-gebnisse und Informationen aus Phase II zu überlegen, wo Modifikationen an der Prozesskette vorgenommen werden könnten. Grundsätzlich können sechs idealtypische Prozesskonfigurationsmuster unterschieden werden: Fokussieren, Integrieren, Koordinieren, Komprimieren, Expandieren und Neu konstruieren.

Beim Fokussieren erfolgt eine Konzentration auf bestimmte Glieder der Wertschöpfungskette. Dies kann durch Reduktion der Breite oder Tiefe der Wertschöpfungsstruktur erfolgen. Gerade für Unternehmen, die nicht über erhebliche finanzielle Ressourcen verfügen, empfiehlt es sich, meist auf nicht zu vielen unterschiedlichen Technologiefeldern tätig zu sein, sondern sich eher auf bestimmte Technologien und/oder Kernprozesse zu konzentrieren. So schlagen Schmelzer und Sesselmann (2003, S. 53) nach einem Vergleich von Empfehlungen verschiedener Autoren eine Anzahl von fünf bis acht primären Geschäftsprozessen vor. Wesentlich für die Entscheidung des Fokussierens ist, welchen Wertbeitrag der jeweilige Prozess für das zu leistende Nutzenversprechen erbringt bzw. welchen Wert der Kunde diesem beimisst (siehe auch Kapitel 4.4.2.2). Neben der Perspektive des Nutzenbeitrags können auch taktische und wettbewerbsrelevante Überlegungen von Bedeutung sein.

Eine faktische Ausweitung der Wertschöpfungsbreite oder -tiefe sieht das Prozesskonfigurationsmuster Integrieren vor. Hier werden Prozesse in das eigene Leistungsportfolio aufgenommen. Dies kann sowohl vertikal als auch horizontal erfolgen. Mit dem Integrieren externer Wertschöpfungsaktivitäten entfallen die Kosten, die mit der Koordination entstanden sind. Vertikal kann eine Integration helfen, eine mögliche Abhängigkeit von Absatzmittlern zu senken und sich ebenfalls einen Marktzugang zu verschaffen. Hierbei wird von einer Vorwärtsintegration gesprochen. Bei einer Rückwärtsintegration wird eher darauf abgezielt, sich Zugänge zu Ressourcen zu ·sichern. Anlass für eine vertikale Integration von Prozessen kann der Aufbau von Markteintrittsbarrieren und damit eine möglichst langfristige Sicherung der eigenen Position sein (vgl. Koch 2006, S. 17f.). Auch prozesstechnologische Gründe können dafür sprechen, die eigene Wertschöpfungskette zu erweitern. Ziel einer horizontalen Integration kann die Stärkung der eigenen Marktposition, die Erhöhung der Verhandlungsmacht oder aber auch die Verbesserung der Kostenstruktur sein. Weiterhin kann es sinnvoll sein, mit Veränderungen im Leistungsangebot horizontal gelagerte Prozesse zu integrieren.

Beim Koordinieren findet ähnlich wie beim ersten beschriebenen Prozesskonfigurationsmuster Fokussieren eine Konzentration auf bestimmte Kettenglieder statt. Im Gegensatz dazu werden hierbei Prozesse aus der eigenen Wertkette nicht grundsätzlich eliminiert, sondern Kooperationspartner gesucht, die die Leistungserstellung übernehmen. Aufgabe ist es nun, diese Aktivitäten zu koordinieren. Dieses Prozesskonfigurationsmuster kann insbesondere in verschiedenen indirekten Bereichen zu Rationalisierungseffekten führen und Ressourcen frei setzen. Beim Koordinieren geht es darum, eine enge Verzahnung der einzelnen Leistungsersteller zu erreichen. Ziele dieses Prozesskonfigurationsmusters können sein: Steigerung der Flexibilität, Kostensenkungen, Zugang zu Ressourcen und Know-how etc. Gleichwohl bestehen mit der Auslagerung von Wertschöpfungsaktivitäten auch Gefahren, wie bspw. der Verlust von Know-how oder die Verschiebung von Machtverhältnissen in der Branche (vgl. auch Kremic, Tukel & Rom 2006, S. 470ff.) Vornehmlich in indirekten Bereichen oder für Prozesse, die nicht zu den primären Kompetenzen gehören, kann dieses Prozesskonfigurationsmuster einen Mehrwert leisten. Auch in einem hoch dynamischen Umfeld kann sich dessen Einsatz anbieten.

Beim Prozesskonfigurationsmuster Komprimieren geht es darum, durch Überbrückung oder Eliminierung von Wertschöpfungsstufen oder Prozessen eine Differenzierung gegenüber Wettbewerbern zu erreichen. Dies geschieht, indem vor-, nach- oder zwischengelagerte Prozesse zielgerichtet ausgeschaltet werden. Dies ist bspw. durch Veränderungen der Distributionswege oder im Einkauf möglich. Aber auch anderweitig bietet sich der Einsatz dieses Prozesskonfigurationsmusters an. Technologien und Prozessinnovationen schaffen häufig die Voraussetzungen für das Komprimieren von Prozessketten und können somit erheblich zur Sicherung bzw. Steigerung der Wettbewerbsfähigkeit beitragen.

Das Expandieren zielt wie das Prozesskonfigurationsmuster Komprimieren neben der Änderung der eigenen Wertschöpfungsstruktur auf eine Veränderung der Branchenwertschöpfung ab. Hierbei werden zusätzlich zu den bestehenden Leistungsangeboten neue integriert, sodass möglicherweise auch neue Nutzenversprechen benannt werden können. Dieses Prozesskonfigurationsmuster stellt eine Möglichkeit des Wachstums dar. Das Wachstum kann auf Basis eigener FuE generiert werden, durch die Erkennung bis dato nicht oder nur unzureichend bedienter Kundenbedürfnisse oder sich durch die Verschiebung von Marktanforderungen ergeben. Auch eine systematische Ausdifferenzierung des den Kunden angebotenen Leistungsspektrums kann Möglichkeiten des Expandierens aufdecken und Wachstumspotenziale identifizieren.

Ein Aufbrechen bisheriger Wertschöpfungsstrukturen und -ketten soll mit dem Prozesskonfigurationsmuster Neu konstruieren umrissen werden. Im Rahmen dessen ist meist eine nicht zu unterschätzende Pionierleistung zu erbringen. Auslöser können technologische Innovationen oder neue Möglichkeiten im Geschäftsmodellelement Kanäle und Kundenbeziehungen sein. Auch gesellschaftliche oder politische Veränderungen können genutzt werden, um Neuformierungen von Prozessketten und Wertschöpfungsstrukturen anzuschieben, da die gegenwärtig in der Branche dominierenden Unternehmen i.d.R. immer versuchen werden, die bisherigen Wertschöpfungsstrukturen und Machtverhältnisse beizubehalten. Entscheidend für das Neu konstruieren von Wertschöpfungsketten ist die Formulierung neuer Nutzenversprechen, die einen relativen Vorteil gegenüber dem bisherigen Leistungsangebot darstellen sollten. Somit hängt i.d.R. das Prozesskonfigurationsmuster Neu konstruieren wesentlich von der Adoptionsgeschwindigkeit im Markt ab (vgl. Müller-Stewens & Lechner 2011, S. 374).

Die beschriebenen Prozesskonfigurationsmuster sind generische Optionen, die analytisch unabhängig voneinander sind und einzeln oder in Kombination durchgeführt werden können (vgl. Krüger 2009, S. 54; Müller-Stewens & Lechner 2011, S. 372). Je nach Art der Wertschöpfungsstruktur und Entwicklungen im Geschäftsmodellumfeld sind meist mehrere und immer wiederkehrende Prozesskonfigurationsschleifen zu vollziehen.

Gestaltungsoptionen Geschäftsmodellelement Netzwerk und Partner

Ein positiver Zusammenhang zwischen dem Vorhandensein von Kooperationsstrukturen und dem Innovations- und Unternehmenserfolg wurde immer wieder bestätigt und zeigt dessen Bedeutung (vgl. Belderbos, Carree & Loksin 2004, S. 1486; Nieto & Santamaría 2007, S. 372; Un, Cuervo-Cazurra & Asakawa 2010, S. 681). Deshalb ist zu überlegen, in welchen Bereichen Kooperationen zielführend sein können und welche Möglichkeiten der Gestaltung genutzt werden können. Die nachfolgenden Gestaltungsfelder und -optionen stützen sich maßgeblich auf die Arbeiten von Wirth und Baumann (2001, S. 92ff.), Schuh, Friedli und Kurr (2005, S. 60ff.), Wojda, Herfort und Barth (2006, S. 7) sowie Herm (2006, S. 14f.) und sind in Abbildung 36 im Überblick dargestellt.

Geschäftsmodellelement Netzwerk und Partner (NP)							
Richtung	horizontal		vertikal		lateral		
Raumaspekt	lokal	regional		national		global	
Funktion	FuE	Vertrieb	Produktion	Service	Verwaltung	Beschaffung	Kommunikation	Marketing
Intensität	gering		moderat		hoch		
Zutrittsmöglichkeit	offen		offen unter bestimmten Voraussetzungen		geschlossen		
Anzahl der Partner	ein Partner		wenige Partner		viele Partner		
Verbindung	keine vertragliche Abmachung		vertragliche Vereinbarung		kapitalmäßige Verflechtung		

Abbildung 36:   Gestaltungsoptionen im Geschäftsmodellelement Netzwerk und Partner

Erfolgt die Kategorisierung nach der Position des Kooperationspartners im Bezug zur eigenen Wertkette (in Abbildung 36 als Kooperationsrichtung bezeichnet), dann sind folgende Kooperationsformen zu unterscheiden (vgl. Schuh, Friedli & Kurr 2005, S. 63; Zentes, Swoboda & Morschett 2004, S. 181ff.):

- vertikale Kooperation,

- horizontale Kooperation,
- laterale Kooperation.

Die vertikale Kooperationsform umfasst im Wesentlichen zwei Akteure: Kunden und Lieferanten. Nun könnte es rudimentär erscheinen, Kunden innerhalb dieses Geschäftsmodellelements erneut zu betrachten. Es soll jedoch an dieser Stelle gesondert auf die weiteren Kundenrollen außerhalb der Rolle als Leistungsnachfrager eingegangen werden. Eine Rolle, die manchen Kunden zu Teil wird, ist die des Lead-Users. Lead-User sind sogenannte Leitkunden. Sie heben sich vom gewöhnlichen Nutzer dadurch ab, dass sie zu einem frühen Zeitpunkt Bedürfnisse verspüren, die auch für andere Nutzer attraktiv sein könnten (vgl. von Hippel 1986, S. 796; Kirchgeorg 2005, S. 155). Neben der Rolle des Lead-Users innerhalb des Geschäftsmodellelements Netzwerk und Partner können Kunden noch weitere Rollen einnehmen. Hierbei ist jedoch zu erwähnen, dass eine große Kundennähe nicht zwangsläufig immer das Ziel ist. So zeigt sich in verschiedenen Untersuchungen immer wieder, dass bspw. im Bereich FuE ein gewisser Grad an Kundenintegration förderlich ist und eine zu starke Orientierung auch innovationshemmend sein kann (vgl. Brockhoff 2005, S. 873; Spath et al. 2003, S. 11ff.; Ernst 2001, S. 306). Je nach Wertschöpfungsstruktur, Prozess und eigener Leistungstiefe ist ein Netzwerk an Lieferanten notwendig. Gerade in dieser Zusammenarbeit können Prozessinnovationen entwickelt und umgesetzt werden, die sich wiederum positiv auf die Wettbewerbsfähigkeit für alle Beteiligten auswirken können.

Partnerschaften der gleichen Wertschöpfungsstufe (horizontale Kooperationen) sind dadurch gekennzeichnet, dass sie meist eine ähnliche strategische Zielsetzung verfolgen (vgl. Trommsdorff & Steinhoff 2007, S. 168). Eine dieser Zielsetzungen könnte bspw. die Durchsetzung von Standards, die Teilung von Entwicklungsrisiken und -kosten oder der Aufbau notwendiger Infrastrukturen sein. Weiterhin kann durch die Konzentration der Kräfte die Marktmacht gegenüber anderen Wettbewerbern gestärkt oder Lieferantenmacht minimiert werden. Horizontale Kooperationen finden insbesondere bei industriepolitischen Aktivitäten wie großangelegten Forschungsprojekten oder Etablierung von Standards Anwendung (vgl. Specht, Beckmann & Amelingmeyer 2002, S. 396) statt. Der wesentliche Nachteil dieser Kooperationsbeziehung liegt vor allem in der bestehenden marktlichen Konkurrenzsituation. Weiterhin stellen sich im Bereich FuE die Fragen der Verwertungsrechte, inwieweit durch die strukturellen Verflechtungen der Kooperationspartner wettbewerbsrelevantes Know-how abfließt und ob mögliche Abhängigkeiten daraus resultieren können.

Als laterale Kooperationen werden Kooperationen zwischen Unternehmen oder Organisationen bezeichnet, die weder zueinander in Konkurrenz stehen noch vertikale Verknüpfungen aufweisen (vgl. Hungenberg 1999, S. 6). Ziel einer solchen Kooperation könnte sein, die jeweiligen verschiedenartigen Kompetenzen einzusetzen, Synergien zu nutzen oder komplementäre Kundenbedürfnisse zu befriedigen (vgl. Zentes, Swoboda & Morschett 2004, S. 181). Gerade im Hinblick auf die Technologieverwertung und -beschaffung können womöglich durch derartige Kooperationen monetäre Rückflüsse generiert oder ein schneller Wissensaufbau erreicht werden. Kooperationspartner bei lateralen Kooperationen sind Bildung- und Forschungseinrichtungen, Beratungsinstitutionen oder öffentliche Stellen, deren Bedeutung für den Innovationserfolg von Unternehmen immer wieder bestätigt wurde (vgl. bspw. Romijn & Albaladejo 2002, S. 1061f.; Maaß, Suprinovič & Werner 2006, S. 78; Knop 2009, S. 1ff.). Sie sind oftmals externe Quellen für neues technologisches Wissen und bei hochinnovativen Produktentwicklungen unmittelbar erfolgsrelevant (vgl. Schmidthals 2007, S. 213).

Neben der Richtung können Kooperationen auch nach räumlichen Gesichtspunkten kategorisiert werden. Je nach Geschäftsmodell und Bedeutung der räumlichen Vernetztheit können lokale, regionale, nationale und globale Kooperationen angestrebt werden. Lokale und regionale Kooperationen werden insbesondere von kleinen und mittleren Unternehmen angestrebt, um Größenvorteile zu realisieren, die Innovationskraft zu stärken oder auch eine Art »kollektiven Vorgehensplan« zu entwickeln (vgl. Sydow 2010, S. 383f.). Bei Kooperationsersuchen in hochspezifischen Technologiefeldern wird die räumliche Begrenztheit nicht verwirklichbar sein, sodass der räumliche Aspekt hierbei irrelevant ist. In vielen Fällen werden Leistungen global angeboten und vertrieben werden, wobei auf nationale oder kontinentale Kundenbedürfnisse, kulturelle Aspekte oder staatliche Vorgaben zu achten ist. Dafür sind meist unterschiedliche Kooperationen notwendig – von lokal bis global.

Neben dem räumlichen Gestaltungsaspekt können Kooperationen zeitlich befristet oder ohne Vereinbarung einer Dauer eingegangen werden. Killich (2011, S. 20) weist darauf hin, dass bei temporär begrenzten Kooperationen meist eher die Gefahr besteht, dass sich einer der Partner gegen Ende der Kooperationsbeziehung einseitig opportunistisch verhält. Grundsätzlich sind Kooperationen immer auch mit Kosten der Anbahnung der Beziehung sowie der Kooperationsvereinbarung verbunden, sodass mit abnehmender Zeitdauer bzw. geringeren aus der Kooperation resultierenden Ergebnissen der organisatorische Aufwand den Nutzen übersteigen würde. Gleichfalls ist zu bemerken, dass eine zeitliche Befristung auch förderlich für die Realisierung und Erreichung der Zielsetzung sein kann. Insbesondere wenn sich eine Vielzahl unterschiedlicher Partner an der Kooperation beteiligen, empfiehlt sich eine temporäre Begrenzung.

Oft werden Kooperationen nur in bestimmten Fach- und Funktionsbereichen gesehen oder erst dann, wenn dringende Notwendigkeit dazu besteht. Aufgabe ist es, sowohl in Phase II wie auch bei der Entwicklung von Geschäftsmodellideen Kooperationspotenziale in möglichst vielen Bereichen der Geschäftstätigkeiten zu nutzen. Mögliche Bereiche sind dabei FuE, Vertrieb, Beschaffung, Produktion, Service, Verwaltung, Kommunikation, Marketing etc. Diese Auflistung ist nicht abschließend und kann je nach Unternehmen ergänzt werden. Oft werden Kooperationen auch eher fach- und funktionsbereichsübergreifend gebildet, sodass es hierbei vielmehr darum geht, sich die geschäftsfunktionsbezogene Bandbreite zu vergegenwärtigen und Kooperationsmöglichkeiten nicht auf einzelne Geschäftsfunktionen zu beschränken.

Ein weiteres Merkmal, anhand dessen sich Kooperationen charakterisieren lassen können, ist die Intensität der Zusammenarbeit, für die in dieser Arbeit eine Abstufung in gering, moderat und hoch vorgesehen wird. Beschränkt sich die Kooperation auf den Austausch von (rudimentären) Informationen und Erfahrungen, so liegt eine geringe Intensität der Zusammenarbeit vor. Oft werden derartige Kooperationen auch eher »spontan« gebildet und sind nicht Ergebnis eines umfassenden und analytischen Suchprozesses. Von einer moderaten Bindungsintensität wird dann gesprochen, wenn die gemeinsamen Aktivitäten über den Austausch von Informationen hinausgehen und die kooperationsrelevanten Prozesse teilweise miteinander abgestimmt werden müssen. Ist die Kooperation von einem gemeinschaftlichen Vorgehen, bei der alle die Kooperation betreffenden Aktivitäten und Tätigkeiten miteinander abgeglichen und angepasst werden, geprägt, so ist dies als hohe Intensität der Zusammenarbeit zu bewerten (vgl. Killich 2011, S. 19). Je nach Bedeutung der Kooperation für das Geschäftsmodell ergeben sich unterschiedliche Bindungsintensitäten für Kooperationen, die sich im Laufe der Zeit selbstverständlich verschieben können.

Ein in den letzten Jahren verstärkt betrachteter Aspekt ist die Frage der Gestaltung der Zutrittsmöglichkeit von Kooperationen. Prinzipiell stehen sich die zwei Gestaltungsoptionen offen oder geschlossen gegenüber. Eine völlige Offenheit der Kooperationsbeziehungen wird nur in den seltensten Fällen praktiziert werden können. Oftmals ist der Zutritt nur zu bestimmten Zeitpunkten oder unter Erfüllung bestimmter Voraussetzungen möglich.

Ferner ist festzulegen, wie viele Partner sich an der Kooperation beteiligen. Hierbei soll eine einfache Differenzierung zwischen einem, wenigen und vielen Partner(n) aufgestellt werden. Es scheint klar, dass die Beziehung zwischen einem Partner und einer Vielzahl von Partnern andere Gestaltungsformen annehmen wird. Gerade im Hinblick auf die Spezifität der Problemstellung, der direkten Übertragbarkeit der Ergebnisse sowie der Notwendigkeit einer umfassenden Vertrauensbasis werden sich Kooperationsstrukturen mit einem oder nur wenigen Partner(n) eher eignen als mit einer Vielzahl von Partnern.

Ein weiteres Kriterium zur Charakterisierung von Kooperationen und Gestaltung dieser ist deren Verbindlichkeit. Hierfür werden drei Kategorien formuliert: keine vertragliche Abmachung, vertragliche Vereinbarung und kapitalmäßige Verflechtung. Die kapitalmäßige Verflechtung wird dabei als verbindlichste Variante angesehen. Ohne vertragliche Abmachungen werden eher Kooperationen gestaltet sein, die generell nur informellen Charakter haben. Meist werden Kooperationen auf vertraglicher Basis begründet werden. Somit sollen bereits im Vorfeld durch klare Regelungen Schwierigkeiten vermieden werden, die sich bspw. in der Frage der Verwertungsrechte bei FuE-Kooperationen ergeben könnten. Bei einer kapitalmäßigen Verflechtung sind oft nur wenige Partner beteiligt. Auch ist die Relevanz für das Geschäftsmodell meist eine ganz andere, sodass mit dieser hohen Verbindlichkeit ebenfalls ein hoher Nutzen verbunden sein wird.

Anhand der beschriebenen Gestaltungsfelder der Richtung, dem räumlichen und zeitlichen Aspekt, den Fach- und Funktionsbereichen, der Intensität der Zusammenarbeit, der Zutrittsmöglichkeit, der Anzahl der Partner sowie der Verbindlichkeit der Beziehung können Ideen im Geschäftsmodellelement Netzwerk und Partner entwickelt werden. I.d.R. werden mehrere unterschiedliche Beziehungen zu Partnern und Netzwerken notwendig und sinnvoll sein, sodass in Summe ein synergetisch aufgebautes Strukturnetzwerk für die jeweilige Geschäftsmodellvariante entsteht.

Gestaltungsoptionen Geschäftsmodellelement Erlöse

Die Attraktivität des formulierten Leistungsangebots für den Kunden wird im Wesentlichen von der Art des Erlöskonzepts sowie der Preisgestaltung bestimmt (vgl. Burianek, Ihl & Reichwald 2007, S. 8). Im Rahmen des Geschäftsmodellelements Erlöse sollen deshalb durch die systematische Analyse und Beantwortung der nachfolgenden zwei Fragen Ideen für dieses Geschäftsmodellelement entwickelt werden:

- Auf welche Weise können Erlöse erzielt werden?
- Welche Preismechanismen können genutzt werden, um die Ziele des Geschäftsmodells bestmöglich zu erreichen?

Kennzeichnend für innovative Erlösmodelle ist die Tatsache, dass sie sich viel stärker an den für den Kunden wichtigen Leistungsparametern und Bedürfnissen orientieren (vgl. zu Knyphausen-Außseß et al. 2011, S. 164f.; Burianek, Ihl & Reichwald 2007, S. 12; Hünerberg & Hüttmann 2003, S. 729; Hüttmann 2003, S. 55). Die nachfolgenden Systematisierungen basieren auf Arbeiten von zu Knyphausen-Außseß et al. (2011, S. 164f.), Burianek, Ihl und Reichwald (2007, S. 9ff.), Wirtz (2010, S. 137), Schweitzer und Küpper (2011, S. 81ff.) sowie Nagle und Hogan (2006, S. 57ff.).

Geschäftsmodellelement Erlöse (ER)				

Erlöserzielung	Erlösform	direkte Erlöserzielung	indirekte Erlöserzielung	direkte und indirekte Erlöserzielung
	Bezugsbasis	Leistungs-ergebnis	Leistungs-dauer	Leistungs-niveau	Leistungs-nutzung

Preisbildung	Ansatz der Preisbildung	nachfrageorientiert	kostenorientiert	wettbewerbs-orientiert
	Mechanismus der Preisbildung	einseitig fixiert	zweiseitig fixiert	nicht fixiert
	Preis-differenzierung	keine	ersten Grads	zweiten Grads	dritten Grads
	Preisbündelung	keine	gemischt	rein

Abbildung 37: Gestaltungsoptionen im Geschäftsmodellelement Erlöse

Für die Beantwortung der ersten Frage sind die Optionen der Gestaltungsfelder Erlösform, Bezugsbasis und Zeitpunkt der Erlöserzielung zu betrachten. Die Praxis hat in den letzten Jahren gezeigt, dass außerhalb der »klassischen Form« der Erlöserzielung weitere Formen existieren, die hier als indirekte Formen bezeichnet werden und in Abbildung 38 kategorisiert sind (vgl. auch Bieger, Rüegg-Stürm & von Rohr 2002, S. 54; zu Knyphausen-Außseß et al. 2011, S. 166). Die »klassische Form« sieht eine Erlöserzielung durch die Bereitstellung von Leistungen vor, für die der Leistungsempfänger eine Vergütung zahlt. Bei den indirekten Formen wird die Leistungsvergütungsbeziehung durch Dritte ergänzt und die klassische Austauschbeziehung aufgebrochen.

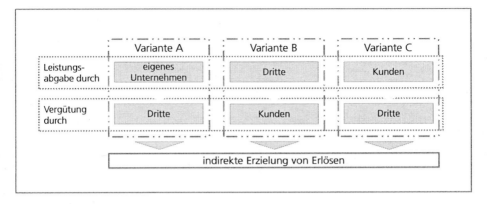

Abbildung 38:   Indirekte Erlösformen

Bei der ersten Variante der indirekten Erlöserzielung (Variante A in Abbildung 38) vergüten Dritte das für den Kunden zur Verfügung gestellte Leistungsangebot. In diesem Fall können Kunden die Leistung in Anspruch nehmen, ohne monetäre Aufwände oder Risiken zu haben. Dies kann insbesondere bei neuartigen Leistungen zu einer schnelleren Akzeptanz und Verbreitung führen.

In Variante B erfolgt eine Vergütung ebenfalls wie in der »klassischen Form« durch den Kunden. Die Leistungsbereitstellung erfolgt jedoch durch Dritte. Unternehmen, die über starke Marken oder umfassende Distributions- und Kommunikationskanäle verfügen, könnten diesen Dritten nutzbar machen und als Kompensation die Vergütung der Kunden erhalten. Vorteilhaft für Dritte wäre der Zugang zu Kanälen, sodass sich für sie an anderer Stelle Erlöse für diese ergeben könnten.

In Variante C vollbringen Kunden eine Leistung gegenüber Dritten. So kann bspw. Vergütung dadurch generiert werden, dass Kunden ihre Produkte bei Dritten zur Wiederverwertung abgeben. Der Produkthersteller wiederum bekommt hierfür eine Vergütung.

Das zweite Gestaltungsfeld in der Frage der Gestaltung der Erlöserzielung beschäftigt sich mit der Berechnungsbasis, auf der die Erlöserzielung erfolgen soll. So kann sich die Vergütung ermessen nach (in Anlehnung an Burianek, Ihl & Reichwald 2007, S. 10ff.):

- dem Leistungsergebnis,
- der Leistungsdauer,
- dem Leistungsniveau,
- der Leistungsnutzung.

In die Kategorie Erlöserzielung in Abhängigkeit vom Leistungsergebnis ist der typische Produktverkauf einzuordnen. Der Erlös berechnet sich hier pro verkaufter Einheit (Stück). Weiterhin fallen aber auch immaterielle Leistungen darunter, wenn das Erlöskonzept auf ein konkretes Leistungsergebnis abzielt. Die Schwierigkeit für immaterielle Leistungen ist bei dieser Art der Erlösgestaltung die Definition und Beschreibung des Leistungsergebnisses. Bei materiellen Gütern besteht dieses Problem der Abgrenzung und Definition i.d.R. nicht.

Bei der Leistungsdauer bildet die Zeit die Dimension zur Erlösberechnung. Die Erlöse berechnen sich in Abhängigkeit vom Zeitraum, in dem die Leistungen zur Verfügung gestellt werden. Dabei ist es unerheblich, ob und in welchem Umfang Leistungen vom Kunden bezogen werden. Je nach Nutzenversprechen kann es jedoch technische Restriktionen geben, die die vom Kunden abgerufene Leistung auf diese Weise beschränken.

Bei der Erlöserzielung auf Basis des Leistungsniveaus erfolgt eine Vergütung auf Basis eines vereinbarten Leistungsparameters. Geeignet sind hierfür messbare Größen wie die Verfügbarkeit, Ausschussquote, Prozessstabilität etc. Diese Art der Erlösgestaltung kann insbesondere bei komplexeren Leistungen oder Leistungsbündeln eine geeignete Variante darstellen. Auch das vom Kunden wahrgenommene Risiko könnte bei dieser Variante minimiert werden und somit die Wahrscheinlichkeit der Adoption erhöhen.

Bildet die Leistungsnutzung die Bezugsbasis, so ermisst sich die Vergütung an die tatsächlich vom Kunden in Anspruch genommene Leistung. Zum Unterschied der Erlöserzielung nach dem Leistungsniveau orientiert sich diese Variable direkt an dem Nutzungsverhalten des Kunden (Input-Größe), wohingegen es sich bei der Variable Leistungsniveau um eine Output-Größe des Leistungsanbieters handelt. Diese Art der Erlösgestaltung ist im Produktionsumfeld auch unter dem Begriff »Betreibermodell« bekannt, da hierbei der Anlagenhersteller als Betreiber seiner Fertigungsanlagen auftritt (vgl. Westkämper 2006, S 30f.; Lay 2007, S 4ff.). Aus Kundensicht ergeben sich dadurch eine Erhöhung der Flexibilität und eine Senkung des wahrgenommenen Risikos. Auch aus Anbietersicht gestaltet sich die Anpassung des Leistungsangebots an die individuellen Anforderungen der Kunden womöglich leichter, wobei die Leistungsbereitstellung bei Nichtnutzung auch mit erheblichen Risiken für den Leistungsanbieter verbunden ist. Diese Art der Erlösgestaltung setzt umfassendes Wissen der Kunden- und Marktanforderungen voraus.

Zur Beantwortung der zweiten oben aufgeführten Frage, die sich auf die Preisgestaltung konzentriert, sind die Gestaltungsfelder Ansatz der Preisbildung, Mechanismen der Preisbildung sowie Preisdifferenzierung zu betrachten.

Die Preisbildung erfolgt immer im Spannungsfeld zwischen Anbieter, Nachfragern und Konkurrenten (vgl. Simon 1992, S. 60; Phillips 2005, S. 22). Davon ausgehend werden drei grundsätzliche Ansätze bei der Preisbildung unterschieden (vgl. Klein & Steinhardt 2008, S. 62f.; von Martens 2009, S. 122f.):

- nachfrageorientierte Preisbildung,
- wettbewerbsorientierte Preisbildung,
- kostenorientierte Preisbildung.

Eine nachfrageorientierte Preisbildung orientiert sich an der Zahlungsbereitschaft der Kunden. Entsprechend der Charakteristik des Geschäftsmodellkonzepts scheint dieser Ansatz der Preisbildung der maßgebliche zu sein. Trotzdem kann bspw. im Hinblick auf die Branchenstruktur oder dem Leistungsangebot eine andere Form der Preisbildung zielführender sein und soll bei der Gestaltung berücksichtigt werden.

Der wettbewerbsorientierte Ansatz geht explizit auf die Marktbedingungen ein und orientiert sich bei der Preissetzung an der Konkurrenz und ihrem Preisbildungsverhalten. Er bietet sich insbesondere dann an, wenn die Reaktion der Nachfrager vom Verhalten der Wettbewerber maßgeblich abhängt.

Beim kostenorientierten Ansatz findet die Preisbildung auf Basis der für die Leistung anfallenden Kosten statt. Besonders auf wettbewerbsintensiven Märkten, bei denen die Kosten die entscheidende Determinante darstellen und Leistungen leicht austauschbar sind, kann eine kostenorientierte Preispolitik geeignet sein (vgl. Nieschlag, Dichtl & Höschgen 2002, S. 811ff.). Es sei betont, dass der nachfrageorientierte Preisbildungsansatz die Dimensionen Wettbewerber und Kosten in der Betrachtung nicht ausschließt. Es steht nur lediglich der vom Kunden wahrgenommen Nutzen und seine Zahlungsbereitschaft im Mittelpunkt der Preisbildung und nicht die Wettbewerber oder die Kosten (vgl. Pechtl 2005, S. 75).

Des Weiteren ist in diesem Geschäftsmodellelement zu überlegen, nach welchen Mechanismen die Preisfindung erfolgen soll. Hierbei können ebenfalls drei Prinzipien unterschieden werden (vgl. Roth & Woratschek 2006, S. 317f.; Diller 2008, S. 222):

- einseitig fixiert,
- zweiseitig fixiert,
- nicht fixiert.

Eine einseitige Fixierung bei der Preisbildung sieht vor, dass entweder von Seiten des Anbieters oder seitens des Nachfragers der Preis verbindlich festgelegt wird. Die jeweils andere Seite hat dabei keinen Einfluss auf die Preisbildung. Bei einer zweiseitigen Fixierung geben sowohl die Angebots- als auch die Nachfrageseite Preisangebote ab. Die Preisfindung geschieht durch vorher festgelegte Regeln. Als Varianten einer zweiseitig fixierten Preisbildung sind bspw. die verschiedenen Formen von Auktionen und Börsensystemen zu nennen. Eine freie Preisfindung in Gestalt von Verhandlungen wird in diesem Rahmen als nicht fixierte Preisbildung bezeichnet.

Bereits im Geschäftsmodellelement Nutzenversprechen wurde auf die Adressierung unterschiedlicher Kundengruppen hingewiesen. In Verbindung mit einer nachfrageorientierten Preisbildung stellt sich die Frage, wie es gelingen kann, die jeweiligen maximalen Zahlungsbereitschaften der Kunden abzuschöpfen. Es wird hierbei vom Konzept der Preisdifferenzierung gesprochen. Oft wird dabei zwischen ein- und mehrstufiger Preisdifferenzierung sowie dem Grad der Preisdifferenzierung unterschieden (vgl. Simon & Fassnacht 2009, S. 253ff.; von Martens 2009, S. 121ff.). Eine einstufige Preisdifferenzierung meint lediglich, dass ein einheitlicher Preis für die angebotene Leistung definiert wird, also keine Differenzierung nach Kundengruppen, zeitlichen Aspekten, abgenommenen Mengen etc. vorgenommen wird. Oft empfiehlt sich jedoch eine mehrstufige Preisdifferenzierung, d.h. es werden unterschiedliche Preise realisiert, um bspw. Einfluss auf das Nachfrageverhalten zu nehmen, individuelle Zahlungsbereitschaften abzuschöpfen, auf wettbewerbsbedingte Faktoren zu reagieren etc.

Kategorisierend wird dabei zwischen dem ersten, zweiten und dritten Grad der Preisdifferenzierung unterschieden (vgl. Klein & Steinhardt 2008, S. 43f.; Pepels 1998, S. 92):

- *Preisdifferenzierung ersten Grads*
  Eine Preisdifferenzierung ersten Grads liegt dann vor, wenn von dem Kunden jeweils ein individueller Preis entsprechend seiner Zahlungsbereitschaft gefordert wird.
- *Preisdifferenzierung zweiten Grads*
  Bei einer Preisdifferenzierung zweiten Grads erfolgt eine Clusterung der Kunden in verschiedene Gruppen (Marktsegmente), wobei für jedes Marktsegment ein anderer Preis vorgesehen wird. Der Kunde kann dabei selbst das Marktsegment wählen und zwischen diesen wechseln. Aufgabe des Anbieters ist es, sein Leistungsangebot entsprechend so zu gestalten, dass die Entscheidung des Kunden auf das ihm angedachte Segment fällt.
- *Preisdifferenzierung dritten Grads*
  Die Preisdifferenzierung dritten Grads sieht vor, dass auch hier der potenzielle Kundenkreis differenziert nach Marktsegmenten betrachtet wird. Jedoch besteht für den Kunden nicht die Möglichkeit, das Segment entsprechend seiner Präferenzen zu wählen, ohne dass dies für ihn mit hohen Nutzeneinbußen verbunden wäre.

Eine Preisdifferenzierung des zweiten oder dritten Grads ist häufig mit einer Nutzung verschiedener Distributionskanäle verbunden, nach der auch eine Preisdifferenzierung erfolgen kann und setzt eine einseitige Preisdifferenzierung voraus (vgl. Phillips 2005, S. 26; Roth & Woratschek 2006, S. 317). Eine andere Möglichkeit, differenzierte Preise festzulegen, kann auf Grundlage der Definition von Leistungs- und Preisbündel geschehen. Dabei kann nur das Bündel angeboten werden, das als reine Preisbündelung bezeichnet wird, oder Einzelleistungen und Leistungsbündel nebeneinander. Darüber hinaus existieren noch eine Vielzahl weiterer Optionen, Preisdifferenzierung vorzunehmen. Es empfiehlt sich, dies mit dem jeweiligen Nutzenversprechen abzustimmen und entsprechend auszugestalten (vgl. Siems 2009, S. 188ff.; Pepels 1998, S. 97f.; Simon 1992, S. 46).

4.5.2.2 Zusammenführung der Teillösungsideen zu Geschäftsmodellideen

Nun sind im ersten Schritt der dritten Phase dieser Methodik jeweils Ideen für das einzelne Geschäftsmodellelement entwickelt worden. Daran anknüpfend besteht nun die Aufgabe, aus den generierten Teillösungsideen Geschäftsmodellideen zu entwickeln. Hierfür sind zunächst alle Teillösungsideen gegenüberzustellen. Geeignet scheint hierbei eine tabellarische Darstellung. Im Vorfeld der Aufstellung ist dabei festzulegen, welches Geschäftsmodellelement an welche Position zu setzen ist. Vielfach ist es ratsam, mehrere Teillösungstabellen aufzustellen, sodass eine indirekte Einflussnahme vermieden wird und möglichst verschiedenartige Geschäftsmodellideen entwickelt werden können.

Die Entwicklung von Geschäftsmodellideen erfolgt somit im Gegensatz zur Generierung von Teillösungsideen nicht vertikal, sondern horizontal. Dabei sind jeweils durch Kombinieren und »gedankliches Durchspielen«, ähnlich der morphologischen Analyse, Geschäftsmodellideen zu entwerfen. Anfangspunkt für das logische Entwickeln einer Geschäftsmodellidee kann jedes Teillösungselement sein. Darüber hinaus kann der Bedarf für die eine oder andere Teillösungsidee erst in diesem Prozess der Entwicklung von Geschäftsmodellideen sichtbar werden, sodass die Teillösungstabelle durch weitere Ideen zu ergänzen ist. Dies wird i.d.R. wieder unter Zuhilfenahme der Gestaltungsfelder und -optionen aus Schritt 1 erfolgen. Durch dieses iterative Vorgehen sind die identifizierten Lücken zu schließen oder neue sich ergebende Teillösungsideen mit aufzunehmen. Abbildung 39 zeigt schematisch das Vorgehen für das Entwerfen von Geschäftsmodellideen.

Weiterhin empfiehlt es sich, vor Abschluss der Entwurfsphase der Geschäftsmodellideen alle nicht genutzte Teillösungsideen nochmal kurz zu betrachten und bezüglich ihres Potenzials zur Veränderung der Wertschöpfungslogik einzuschätzen. Somit soll sichergestellt werden, dass potenzialträchtige Teillösungsideen nicht außer Acht gelassen werden, nur weil sie bspw. nicht zu den anderen generierten Teillösungsideen passen. Ebenfalls kann hierbei wieder ein Bedarf für weitere Teillösungsideen sichtbar werden, sodass die Tabelle weiter zu ergänzen ist und sich somit auch wieder neue Geschäftsmodellideen ergeben.

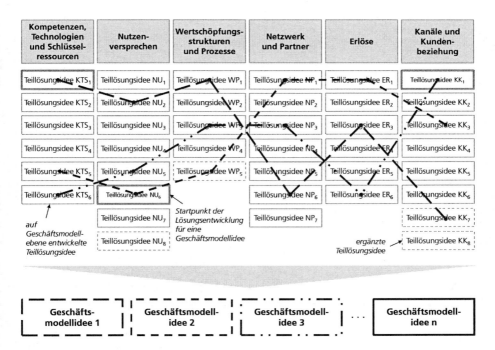

Abbildung 39:   Entwerfen von Geschäftsmodellideen

Durch das in Abbildung 39 dargestellte Vorgehen sind möglichst viele Geschäftsmodellideen zu entwerfen. Dabei beruht die Bildung von Geschäftsmodellideen maßgeblich auf der Betrachtung der Systemelemente bzw. der Inhalte der Teillösungsideen. Entsprechend der Zielsetzung der Arbeit sollen jedoch nur in sich konsistente Geschäftsmodellideen aufgestellt werden, die in Phase IV einer Bewertung unterzogen werden. Deshalb sind im Folgenden die Beziehungsstrukturen der entworfenen Geschäftsmodellideen näher zu betrachten.

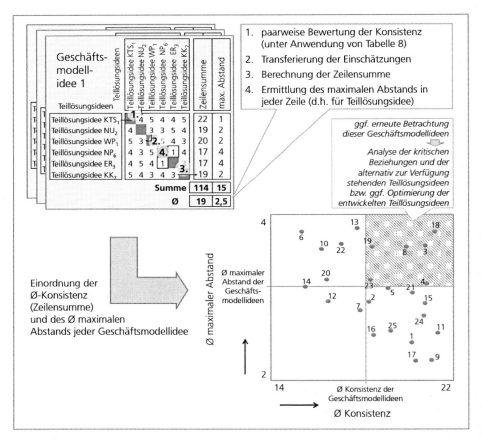

Abbildung 40:   Bewertung der Konsistenz der Geschäftsmodellideen

Für jede entworfene Geschäftsmodellidee ist jede Beziehungsstruktur zwischen zwei Systemelementen hinsichtlich ihrer Konsistenz zu analysieren. Dafür sind in Matrizen die Teillösungsideen der jeweiligen Geschäftsmodellideen gegenüberzustellen (siehe Abbildung 40). Jede

180

Geschäftsmodellidee umfasst 15 zu betrachtende Beziehungsstrukturen, die einer Konsistenzbewertung unterzogen werden sollen. Dieser Schritt lehnt sich an ein Vorgehen von Gausemeier, Plass und Wenzelmann (2009, S. 80ff.) an, die eine Konsistenzanalyse zum Zweck der Formierung konsistenter Zukunftsbilder einsetzen und ebenfalls eine fünf-stufige Skala, wie in Tabelle 8 angegeben, zur Bewertung der Paare verwenden.

Wie Abbildung 40 zeigt, sind im ersten Schritt alle Beziehungen der Geschäftsmodellelemente jeder Geschäftsmodellidee hinsichtlich ihrer Konsistenz (unter Verwendung von Tabelle 8) zu bewerten

Tabelle 8: **Skala zur Bewertung der Konsistenz der Beziehungsstrukturen der entworfenen Geschäftsmodellideen**

Punktwert	Beschreibung der Kategorien
5	Es liegt eine sehr hohe Konsistenz vor. Die zwei Gestaltungsvarianten bzw. Teillösungen ergänzen sich optimal, sodass sich dadurch ein hohes Potenzial zur Generierung von Kunden-, Wettbewerbs- und/oder unternehmensinternen Vorteilen ergibt.
4	Es liegt eine hohe Konsistenz vor. Die zwei Gestaltungsvarianten bzw. Teillösungen begünstigen sich, sodass sich durch ihre Kombination ein positiver Effekt ergibt.
3	Die Stimmigkeit des Gestaltungsvarianten- bzw. Teillösungspaars ist neutral einzuschätzen. Dies bedeutet, dass sich durch das gemeinsame Auftreten dieser beiden Teillösungen keine zusätzlichen Vorteile für das Geschäftsmodell ergeben würden, aber auch mit keinen Nachteilen zu rechnen wäre.
2	Es liegt eine partielle Inkonsistenz vor, d.h. das gemeinsame Auftreten der Gestaltungsvarianten in einem Geschäftsmodell widerspricht sich. Es wird tendenziell nicht empfohlen, diese beiden Teillösungen in einem Geschäftsmodell zu vereinen.
1	Es liegt eine vollständige Inkonsistenz vor. Die beiden Gestaltungsvarianten bzw. Teillösungen können nicht zu einem Geschäftsmodell zusammengeführt werden, d.h. dass die Geschäftsmodellidee in sich widersprüchlich ist und keine Aussicht auf Erfolg hat.

Im zweiten Schritt sind die Einschätzungen in die untere Hälfte der Matrix zu spiegeln, sodass im dritten Schritt die Zeilensumme für jedes Geschäftsmodellelement ermittelt werden kann. Die Zeilensumme ergibt sich aus fünf Werten und beschreibt, im welchem Maße das jeweilige Geschäftsmodellelement konsistent zu den anderen Geschäftsmodellelementen der jeweiligen

Geschäftsmodellidee ist. Des Weiteren empfiehlt sich die Bestimmung des maximalen Abstands des jeweiligen Geschäftsmodellelements von den jeweils anderen fünf Geschäftsmodellelementen für jede Geschäftsmodellidee. Damit sollen Hinweise auf mögliche Optimierungspotenziale gegeben werden (4. Schritt). Gegebenenfalls sind Geschäftsmodellideen zu eliminieren, wenn keine hinreichend interne Konsistenz gegeben ist.

Für die Zusammenführung der Teillösungsideen und der Bewertung der Konsistenz der Geschäftsmodellideen wurde ein IT-gestütztes Werkzeug entwickelt. Dies ermöglicht den Nutzer der Methodik, anwenderfreundlich die generierten Teillösungsideen einzugeben, gegenüberzustellen, iterativ weitere Teillösungsideen zu ergänzen und die Bewertung und ggf. Optimierung der zusammengefügten Geschäftsmodellideen vorzunehmen. Abbildung 41 zeigt einen Ausschnitt aus diesem Werkzeug. Weitere sind im Kapitel 8.5 Anhang E angefügt.

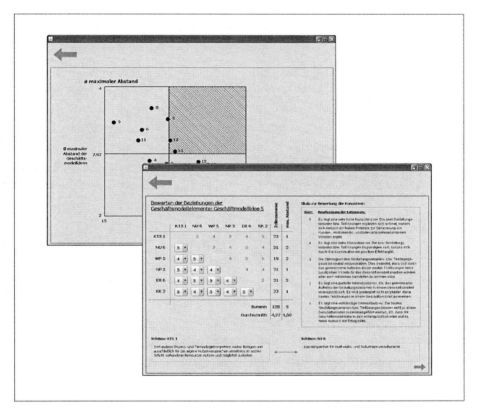

Abbildung 41:   Beispielhafter Ausschnitt aus dem entwickelten IT-Werkzeug

4.5.3 Ergebnis der Phase III

In Phase III wurden durch die Betrachtung von generischen Gestaltungsfeldern und -optionen für jedes der sechs Geschäftsmodellelemente Teillösungsideen entwickelt. Die Gestaltungsfelder und -optionen dienten dabei als Instrument zur »systematischen Inspiration« und zeigten den theoretisch möglichen Gestaltungsbereich. Aus den Teillösungsideen wurden im Weiteren Geschäftsmodellideen entwickelt. D abei wurden sowohl die Passung der Systemelemente wie auch die Beziehungsstrukturen beachtet. Somit liegen mit Abschluss von Phase III zahlreiche, in sich konsistente Geschäftsmodellideen vor.

4.6 Phase IV: Bewertung der Geschäftsmodellideen

4.6.1 Ziel der Phase IV

Im Mittelpunkt der vierten Phase der Methodik steht die Bewertung der Geschäftsmodellideen. Dies beinhaltet eine Beurteilung hinsichtlich der Möglichkeiten zur Realisierung von Kunden-, Wettbewerbs- und unternehmensinternen Vorteilen. Des Weiteren sind der Umsetzungsaufwand sowie die Umsetzungsreife für jede Geschäftsmodellidee zu bewerten. Ziel ist es, die Geschäftsmodellideen einer umfassenden, objektiven Bewertung zu unterziehen, sodass sich ein Entscheidungsbild zur Priorisierung der Geschäftsmodellideen ergibt.

4.6.2 Vorgehensweise in Phase IV

Aus der dritten Phase liegt eine Menge an verschiedenen Geschäftsmodellideen vor, die anhand bestimmter Bewertungskriterien zu validieren sind. Dies sollte ebenfalls nicht in Einzelleistung, sondern in der Gruppe geschehen. Dafür ist es notwendig, die Voraussetzungen zu schaffen, dass alle Beteiligten die Fähigkeit besitzen, die zu beurteilenden Geschäftsmodellideen hinsichtlich der Erfüllung der Kriterien einstufen zu können (vgl. Haberfellner 2002, S. 190). Dies meint zum einen die notwendige Fachkenntnis, die zur Beurteilung des jeweiligen Sachverhalts notwendig ist und zum anderen die Methodenkenntnis, die es für die Bewertung bedarf.

Grundlage für Phase IV bildet das in Kapitel 4.2.3 aufgestellte Bewertungsmodell. Sowohl in Kapitel 3.3 wie auch in Kapitel 4.2.3 wurde bereits darauf hingewiesen, dass nicht für alle drei Dimensionen allgemeingültige Kriterien formuliert werden konnten, die für jeden Untersuchungsbereich passend sind. Somit besteht zunächst die Aufgabe, das in Kapitel 4.2.3 allgemein aufgestellte Bewertungsmodell an den Untersuchungsbereich und die zu Beginn formulierten Zielsetzungen anzupassen, damit eine Bewertung der Geschäftsmodellideen aus Kunden-, Wettbewerbs- und unternehmensinterner Perspektive vorgenommen werden kann. Dies ist Gegenstand des ersten Schritts. Im zweiten Schritt sind alle Geschäftsmodellideen hinsichtlich ihres Umsetzungsaufwands und ihrer Umsetzungsreife in ein Portfolio einzuordnen. Das Zusammenführen der Erkenntnisse aus Schritt 1 und 2 sowie das Abbilden des prognostizierten Umsatzpotenzials, das mit der Geschäftsmodellidee verbunden wird, erfolgt im dritten und letzten Schritt in dieser Phase. Somit ergibt sich ein Bild für die zu priorisierenden Geschäftsmodellideen.

4.6.2.1 Bewertung der Geschäftsmodellideen nach Kunden-, Wettbewerbs- und unternehmensinterner Dimension

In Kapitel 3.3 wurden bereits für jede Dimension mögliche, relevante Bewertungskriterien formuliert. Allgemeingültige Kriterien konnten jedoch nur für die Kundendimension benannt werden. Neben diesen allgemeinen Kriterien können aber auch noch spezifische Kriterien relevant sein, sodass diese entsprechend den drei Prinzipien aus Kapitel 3.3.1 in die Bewertung einzubeziehen sind. Für die Wettbewerbs- und unternehmensinterne Dimension wurden mögliche Kriterien bzw. Kriteriengruppen hergeleitet und exemplarisch benannt. Daran anknüpfend sind die bestimmenden Kriterien für die Messung des Erfüllungsgrads der drei Dimensionen zu ermitteln.

Nach der Bestimmung der Kriterien ist entsprechend ihrer Bedeutung für die Dimension eine Gewichtung vorzunehmen. Diese wird im Folgenden als Skalierungsfaktor (s) bezeichnet. Die Angabe der Abstufung kann sowohl prozentual als auch numerisch geschehen. Abbildung 42 zeigt beispielhaft eine Möglichkeit.

Im dritten Schritt ist zu bewerten, inwieweit jede Geschäftsmodellidee die einzelnen Kriterien erfüllt. Hierbei empfiehlt sich eine Punktwertung (p) von eins bis zehn, wobei zehn den höchsten Erfüllungsgrad darstellt und eins den niedrigsten. Der Beitrag des einzelnen Kriteriums (d) ergibt sich aus der Multiplikation des Skalierungsfaktors und der Punktwertung.

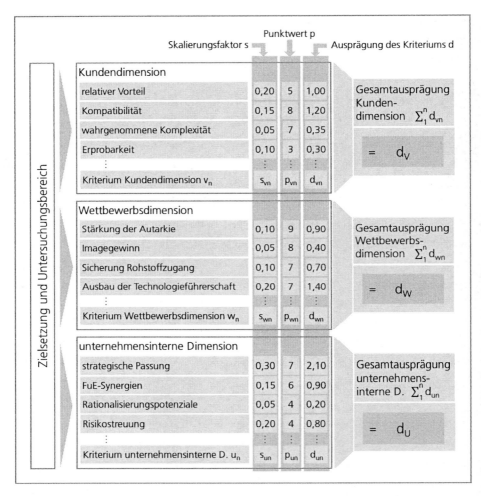

Abbildung 42: Ermittlung der Ausprägungen der Geschäftsmodellideen hinsichtlich Kunden-, Wettbewerbs- und unternehmensinterner Dimension

Um eine Einschätzung der Dimensionsausprägungen für jede Geschäftsmodellidee zu erhalten, sind die Einzelbeiträge (d_{vn}; d_{wn}; d_{un}) jedes Kriteriums in jeder Dimension additiv zu errechnen. Mit der Ermittlung dieser Werte können die entworfenen Geschäftsmodellideen im Modellraum dargestellt werden (Abbildung 43).

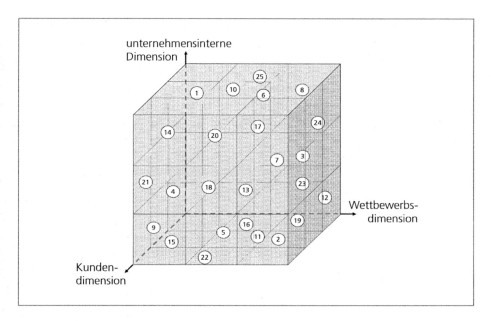

Abbildung 43: **Einordnung der Geschäftsmodellideen im Modellraum**

4.6.2.2 Bewertung der Geschäftsmodellideen hinsichtlich Umsetzungsaufwand und Umsetzungsreife

Gegenstand des zweiten Schritts in dieser Phase ist die Einordnung aller Geschäftsmodellideen in ein Portfolio, das durch die Dimensionen Umsetzungsaufwand und -reife aufgespannt wird. Die Dimensionen sind durch eine dreistufige Skalierung charakterisiert.

Die Dimension Umsetzungsaufwand beschreibt die Höhe der materiellen und personellen Ressourcen sowie den Umfang der benötigten finanziellen Mittel, den organisatorischen Aufwand und sonstige für die Umsetzung notwendige Mittel. Dabei wird die in Tabelle 9 beschriebene Differenzierung vorgenommen.

Tabelle 9:   Kategorisierung des Umsetzungsaufwands

Kategorie	Beschreibung der Kategorien
hoch	Der Umsetzungsaufwand ist als hoch einzuschätzen, wenn im Verhältnis zur Größe der Organisation immense Mittel oder Anstrengungen für die Umsetzung der Geschäftsmodellidee aufzubringen sind. Aufgrund der außergewöhnlichen Belastungen würde sich durch die Umsetzung der Geschäftsmodellidee für die Existenz des Unternehmens ein nicht unerhebliches Risiko ergeben.
mittel	Der Umsetzungsaufwand ist als mittel anzugeben, wenn im Bezug zur Organisation zwar große Anstrengungen und umfassende Mittel notwendig sind und das Scheitern der Geschäftsmodellidee nicht zwangsläufig zur Bedrohung der Existenz des Unternehmens führen würde.
gering	Der Umsetzungsaufwand ist als gering einzuschätzen, wenn sich die erforderlichen Mittel zur Umsetzung der Geschäftsmodellidee für das Unternehmen in einem überschaubaren Rahmen halten. Das Aufbringen dieser Mittel wäre für das Unternehmen mit geringen bis mittelmäßigen Anstrengungen verbunden.

Analog zum Umsetzungsaufwand sind für die Umsetzungsreife drei Stufen zu unterscheiden. Umsetzungsreife bezeichnet den Zustand einer Geschäftsmodellidee, die sich aus dem Abstand des gegenwärtigen und dem für die Realisierung notwendigen Zustand ergibt. Eine Kategorisierung der Umsetzungsreife gibt Tabelle 10.

Tabelle 10:   Kategorisierung der Umsetzungsreife

Kategorie	Beschreibung der Kategorien
gering	Die Umsetzungsreife ist gering, wenn umfangreiche Maßnahmen und Voraussetzungen im Vorfeld der Realisierung der Geschäftsmodellidee zu erfüllen sind, sodass eine Umsetzung mittelfristig bzw. unter normalen Umständen eher langfristig zu erreichen ist. Beispielhaft für notwendige Maßnahmen sei der Aufbau von Infrastrukturen, Erreichung technologischer Reife genannt. Des Weiteren ist unsicher, ob die im Vorfeld der Umsetzung zu erfüllenden Bedingungen erreicht werden können.
mittel	Die Umsetzungsreife ist als mittel zu bewerten, wenn nicht unerhebliche Maßnahmen und Voraussetzungen für die Realisierung zu erfüllen sind, jedoch Sicherheit besteht, dass diese erreicht werden können. Weiterhin kann ein Zeitfenster benannt werden, in der die Umsetzung erfolgen kann. Kurzfristig ist die Umsetzung nicht realisierbar.
hoch	Die Umsetzungsreife ist als hoch einzuschätzen, wenn der Zustand der Geschäftsmodellidee sich im Nahbereich des für die Realisierung erforderlichen Zustands befindet.

Aus der Einschätzung der individuellen Ausprägungen der Dimensionen Umsetzungsaufwand und -reife resultiert die Einordnung der Geschäftsmodellideen im Portfolio (Abbildung 44). Dieses ist durch drei grundsätzliche Zonen gekennzeichnet. Zone I besagt, dass aus Sicht des Umsetzungsaufwands und der Umsetzungsreife eine Realisierung der Geschäftsmodellidee in naher Zukunft darstellbar wäre. Im Gegensatz dazu sind die in Zone III befindlichen Geschäftsmodellideen in naher Zukunft nicht umsetzbar, auch ist der Umsetzungsaufwand mittel bis hoch, sodass eine Realisierung fraglich ist. Für Zone II ist noch einmal eine differenzierte Betrachtung vorzunehmen und konkret abzuwägen, welcher Aufwand bei einer Realisierung betrieben werden müsste bzw. welche Voraussetzungen für die Umsetzung der Geschäftsmodellideen zu schaffen sind.

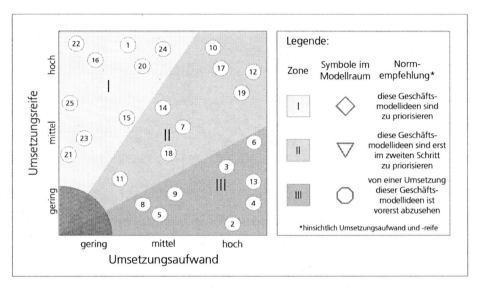

Abbildung 44: **Bewertung der Geschäftsmodellideen hinsichtlich Umsetzungsaufwand und Umsetzungsreife**

4.6.2.3 Zusammenführung der Ergebnisse und Ableitung von Priorisierungen

Aufgabe dieses Schritts ist die Zusammenführung der Ergebnisse der Bewertung aus Kunden-, Wettbewerbs- und unternehmensinterner Perspektive sowie der Erkenntnisse hinsichtlich des Umsetzungsaufwands und der Umsetzungsreife. Weiterhin soll das prognostizierte Umsatzpotenzial, das mit der jeweiligen Geschäftsmodellidee verbunden wird, qualitativ dargestellt werden.

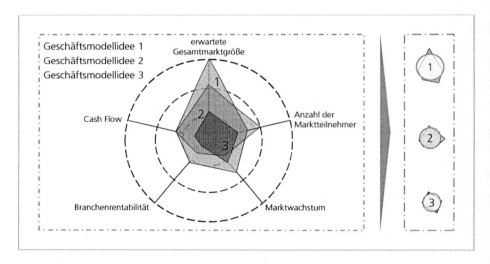

Abbildung 45: **Relative Einschätzung des Umsatzpotenzials der Geschäftsmodellideen**

Zur Beurteilung können Informationen aus Phase II herangezogen, Experten befragt und Marktrecherchen durchgeführt werden. Dabei sollen Einflussgrößen wie die erwartete Marktgröße (für die nächsten drei Jahre), die Anzahl der Marktteilnehmer, das Marktwachstum, die Branchenrentabilität, Cash-Flow etc. Berücksichtigung finden. Eine konkrete Bezifferung soll jedoch nicht vorgenommen werden. Abbildung 45 zeigt, wie die relative Einschätzung des Umsatzpotenzials der einzelnen Geschäftsmodellideen zu ermitteln ist.

Die Erkenntnisse aus Abbildung 45 sind qualitativ durch die Größe der Symbole wiederzugeben. Abschließend sind alle Ergebnisse im Modellraum darzustellen (Abbildung 46). So gibt die Lage der Geschäftsmodellidee den Grad der Erzielung von Kunden-, Wettbewerbs- und unternehmensinternen Vorteilen an. Aus der Symbolik wird deutlich, wie der Umsetzungsaufwand und die Umsetzungsreife einzuschätzen sind. Die Größe der Symbolik beschreibt das Umsatzpotenzial.

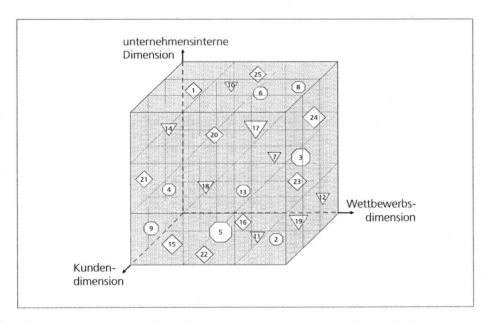

Abbildung 46: **Gesamteinschätzung der generierten Geschäftsmodellideen**

Aus Abbildung 46 resultieren bereits viele Hinweise, welche Geschäftsmodellideen für die Weiterverfolgung zu priorisieren sind. Durch Punktabfrage können die individuellen Einschätzungen der Beteiligten ermittelt werden. Somit könnte sich ein Bild für die in Phase V auszugestaltenden Geschäftsmodellideen ergeben. Sind die Aussagen divergent, sollten weitere Analysen durchgeführt und eine klare Rangfolge gebildet werden, welche Ziele in erster Priorität verfolgt werden sollen. Da im Folgenden eine detaillierte Ausgestaltung der Geschäftsmodellideen vollzogen wird, empfiehlt sich zunächst eine Priorisierung von drei bis fünf Geschäftsmodellideen, sodass die Effizienz der Methodik gewahrt bleibt.

4.6.3 Ergebnis der Phase IV

In Phase IV wurden die generierten Geschäftsmodellideen aus Kunden-, Wettbewerbs- und unternehmensinterner Perspektive bewertet. Des Weiteren wurden der Umsetzungsaufwand, die Umsetzungsreife und das zu erwartende Umsatzpotenzial der einzelnen Geschäftsmodellideen eingeschätzt. Abschließend wurden alle Bewertungsergebnisse zusammengestellt, sodass Priorisierungsempfehlungen für die weiter zu verfolgenden Geschäftsmodellideen in Phase V abgegeben werden können.

4.7 Phase V: Entwurf von Geschäftsmodellvarianten

4.7.1 Ziel der Phase V

Anknüpfend an Phase IV sind in Phase V die zu priorisierenden Geschäftsmodellideen detailliert auszugestalten. Dies umfasst eine Konkretisierung der gewählten Gestaltungsparameter in allen sechs Geschäftsmodellelementen, die Abbildung des Wertschöpfungsmechanismus der Geschäftsmodellvariante sowie die Beschreibung von Geschäftsmodellprofilen mit der Skizzierung von Umsetzungsplänen. Im Ergebnis sollen hinreichend konkret ausgestaltete Geschäftsmodelle und ihr dazugehöriges Profil beschrieben sein, sodass eine Entscheidung für das oder die zu implementierenden Geschäftsmodell(e) getroffen werden kann.

4.7.2 Vorgehensweise in Phase V

Phase V stellt die letzte Phase innerhalb dieser Methodik dar und bildet somit den Abschluss der Methodik zur Entwicklung von Geschäftsmodellideen zur Diversifikation für technologieorientierte, produzierende Unternehmen.

Gegenstand dieser Phase ist es, die ausgewählten Geschäftsmodellideen weiter zu konkreten Geschäftsmodellvarianten auszugestalten und ihre Merkmale zu beschreiben. Damit manifestieren sich folgende zwei Schritte:

- Detaillierung von Geschäftsmodellvarianten,
- Beschreibung von Geschäftsmodellprofilen.

Der erste Schritt schließt direkt an die Ergebnisse der Zusammenführung zu Geschäftsmodellideen in Phase III an. Die dort beschriebene Charakteristik der einzelnen Geschäftsmodellideen wird aufgenommen und detailliert ausgestaltet. Dabei werden auch die Wertschöpfungsmechanismen, die dieser Geschäftsmodellidee zugrunde liegen, dargestellt.

Im zweiten Schritt wird die konkretisierte Geschäftsmodellvariante im Profil beschrieben. Dies beinhaltet die Übernahme der Beschreibung von Schritt 1 aus dieser Phase, die Ergebnisse aus Phase IV, die Benennung von notwendigen Maßnahmen zur Umsetzung sowie die Formulierung einer Roadmap zur Realisierung der Geschäftsmodellvariante.

4.7.2.1 Detaillierung von Geschäftsmodellvarianten

Aus Phase III sind die wesentlichen Gestaltungsparameter für die weiter zu konkretisierenden Geschäftsmodellvarianten bekannt. Somit besteht nun die Aufgabe, diese Varianten so präzise auszuarbeiten, dass sich bei einer Realisierung keine weiteren Fragen ergeben dürften. Die Ausgestaltung erfolgt wiederum auf Basis der Geschäftsmodellsystematik, d.h. durch die Beschreibung der Geschäftsmodellelemente sowie der Beziehungen zwischen den Elementen.

Des Weiteren sollen die elementaren Wirkprinzipien der Geschäftsmodellvariante abgebildet werden, d.h. welcher individuellen Logik des Leistungsaustauschs und der Werterzielung diese folgt. Dabei sollen die elementaren Gestaltungsvariablen (als Ursache) sowie die damit verbundenen Ziele bzw. erreichten Resultate (als Wirkungen) zueinander in Beziehung gesetzt werden. Wie in Abbildung 47 aufgezeigt, sollen nur die für das Geschäftsmodell charakteristischen Wirkprinzipien dargestellt werden, sodass die Nachvollziehbarkeit der Logik gewahrt bleibt.

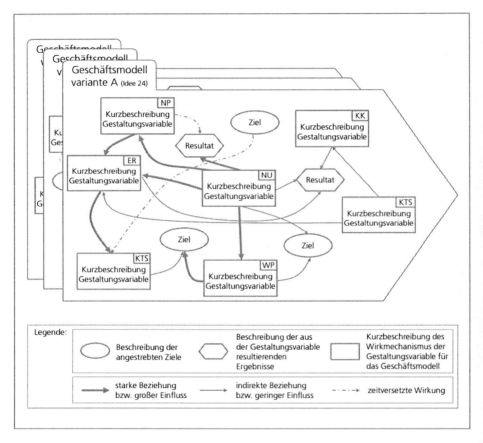

Abbildung 47:   Darstellung der Logik der jeweiligen Geschäftsmodellvariante

4.7.2.2 Beschreibung von Geschäftsmodellprofilen

Sind die Geschäftsmodellvarianten hinreichend genau beschrieben, soll für jede Variante ein charakterisierendes Profil erstellt werden. Dabei sollen die Erkenntnisse aus Phase IV aufgegriffen werden. Aufbauend auf diesen Ergebnissen sind die Faktoren, die die Adoption bzw. Diffusion der einzelnen Geschäftsmodellvarianten begünstigen und hemmen, aufzulisten. Des Weiteren ist darzulegen, welche Kundenvorteile, welche Wettbewerbsvorteile und -nachteile sowie welche unternehmensinternen Nutzen mit dem Geschäftsmodell erwartet werden können. Ebenfalls sind die Beschreibungen des Aufwands sowie die notwendigen Maßnahmen, die zur Realisierung der Geschäftsmodellvariante erforderlich sind, Gegenstand des Geschäftsmodellprofils. Hierfür bietet sich die Skizzierung einer Roadmap für jede Geschäftsmodellvariante an, die die zeitliche Dimension sowie alle Aktivitäten, die für die Umsetzung notwendig sind, abbildet. Im Ergebnis sollen diese Geschäftsmodellprofile als Entscheidungsvorlage dienen, auf dessen Grundlage die Wahl der zu implementierenden Geschäftsmodellvariante erfolgt (Abbildung 48).

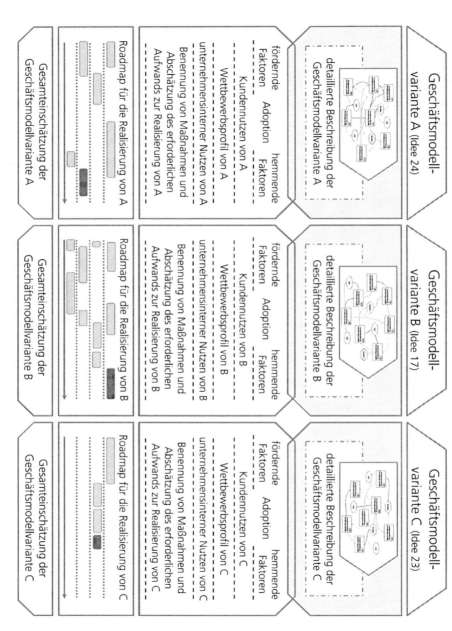

Abbildung 48:   Zusammenstellen der Geschäftsmodellprofile

4.7.3 Ergebnis der Phase V

Nach Beendigung von Phase V sind konkrete Geschäftsmodellvarianten entworfen und ausgestaltet worden. Weiterhin sind deren kennzeichnende Eigenschaften beschrieben. Für die Entscheider werden darüber hinaus die notwendigen Maßnahmen, das prognostizierte Umsatzpotenzial sowie die zeitliche Dimension für die Realisierung der Geschäftsmodellvariante dargelegt. Somit ergibt sich ein Entscheidungsbild wie eine Diversifikation auf Basis neuartiger Geschäftsmodelle erreicht werden könnte.

4.8 Zusammenfassung der Methodik

In diesem Kapitel wurde eine Methodik entwickelt, die technologieorientierte, produzierende Unternehmen dazu befähigt, Geschäftsmodellvarianten für Diversifikationsbemühungen zu entwickeln. Bestandteile der Methodik sind eine Systematik zur ganzheitlichen Erfassung und Beschreibung von Geschäftsmodellen, eine Vorgehensweise zur Entwicklung von Geschäftsmodellideen sowie ein Bewertungsmodell. Die Vorgehensweise gibt die Struktur des Vorgehens bei der Entwicklung der Geschäftsmodellideen vor und benennt hierfür fünf Phasen. Die in Kapitel 4.2.1 beschriebene Geschäftsmodellsystematik findet in allen fünf Phasen Anwendung und wird als grundlegendes Rahmenkonzept für die Erfassung und die Beschreibung von Geschäftsmodellen eingesetzt.

Für die Entwicklung von Geschäftsmodellideen zur Diversifikation ist im ersten Schritt die Ausgangssituation des Unternehmens zu erfassen und die Zielsetzung festzulegen. Des Weiteren sollen alle Beteiligten motiviert werden, das Vorhaben zu unterstützen und sich dafür gewinnbringend einzusetzen. Ebenfalls ist es Aufgabe dieser Phase, erste Ideen und Potenzialquellen für neue Geschäftsmodelle zu sammeln.

Diese ersten Ideen und Anknüpfungspunkte aus Phase I können als Input für Phase II angesehen werden. Ziel der zweiten Phase der Methodik ist die Erkennung gegenwärtiger und zukünftiger Potenzialfelder, auf deren Basis neue Geschäftsmodelle beruhen. Dabei werden alle sechs Geschäftsmodellelemente analysiert, sodass sich Potenziale für die Gestaltung von Geschäftsmodellen ableiten lassen.

In der dritten Phase werden auf systematisch-analytische Weise unterschiedliche Geschäftsmodellideen entwickelt. Dabei stehen in jedem Geschäftsmodellelement generische Gestaltungsfelder und -optionen zur Verfügung, auf deren Grundlage Gestaltungsideen für das jeweilige Geschäftsmodellelement entwickelt werden. Da die Ideenentwicklung zunächst auf Ebene jedes Geschäftsmodellelements erfolgt (Generierung von Teillösungsideen), sind diese Ideen im Weiteren zu Geschäftsmodellideen zusammenzuführen. Dabei werden Teillösungsideen, die sich gegenseitig begünstigen oder ergänzen, gepaart, sodass in Summe hoch konsistente Geschäftsmodellideen entstehen.

Die Ideenentwicklung in Phase I und III erfolgte frei von jeglicher Bewertung hinsichtlich der Erzielung von Kunden-, Wettbewerbs- und unternehmensinternen Vorteilen. Somit ist es Aufgabe dieser Phase, die entwickelten Geschäftsmodellideen einer Bewertung zu unterziehen. Dabei sind die Geschäftsmodellideen hinsichtlich der Erfüllung der bestimmenden Kriterien der Kunden-, Wettbewerbs- und unternehmensinternen Dimension zu beurteilen. Des Weiteren sind der Umsetzungsaufwand, die Umsetzungsreife sowie das erwartete Umsatzpotenzial zu ermitteln. Im Ergebnis ergibt sich ein Entscheidungsbild zur Priorisierung von wenigen Geschäftsmodellideen.

Anknüpfend an die Empfehlungen aus Phase IV sind in der fünften Phase die Geschäftsmodellideen zu detaillieren. Dies umfasst eine konkrete Ausgestaltung der sechs Geschäftsmodellelemente, die Abbildung der Wertschöpfungslogik sowie die Benennung der Kunden-, Wettbewerbs- und unternehmensinternen Vorteile. Weiterhin wird für jede Geschäftsmodellvariante eine Roadmap für die Realisierung skizziert.

Im Ergebnis liegen verschiedene hinreichend konkrete Geschäftsmodellvarianten vor, für die jeweils ein Geschäftsmodellprofil beschrieben und ein Umsetzungsplan skizziert ist. Auf dessen Grundlage können nun Aussagen darüber getroffen werden, welche Bereiche sich zur

Diversifikation eignen und wie ein erfolgsversprechendes Geschäftsmodell gestaltet sein sollte. Abbildung 49 stellt die Methodik im Überblick abschließend dar.

Phasen der Methodik	Schritte der Methodik	Ergebnisse aus den Schritten	
I Erfassung der Ausgangs-situation und intuitiv-kreative Ideen-generierung	• Erfassung der Ausgangssituation und Formulierung der Ziele • Intuitiv-kreative Ideengenerierung	Untersuchungsbereich und Ziele sind definiert sowie erste Potenzialquellen für Geschäftsmodellideen ermittelt.	Ziel-festlegung
II Identifizierung von Potenzialfeldern	• Bestimmung des Informations-beschaffungsbedarfs • Identifizierung von Potenzialfeldern in den einzelnen Geschäftsmodellelementen • Kommunikation und Darstellung der Potenzialfelder	Verschiedene Potenzial-felder für alle Geschäfts-modellelemente sind identifiziert. Zukünftige Entwicklungen und Trends, die Einfluss auf den Untersuchungsbereich nehmen könnten, sind zusammengestellt.	Ideen-präparation
III Systematische-analytische Geschäfts-modellideen-entwicklung	• Entwicklung von Geschäftsmodellideen auf Geschäftsmodellelementen-ebene • Zusammenführung der Teillösungsideen zu Geschäftsmodellideen	Eine Vielzahl verschiedener Geschäftsmodellideen sind generiert und ihre interne Konsistenz wurde geprüft.	Ideen-entwicklung
IV Bewertung der Geschäfts-modellideen	• Bewertung der Geschäfts-modellideen nach Kunden-, Wettbewerbs- und unter-nehmensinterner Dimension • Bewertung der Geschäfts-modellideen hinsichtlich Umsetzungsaufwand und Umsetzungsreife • Zusammenführung der Ergebnisse und Ableitung von Priorisierungen	Alle Geschäftsmodellideen wurden nach verschiedenen Dimensionen bewertet und eine Auswahl der weiter auszugestaltenden Geschäftsmodellideen wurde getroffen.	Ideen-bewertung
V Entwurf von Geschäfts-modellvarianten	• Detaillierung der ausgewählten Geschäftsmodellideen • Beschreibung von Geschäfts-modellvarianten und -profilen	Die ausgewählten Geschäftsmodellvarianten sind einschließlich ihres Profils umfassend beschrieben.	Entwurf

Abbildung 49: Phasen und Schritte der Methodik im Überblick

5 Anwendung der Methodik

In Kapitel 5 soll untersucht werden, inwieweit die Praxistauglichkeit der Methodik gegeben ist und die verfolgten Ziele erreicht werden können. Hierfür wurden zwei Unternehmen ausgewählt, die sich als technologieorientiert und produzierend charakterisieren lassen und eine Diversifikation anstreben. Um Aussagen über die Validität und Reliabilität der Methodik vornehmen zu können, wurde bei der Auswahl darauf geachtet, dass die zwei Unternehmen ein verschiedenartiges Profil vorweisen.

In den nachfolgenden zwei Kapiteln werden jeweils für die Unternehmen Alpha und Beta deren Ausgangssituation, die Anwendung der Methodik sowie die erzielten Ergebnisse beschrieben. Nach Darlegung der zwei Anwendungsfälle erfolgt abschließend eine Bewertung der Anwendung der Methodik.

5.1 Anwendung der Methodik bei einem technologie-orientierten, produzierenden Unternehmen im Bereich Verfahrenstechnologie (Unternehmen Alpha)

5.1.1 Ausgangssituation im Unternehmen Alpha

Unternehmen Alpha ist ein führender Produzent von Anlagen für die Lebensmittelindustrie. Es ist für seine hohe Innovationskraft und sein hohes technologisches Niveau in der Branche weltweit bekannt. Mit ca. 1200 Mitarbeitern sowie Fertigungs- und Entwicklungsstandorten in Deutschland, Frankreich, Italien, Indien und Brasilien verfügt das Unternehmen über ein global ausgebautes Distributionsnetz. Das Leistungsangebot von Alpha umfasst neben der kompletten Projektierung und Inbetriebnahme von Anlagen auch spezifische Systemlösungen und Einzelmodule.

Das Unternehmen Alpha befindet sich auf einem Markt, der weltweit mittel- bis langfristig zunächst stagnieren und im Weiteren rückläufig sein wird. Bereits heute wird der Großteil der Umsätze ausschließlich in den aufsteigenden Volkswirtschaften wie China, Indien und Brasilien erzielt. Auf den Märkten der westlichen Volkswirtschaften ist bereits seit einigen Jahren ein Rückgang der Nachfrage festzustellen. Darüber hinaus zeichnen sich die Produkte (Anlagen) durch eine lange Lebensdauer (>30 Jahre) aus, sodass der Bedarf für die Ersatzbeschaffung weit unter den heute zur Verfügung stehenden Produktionskapazitäten liegt, insbesondere in den Fertigungsstandorten Deutschland und Frankreich. Weiterhin bietet sich aufgrund der Baugröße der Produkte i.d.R. eine Produktion in der Nähe des Bedarfsorts an, sodass aus diesem Grund Alpha schon heute über zahlreiche dezentrale Produktionsstandorte verfügt. Vermehrt treten in jüngster Zeit lokale Unternehmen in den Märkten von Ländern wie China und Indien auf, sodass sich auch dort der Wettbewerbsdruck stetig erhöht. Das Qualitäts- und Engineeringniveau von Alpha wird zwar von diesen Anbietern in vielen Fällen noch nicht erreicht, aber in Zukunft ist weiter mit einer Verringerung des Abstands des technologischen Niveaus zu rechnen, da auch keine radikalen Produkt- und Dienstleistungsinnovationen in diesem Bereich erwartet werden. Somit zeigt sich für das Unternehmen Alpha die Notwendigkeit, außerhalb des gegenwärtigen Markts Geschäftsfelder für sich zu erschließen und langfristig die Geschäftstätigkeit auf andere Branchen und Märkte zu verlagern. Ziel war es daher, neue Diversifikationsmöglichkeiten auf Basis technologischer Kompetenzen in Form ganzheitlicher Geschäftsmodellkonzepte für das Unternehmen zu identifizieren und verschiedene Varianten zu entwickeln.

5.1.2 Beschreibung der Anwendung der Methodik

5.1.2.1 Umsetzungsphase I: Erfassung des Untersuchungsbereichs und intuitiv-kreative Ideengenerierung

Eingangs wurde der Untersuchungsbereich festgelegt, die Zielsetzung definiert und ein Projektteam konstituiert. Der Untersuchbereich erstreckte sich auf die gesamte Unternehmensgruppe von Alpha. Ziel der Anwendung der Methodik war es, Diversifikationsmöglichkeiten für Alpha zu erarbeiten. Dabei sollten vor allem auf Basis existierender Kompetenzen neue Anwendungsmöglichkeiten und Märkte gesucht werden.

Für die Anwendung der Methodik wurde ein Projektteam bestehend aus dem kaufmännischen Geschäftsführer, dem Vertriebsleiter sowie zwei technischen Experten gegründet, die das Projekt begleiteten und in den jeweiligen Phasen bei der Entwicklung von Geschäftsmodellideen involviert wurden.

Nach der Definition des Untersuchungsbereichs und der Zielsetzung wurden erste Ansätze für neue Geschäftsmodelle festgehalten. Für das Geschäftsmodellelement Nutzenversprechen wurden an dieser Stelle noch keine konkreten Ideen formuliert. Im Feld Kompetenzen, Technologien und Schlüsselressourcen konnten fünf Kernkompetenzfelder bestimmt werden: Wärmeübertragung (thermodynamische Prozesse), Edelstahlbearbeitung (von großen Teilen mit einer hohen Stückzahl), Hybridmaterialien (Verbundstoffe, feuerfeste Isolierung mit Druckfestigkeit); Oberflächentechnik, Schweißen (Laser, Plasma etc.). Ebenfalls charakteristisch und als Quelle des Erfolgs wurden der hohe Qualitätsstandard sowie die weitreichende Engineeringkompetenz gesehen. Weiterhin existierten Entwicklungs- und Lieferantenpartnerschaften, mit denen in den letzten Jahren auf veränderte Kundenanforderungen eingegangen und Produktinnovationen hervorgebracht werden konnten. Alpha verfügt weiterhin zusätzlich zu seinen Entwicklungs- und Produktionsstandorten über ein eigenes weltweit aufgebautes Netzwerk von Servicestandorten und Vertriebsbüros. Betreibermodelle werden als zukünftige Option gesehen, sollen aber in erster Instanz nicht Gegenstand bei der Anwendung der Methodik sein.

5.1.2.2 Umsetzungsphase II: Identifizierung von Potenzialfeldern

Anknüpfend an die Festlegung des Untersuchungsbereichs und der Zielsetzung sollten im zweiten Schritt Potenzialfelder für zukünftige Geschäftsmodelle ermittelt werden. Dabei wurden nach Potenzialfeldern in allen sechs Geschäftsmodellelementen gesucht, wenn gleich auch, entsprechend der Vorgabe aus der Zielsetzung, ein Schwerpunkt der Analyse das Geschäftsmodellelement Kompetenzen, Technologien und Schlüsselressourcen war.

Für das Geschäftsmodellelement Nutzenversprechen konnten über 20 potenzielle Branchen identifiziert werden. Dabei wurden sowohl aus einer Inside-Out-Perspektive auf Basis des bestehenden Unternehmensprofils wie auch aus einer Outside-In-Perspektive durch Nutzung des NACE-Codes und Anwendung von Kreativitätstechniken und Expertenbefragungen, Branchen, Märkte und Applikationen identifiziert. Die potenziellen Märkte und Applikationsideen wurden systematisiert und konnten in verschiedene Bereiche eingeordnet werden (siehe auch Abbildung 51). Im Weiteren wurden für die vier geclusterten Bereiche wesentliche Trends und Faktoren aufgenommen und die darin enthaltenen Entwicklungen und Potenziale für Alpha aufgezeigt.

Ein Schwerpunkt der Analyse und der Identifizierung von Potenzialfeldern war entsprechend der Zielsetzung die Betrachtung der gegenwärtigen technologischen Kompetenzen im Unternehmen, um auf dessen Grundlage neue Geschäftsmodellideen zu entwickeln. Dafür wurde zunächst das gegenwärtige Produktprogramm den genutzten und integrierten Technologien und ihren Funktionen gegenübergestellt. Daraus ergab sich eine Auflistung von 24 elementaren Technologien, die grob in vier Felder eingeordnet werden konnten. Des Weiteren wurde für jede Technologie das Kompetenzniveau von Alpha ermittelt und in einer Matrix dargestellt. Betrachtungsgegenstand waren dabei zunächst die zwei Entwicklungs- und Fertigungsstandorte Deutschland und Frankreich, da diese aufgrund des Nachfragerückgangs im europäischen Raum über Fertigungskapazitäten verfügten (Abbildung 50).

Aus dem Portfolio konnten die potenzialträchtigsten Kompetenzen und Technologien abgeleitet werden, auf deren Basis nachfolgend die Entwicklung von Applikations- und Geschäftsmodellideen stattfand.

Für das Geschäftsmodellelement Kanäle und Kundenbeziehung sind das globale Distributionsnetzwerk und die dezentralen Fertigungs- und Engineeringeinheiten von Alpha als großes Potenzialfeld zu nennen. Dadurch besteht vielfach eine große Nähe zu den Kunden und Märkten. Weiterhin konnten durch die Installation einer eigenen Organisationseinheit für den Bereich »Services« seit 2010 eine noch bessere Betreuung der Kunden erreicht sowie Synergieeffekte erschlossen werden. Innerhalb der Branche verfügt Alpha über eine hohe Reputation, was gegenwärtig noch ein zentraler Wettbewerbsvorteil ist.

> Betrachtung der gegenwärtigen Kompetenzen und Technologien
> an den Fertigungsstandorten Deutschland und Frankreich

mechanisches Bearbeiten:

1 Rollformen (NEK 50m)

2 Explosionsformen (NEK 8m)

3 hydraulisches Verformen (NEK 10m)

4 Pressformen (WEK 2m)

5 Bördelmaschine (NEK)

6 mechanisches Schneiden (Scheren)

7 Plasmaschneiden (D12m, F11m NEK)

8 Luftsauerstoffpassivierung
(D 7,5m, F 6,8m NEK)

9 hydrostatischer Drucktest

10 hydrostatischer Drucktest mit Gaspolster

11 Helium-Leckverfahren

12 Durchströmungsmessung inkl.
Druckverlustanalyse

13 X-Ray-Prüfung (ANK)

Schweißen:

14 WIG-Schweißen, TIG

15 Unterpulverschweißen (NEK 10m)

16 Plasmaschweißen (WEK >15m)

17 Laserschweißen (NEK 6m bzw. 16m)

Hybridmaterialien:

18 PIR-Schaum (WEK >15)

19 PUR-Schaum (WEK >15)

Oberflächentechnik:

20 Säurepassivierung

21 Farbeindringverfahren (AUK)

22 Handschleifmaschine (NEK)

23 Schleifautomat (NEK >15)

24 Elektropolieren (WEK >15)

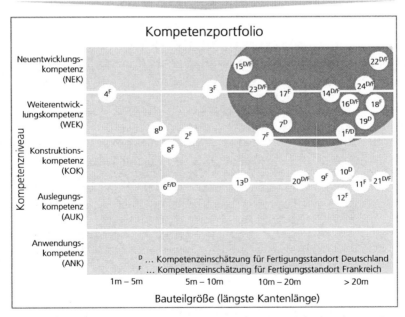

Abbildung 50: **Identifizierung potenzialträchtiger Kompetenzen und Technologien**

Im Geschäftsmodellelement Wertschöpfungsstrukturen und Prozesse ergeben sich keine großen Potenzialfelder. Grundsätzlich verfügt Alpha über Kompetenzen entlang der kompletten Wertschöpfungskette. Aus Prozesssicht ist zu erwähnen, dass zunehmend ein Trend zur Baustellenfertigung festzustellen ist. Ein direktes Potenzial ergibt sich für Alpha daraus jedoch nicht.

Im Geschäftsmodellelement Netzwerk und Partner zeigt sich, dass Alpha sich in verschiedenen Forschungs- und Entwicklungsprojekten engagiert. So war Alpha bspw. an der Neuentwicklung einer Unterpulverschweißbank beteiligt, die für Alpha nun zum Stand der Technik gehört und damit Vorreiter im Wettbewerb ist. Des Weiteren betreibt Alpha im Rahmen eines Dissertationsprojekts Eigenforschung im Bereich Abwasseraufbereitung und verfügt über weitreichende Kontakte zu Forschungseinrichtungen und Unternehmen, die Produkte und Leistungen für vor- und nachgelagerte Wertschöpfungsprozesse der Lebensmittelindustrie herstellen. Einige von diesen Unternehmen sind bereits in den neuen für Alpha attraktiven Märkten tätig, sodass der Kontakt für eine mögliche Zusammenarbeit in den neuen Feldern besteht.

Für das Geschäftsmodellelement Erlöse könnten Betreibermodelle ein Potenzialfeld darstellen. Wie zu Beginn erwähnt, wurde dieses Konzept von Alpha bereits im Vorfeld ausgeschlossen. Somit konnten im Allgemeinen für das Geschäftsmodellelement Erlöse keine größeren Potenzialfelder benannt werden.

Alle identifizierten Potenzialfelder und Erkenntnisse aus dieser Phase wurden für die am Projekt Beteiligten aufbereitet und präsentiert. Diese Informationen sind für die Entwicklung von Geschäftsmodellideen bedeutend und sollen als »Wissensspeicher« für alle Beteiligten dienen.

5.1.2.3 Umsetzungsphase III: Systematisch-analytische Geschäftsmodellideenentwicklung

Anknüpfend an die dargelegten Erkenntnisse aus Phase II sollten nun unterschiedlichste Geschäftsmodellideen entwickelt werden. Dabei sollte zunächst, ausgehend von den über 20 als potenzialträchtig identifizierten Branchen und Märkten, eine Fokussierung auf wenige Märkte bzw. Applikationsfelder vorgenommen werden. Hierfür wurden alle generierten Applikationsfelder nach unterschiedlichsten Kriterien bewertet und eine Auswahl getroffen. Dieser Auswahlprozess ist in Abbildung 51 grafisch dargestellt.

Die Analyse und Geschäftsmodellideenentwicklung konzentrierte sich im Weiteren auf zwei Applikationsfelder: Lignocelluloseverarbeitung und Wärmespeicher. Um auf deren Basis konkrete Geschäftsmodellideen entwickeln zu können, wurden für die jeweiligen ausgewählten Märkte weitere spezifische Informationen gesammelt und für den Ideenentwicklungsprozess aufbereitet. Anknüpfend an diesen iterativen Schritt wurden mithilfe der in Kapitel 4.5.2.1 aufgestellten generischen Gestaltungsfelder und -optionen Ideen auf Grundlage der einzelnen Geschäftsmodellelemente generiert.

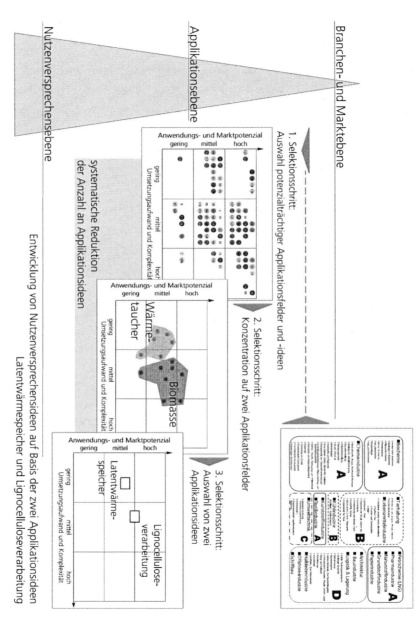

Abbildung 51: Auswahl der weiter zu verfolgenden Applikationsideen

Abbildung 52 zeigt exemplarisch einige entwickelte Teillösungsideen für das Geschäftsmodellelement Nutzenverspechen.

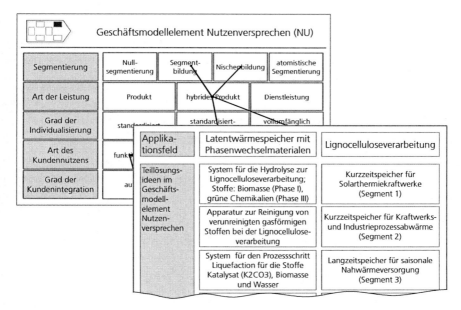

Abbildung 52: **Entwicklung von Geschäftsmodellideen im Geschäftsmodellelement Nutzenversprechen (Auszug)**

Für Alpha bietet sich die Möglichkeit, unterschiedliche hybride Produktangebote zur Lignocelluloseverarbeitung für die einzelnen Prozessstufen zu formulieren. Zunächst werden in diesem Feld alle Produkte fast vollständig kundenspezifisch sein. Für das Applikationsfeld Latentwärmespeicher mit Phasenwechselmaterialien scheint die Bildung von drei Segmenten ratsam, auf deren Grundlage verschiedene Nutzenversprechen aufgestellt werden können.

Sowohl die Herstellung der Produkte für die Lignocelluloseverarbeitung wie auch für die Latentwärmespeicher fällt in den Kompetenzbereich von Alpha, sodass Alpha mit seiner hohen technologischen Engineering- und Fertigungskompetenz diese entsprechend nutzen und verwerten kann. Als Systempartner besteht für Alpha des Weiteren die Möglichkeit, bereits bestehende Produkte und Leistungen anzubieten und Synergien zu nutzen. Hinsichtlich der Wertschöpfungsstruktur könnte Alpha sowohl als umfassender Technologieanbieter als auch als Komponentenhersteller agieren.

Für Unternehmen Alpha wurden in den sechs Geschäftsmodellelementen jeweils unterschiedlichste Ideen entwickelt, mit denen eine technologieorientierte und produktbasierte Diversifikation möglich erscheint. Weiterhin galt es, die zur Verfügung stehenden Fertigungskapazitäten mit der Ausweitung der Geschäftstätigkeit in andere Märkte auszulasten. Eine andersartige Erlösgestaltung ähnlich der Art von Betreibermodellen wurde bereits zu Beginn nicht als Ziel angesehen. Alle Ideen in den jeweiligen Geschäftsmodellelementen wurden, wie in Kapitel 4.5.2.2 beschrieben, in einer Matrix zusammengestellt. Hierdurch erfolgte die Entwicklung der Geschäftsmodellideen, deren interne Stimmigkeit mithilfe der Konsistenzanalyse überprüft wurde.

5.1.2.4 Umsetzungsphase IV: Bewertung von Geschäftsmodellideen

Für die Bewertung der Geschäftsmodellideen wurde in Abstimmung mit dem Untersuchungsbereich und der eingangs formulierten Zielsetzung ein Kriterienkatalog zusammengestellt. Zielsetzung war es, Geschäftsmodellideen auf Basis vorhandener Kompetenzen und Technologien zu entwickeln und die freien Ressourcen der Fertigungsstätten in Deutschland und Frankreich zu nutzen. Deshalb zeichneten sich für eine Vielzahl der Geschäftsmodellideen unternehmensinterne Vorteile ab, sodass eine Relativierung für alle Geschäftsmodellideen vorgenommen wurde. Das Gesamtergebnis des Bewertungsprozesses zeigt Abbildung 53.

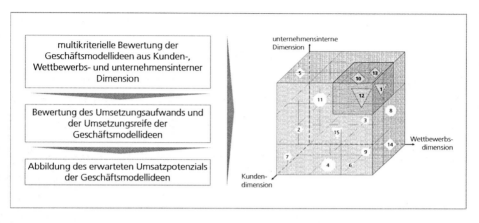

Abbildung 53:   Bewertung der entwickelten Geschäftsmodellideen

5.1.2.5   Umsetzungsphase V: Entwurf von Geschäftsmodellvarianten

Für die weitere Ausgestaltung wurden vier Geschäftsmodellideen ausgewählt. Dabei beruhen zwei Geschäftsmodellideen auf dem Applikationsfeld Lignocelluloseverarbeitung und zwei auf dem Applikationsfeld Latentwärmespeicher. Die Ausgestaltung der vier Geschäftsmodellvarianten beinhaltet deren konkrete Beschreibung, die Darlegung des jeweiligen Prinzips des Leistungsaustauschs und der Werterzielung sowie die Skizzierung des jeweiligen Profils.

Alpha entschied sich im ersten für die Realisierung der Geschäftsmodellidee 12 (Variante C), die als Grundlage das Applikationsfeld Latentwärmespeicher hat. Dafür gründete Alpha eine Tochtergesellschaft und engagiert sich in verschiedenen Forschungsnetzwerken, die grundlagen- und anwendungsorientierte Forschungsprojekte der Energieerzeugung und -speicherung durchführen.

5.1.3 Bewertung der Anwendung der Methodik bei Alpha

Mit der Anwendung der Methodik konnten für Alpha unterschiedliche Möglichkeiten der Ausweitung ihrer Unternehmensaktivitäten aufgezeigt werden. Die Praxistauglichkeit der Methodik konnte trotz der gesetzten Zielvorgaben für den Ideenkorridor und der Notwendigkeit der Auslastung der Fertigungskapazitäten als bestätigt bewertet werden.

Durch die Methodik wurden zunächst unterschiedliche Potenzialfelder für Alpha aufgezeigt, die einerseits aus einer Outside-In-Perspektive und andererseits aus einer Inside-Out-Perspektive aufgedeckt wurden.

Die vorgesehenen Rückkopplungsschleifen erwiesen sich als vorteilhaft, sodass im ersten Schritt ohne Beschränkungen auf bestimmte Branchen unterschiedliche potenzielle Märkte und Applikationsideen aufgenommen wurden und erst nach einer ausführlichen systematischen Selektion im zweiten Schritt eine Fokussierung auf bestimmte Applikationsfelder erfolgte.

Bei der Anwendung zeigte sich die Nützlichkeit der generischen Gestaltungsfelder und -optionen für den praktischen Einsatz. Auf ihrer Basis konnten bspw. innerhalb der fokussierten Applikationsfelder verschiedenartige Nutzenversprechen entwickelt werden. Weiterhin kamen im Ideenentwicklungsprozess auch alternative Ideen für die anderen Geschäftsfelder von Alpha auf, sodass die Nutzung der generischen Gestaltungsfelder und -optionen erneut bestätigt wurde. Des Weiteren konnte durch das Bewertungsmodell eine möglichst objektive, an der Zielsetzung orientierte Priorisierung von Geschäftsmodellideen vorgenommen werden.

5.2 Anwendung der Methodik bei einem technologie-orientierten, produzierenden Unternehmen im Bereich Verbrauchsgüter (Unternehmen Beta)

5.2.1 Ausgangssituation im Unternehmen Beta

Unternehmen Beta ist ein Tochterunternehmen eines weltweit tätigen Konzerns. Dieser ist durch seine Innovations- und Technologieführerschaft in einem spezifischen Bereich der Entwicklung und Herstellung medizinischer Produkte bekannt.

Der Tätigkeitsbereich von Unternehmen Beta ist in zwei Geschäftsbereiche gegliedert. Ein Geschäftsbereich fokussiert auf die Entwicklung und Produktion von innovativen Produktlösungen für den Heim- und Gartenbereich. Im zweiten Geschäftsbereich agiert Beta als Dienstleister für die Entwicklung neuartiger Anwendungen im Bereich Verbrauchsgüter.

Für weitere Wachstumsvorhaben und zukünftige Produktinnovationen wurde bei Beta eine Technologieanalyse durchgeführt. Im Rahmen dieser Analyse wurde das Technologiefeld organische Photovoltaik (OPV) mit dem Rolle-zu-Rolle-Herstellungsverfahren als potenzialträchtig für das Unternehmen Beta eingestuft. Aufgrund des kostengünstigen Herstellungsverfahrens werden zahlreiche Anwendungen sowohl für den Heim- und Gartenbereich als auch in anderen Feldern des Konsumgüterbereichs gesehen. Im ersten Schritt sollten auf Basis eines Applikationsfelds für Beta die Potenziale der OPV näher beleuchtet und Know-how aufgebaut werden. In Kreativitätsworkshops wurden zahlreiche Applikationsfelder aufgeworfen und in einem Bewertungsprozess priorisiert. Dieser Selektionsschritt ergab, dass zunächst die Applikationsidee eines UV-Dosimeters (= Sensorsystem, dass die UV-Belastung über die Zeit misst) weiter zu verfolgen ist. Diese Applikationsidee ermöglicht, die Integration verschiedener (neuer) Technologien, befindet sich in der Nähe der gegenwärtigen Geschäftstätigkeit und bietet die Möglichkeit, die erarbeiteten Forschungsergebnisse im Bereich OPV auf andere Anwendungsfelder zu übertragen.

5.2.2 Beschreibung der Anwendung der Methodik

5.2.2.1 Umsetzungsphase I: Erfassung des Untersuchungsbereichs und intuitiv-kreative Ideengenerierung

In der vorausgehenden Analyse wurde, wie bereits erwähnt, eine Applikationsidee ausgewählt, die Grundlage und gleichzeitig Untersuchungsbereich für die Anwendung der Methodik war. Ziel der Anwendung der Methodik war es somit, Geschäftsmodellideen und -varianten zu entwickeln, die im Applikationsfeld UV-Dosimeter liegen. Unter UV-Dosimeter wurde ein Messsystem verstanden, das den Nutzer vor zu hoher Sonneneinstrahlung warnt, um Hautschädigungen oder sonstige gesundheitliche Beeinträchtigungen zu vermeiden. Voraussetzung für die zu entwickelnden Geschäftsmodellideen war die Anwendung der OPV-Technologie und das Rolle-zu-Rolle-Herstellungsverfahren. Beta verfolgte dabei das Ziel, die OPV-Technologie als strategische Kompetenz aufzubauen und mit ihr zahlreiche neue Märkte zu adressieren.

Die Zielstellung wurde von der Geschäftsleitung von Beta formuliert. In den weiteren Phasen war ein Mitglied der Geschäftsleitung, die Vertriebsleiterin sowie je nach Bedarf ein technischer Experte eingebunden.

5.2.2.2 Umsetzungsphase II: Identifizierung von Potenzialfeldern

Bereits aus der Voruntersuchung war bekannt, dass die Applikation eines Messsystems zur Überwachung der UV-Intensität während des Sonnenbadens oder sonstiger Aktivitäten im Freien nicht neu war und bereits einige Systeme auf dem Markt existierten. Eine nähere Analyse dieser Produkte zeigte aber, dass diese auf anderen technologischen Verfahren beruhten und sich hinsichtlich Usability, Einstellungsumfang, Messgenauigkeit, Lebensdauer und weiteren Parametern deutlich unterschieden. Zu Beginn stand die Idee, dass diese Applikation besonders für Personengruppen relevant sein könnte, die auf Sonneneinstrahlung sensibel reagieren, bei denen sich schnell Hautschädigungen mit weitreichenden Folgen einstellen und die selbst kein Empfinden für die situative UV-Einstrahlung haben. Als Zielgruppe für mögliche Nutzenversprechen wurden im Weiteren aber nicht nur Endnutzer identifiziert, sondern auch Anbieter der Besonnungsbranche und institutionalisierte Gruppen und Organisationen, die sich für die Gesundheitsvorsorge einsetzen. Auch für den Arbeitsschutz zeigten sich Einsatz-felder.

Gegenstand der Voranalyse war es, Technologien und Technologiefelder zu betrachten, die für Beta zukünftig von Relevanz sein könnten. Im Ergebnis zeigte sich für Beta, dass gerade für Konsumgüter die OPV-Technologie im Rolle-zu-Rolle-Herstellungsverfahren besonders be-deutsam sein könnte. Technologieführer im Technologiefeld OPV haben gezeigt, dass erste Produkte auf verschiedenen Märkten platziert und vermarket werden konnten. Die OPV zeichnet sich dadurch aus, dass sie nicht an starre Trägermaterialen gebunden ist, ein relativ gutes Schwachlichtverhalten aufweist, im Rolle-zu-Rolle-Verfahren herstellbar ist und nur ge-ringe Schicht- und Substratdicken benötigt. Damit lassen sich ein geringes Flächengewicht und niedrigere Herstellungs- und Materialkosten realisieren. Weiterhin kann das OPV-Modul transparent aufgebracht werden, sodass zahlreiche weitere neue Anwendungsfelder denkbar wären. Der verstärkte Zuwachs der Aktivitäten in der Forschung im Bereich OPV in den Jahren von 2005 bis 2009 bestätigt deren zukünftige Bedeutung (vgl. Seidenstricker & Linder 2010, S. 58ff.).

Beta besaß, aufgrund der Verankerung im Konzern, über umfangreiche Kundenbeziehungen im Bereich transdermaler Systeme. Weiterhin verfügte Beta über langjährige Kontakte zu ver-schiedenen Absatzmittlern und hat Erfahrung mit unterschiedlichen Absatzkanälen für Kon-sumgüter, die auch Gegenstand von Geschäftsmodellen im Applikationsfeld UV-Dosimeter sein könnten.

Beta war in verschiedenen Branchen sowohl als innovativer Produkthersteller wie auch als innovativer Entwicklungsdienstleister bekannt. Für Beta bestand die Möglichkeit mit dem ent-sprechenden Kompetenzaufbau, die komplette Wertschöpfungskette abzudecken oder aber sich auch nur selektiv auf bestimmte Prozesse zu konzentrieren. Die Fähigkeit des Umgangs mit der OPV-Technologie mit dem Rolle-zu-Rolle-Verfahren wird als zentraler Prozess und zu-künftiger Wettbewerbsvorteil gesehen und würde Beta die Rolle des Technologieführers zu teil werden lassen.

Für die Identifizierung potenzialträchtiger Netzwerke und Partner zeigte sich, dass Beta insbesondere Bedarf für die Erschließung des Technologiefelds OPV hat. Das Technologiefeld OPV wurde bspw. vom BMBF (2011, S. 6) als Schlüsseltechnologie gesehen. So wurden in den letzten Jahren bereits einige vorwettbewerbliche Forschungsprojekte, die zum Ziel hatten, die Entwicklung und Verbreitung der OPV zu fördern, durchgeführt. Eines dieser Projekte stellte das vom BMBF geförderte Projekt EPIO dar. In diesem sollten die Einsatzmöglichkeiten der OPV in den Bereichen Architektur, Life Science und Textilien erprobt und evaluiert werden. Innerhalb dieses Netzwerks waren Kompetenzen sowohl in der Entwicklung der OPV-Technologie wie auch in der Produktion von OPV-Modulen mit dem Rolle-zu-Rolle-Verfahren vorhanden. Des Weiteren existierte eine hohe Kooperationsbereitschaft seitens des Herstellers von Anlagen, der mit dem Rolle-zu-Rolle-Verfahren arbeitete bzw. zukünftig Fertigungssysteme für diesen Bereich anbieten wollte. Die Kooperationsfähigkeit war ebenfalls gegeben, sodass sich für Beta eine Kooperation mit diesem anbot.

Für das Geschäftsmodellelement Erlöse konnte festgestellt werden, dass eine erhöhte Zahlungsbereitschaft bei Eltern mit mittleren bis höheren Einkommen für Kleinkinder bestand. Weiterhin boten sich unterschiedliche Möglichkeiten der indirekten Erlöserzielung durch Hinweise auf Produkte und Dienstleistungen, die vor UV-Strahlung schützen bzw. die Verweildauer verlängern.

Ausgehend vom Untersuchungsbereich und der Zielstellung konnten verschiedene Potenzialfelder identifiziert werden. Neben der Aufbereitung dieser Potenzialfelder wurden medizinische Zusammenhänge betrachtet und verschiedene Experten befragt. Alle Ergebnisse wurden für Phase III zusammengestellt, sodass auf dessen Basis Geschäftsmodellideen entwickelt werden konnten.

5.2.2.3 Umsetzungsphase III: Systematisch-analytische Geschäftsmodellideenentwicklung

Anknüpfend an die Analysen aus Phase II wurden Teillösungsideen in jedem Geschäftsmodellelement entwickelt. Dabei wurden die generischen Gestaltungsfelder und -optionen genutzt, um für die in Phase I festgelegte Applikationsidee Geschäftsmodellideen zu generieren.

Die Entwicklung der Ideen erfolgte in unternehmensinternen Workshop. Darüber hinaus wurden zur weiteren Validierung der Ideen technologische und branchenspezifische Experten befragt. Mit Hilfe dieser Aussagen und der Recherche weiterer Informationen konnten die Teillösungsideen konkretisiert werden. Im Folgenden wurden nun in einem weiteren Workshop die Teillösungsideen gegenübergestellt und Geschäftsmodellideen daraus entwickelt. Exemplarisch zeigt Abbildung 54 verschiedene Teillösungsideen in den sechs Geschäftsmodellelementen sowie einige Lösungsstränge, deren Ergebnis verschiedene Geschäftsmodellideen waren. Bei der Anwendung der Methodik wurde der Startpunkt der Entwicklung von Geschäftsmodellideen variiert, um möglichst viele unterschiedliche Geschäftsmodellideen zu entwickeln. Dabei wurde sichtbar, dass weitere Teillösungsideen entwickelt werden konnten, um die die Tabelle weiter ergänzt wurde.

Im Ergebnis wurden 14 Geschäftsmodellideen entwickelt. Im nächsten Schritt von Phase III erfolgte eine Überprüfung der Konsistenz der Geschäftsmodellideen. Hierbei konnte festgestellt werden, dass alle 14 entwickelten Geschäftsmodellideen über eine hinreichend interne Stimmigkeit verfügten und kein weiterer Optimierungsbedarf bestand.

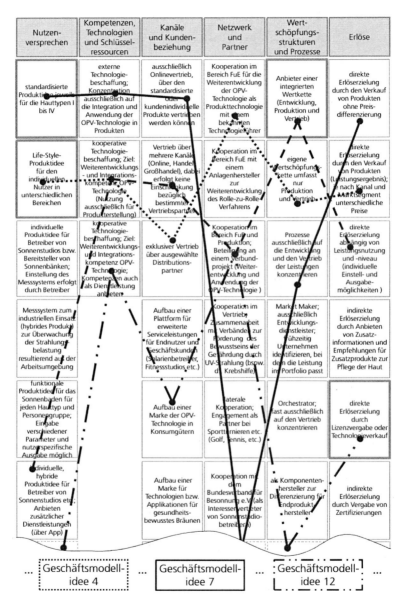

Nutzenversprechen	Kompetenzen, Technologien und Schlüsselressourcen	Kanäle und Kundenbeziehung	Netzwerk und Partner	Wertschöpfungsstrukturen und Prozesse	Erlöse
standardisierte Produkte jeweils für die Hauttypen I bis IV	externe Technologiebeschaffung; Konzentration ausschließlich auf die Integration und Anwendung der OPV-Technologie in Produkten	ausschließlich Onlinevertrieb, über den standardisierte oder kundenindividuelle Produkte vertrieben werden können	Kooperation im Bereich FuE für die Weiterentwicklung der OPV-Technologie als Produkttechnologie mit einem bekannten Technologieführer	Anbieter einer integrierten Wertkette (Entwicklung, Produktion und Vertrieb)	direkte Erlöserzielung durch den Verkauf von Produkten ohne Preisdifferenzierung
Life-Style-Produktidee für den individuellen Nutzer in unterschiedlichen Bereichen	kooperative Technologiebeschaffung; Ziel: Weiterentwicklungs- und Integrationskompetenz OPV-Technologie (Nutzung ausschließlich für Produkterstellung)	Vertrieb über mehrere Kanäle (Online, Handel, Großhandel), dabei erfolgt keine Einschränkung bezüglich bestimmter Vertriebspartner	Kooperation im Bereich FuE mit einem Anlagenhersteller zur Weiterentwicklung des Rolle-zu-Rolle-Verfahrens	eigene Wertschöpfungskette umfasst nur Produktion und Vertrieb	direkte Erlöserzielung durch den Verkauf von Produkten (Leistungsergebnis); je nach Kanal und Marktsegment unterschiedliche Preise
individuelle Produktidee für Betreiber von Sonnenstudios bzw. Bereitsteller von Sonnenbänken; Einstellung des Messsystems erfolgt durch Betreiber	kooperative Technologiebeschaffung; Ziel: Weiterentwicklungs- und Integrationskompetenz OPV-Technologie; Kompetenzen auch als Dienstleistung anbieten	exklusiver Vertrieb über ausgewählte Distributionspartner	Kooperation im Bereich FuE und Produktion; Beteiligung an einem Verbundprojekt (Weiterentwicklung und Anwendung der OPV-Technologie)	Prozesse ausschließlich auf die Entwicklung und den Vertrieb der Leistungen konzentrieren	direkte Erlöserzielung abhängig von Leistungsnutzung und -niveau (individuelle Einstell- und Ausgabemöglichkeiten)
Messsystem zum industriellen Einsatz (hybrides Produkt) zur Überwachung der Strahlungsbelastung resultierend aus der Arbeitsumgebung		Aufbau einer Plattform für erweiterte Serviceleistungen für Endnutzer und Geschäftskunden (Solarienbetreiber, Fitnessstudios etc.)	Kooperation im Bereich Vertrieb; Zusammenarbeit mit Verbänden zur Förderung des Bewusstseins der Gefährdung durch UV-Strahlung (bspw. die Krebshilfe)	Market Maker; ausschließlich Entwicklungsdienstleister; frühzeitig Unternehmen identifizieren, bei dem die Leistung ins Portfolio passt	indirekte Erlöserzielung durch Anbieten von Zusatzinformationen und Empfehlungen für Zusatzprodukte zur Pflege der Haut
funktionale Produktidee für das Sonnenbaden für jeden Hauttyp und Personengruppe; Eingabe verschiedener Parameter und nutzerspezifische Ausgabe möglich		Aufbau einer Marke der OPV-Technologie in Konsumgütern	laterale Kooperation; Engagement als Partner bei Sportturnieren etc. (Golf, Tennis, etc.)	Orchestrator; fast ausschließlich auf den Vertrieb konzentrieren	direkte Erlöserzielung durch Lizenzvergabe oder Technologieverkauf
individuelle, hybride Produktidee für Betreiber von Sonnenstudios etc.; Anbieten zusätzlicher Dienstleistungen (über App)		Aufbau einer Marke für Technologien bzw. Applikationen für gesundheitsbewusstes Bräunen	Kooperation mit dem Bundesverband für Besonnung e.V. (als Interessenvertreter von Sonnenstudiobetreibern)	als Komponentenhersteller zur Differenzierung für Endprodukthersteller	indirekte Erlöserzielung durch Vergabe von Zertifizierungen

... :Geschäftsmodell-: ... Geschäftsmodell- ... :Geschäftsmodell-: ...
idee 4   idee 7   idee 12

Abbildung 54:   Gegenüberstellung der Teillösungsideen und Entwicklung von Geschäftsmodellideen (Auszug)

5.2.2.4 Umsetzungsphase IV: Bewertung von Geschäftsmodellideen

Entsprechend der eingangs formulierten Ziele wurde ein Bewertungsmodell aufgestellt, um eine Auswahl aus den generierten Geschäftsmodellideen zu treffen. Dabei wurden für die Kunden-, Wettbewerbs- und unternehmensinterne Dimension geeignete Kriterien bestimmt und gewichtet (Abbildung 55).

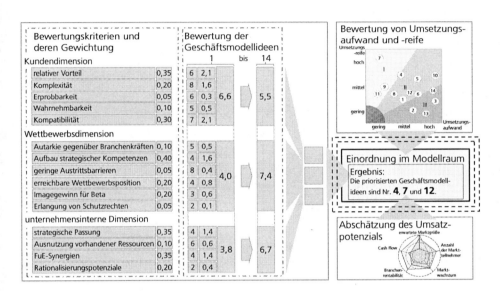

Abbildung 55:   Bewertung der Geschäftsmodellideen

Des Weiteren wurde jede Geschäftsmodellidee hinsichtlich ihres Umsetzungsaufwands und ihrer Umsetzungsreife in ein Portfolio eingeordnet. Hierbei zeigte sich, dass zum Zeitpunkt der Anwendung der Methodik sowohl aus technologischen als auch aus marktbezogenen Gründen einige Geschäftsmodellideen nur über eine geringe Umsetzungsreife verfügen. Somit wurde für Beta der Hinweis gegeben, dass zu einem späteren Zeitpunkt eine erneute Betrachtung dieser Ideen empfehlenswert wäre. Des Weiteren zeigte sich bei der Zusammenführung der Ergebnisse, dass gerade die Geschäftsmodellideen als potenzialträchtig in den verschiedenen Dimensionen eingestuft wurden, die zum Zeitpunkt der Anwendung der Methodik nur eine geringe oder mittlere Umsetzungsreife besaßen bzw. für die der Umsetzungsaufwand als hoch eingeschätzt wurde. Für Beta war es von Bedeutung, ausgestaltete Geschäftsmodellvarianten zu haben, die zum einem relativ zeitnah umsetzbar waren, aber auch zukünftig ein hohes Potenzial versprechen. Somit wurden drei Geschäftsmodellideen ausgewählt, die diesen Anforderungen am nächsten kamen. Dies waren Geschäftsmodellidee 4, 7 und 12. Geschäftsmodellidee 7 erforderte keine größeren Anstrengungen für die Umsetzung und hätte relativ kurzfristig realisiert werden können. Dafür war das erwartete Potenzial, in Relation gesehen, gering. Geschäftsmodellidee 12 dagegen versprach ein hohes Potenzial aus Kunden-, Wettbewerbs und unternehmensinterner Sicht, das aber nur langfristig erschlossen werden konnte. Geschäftsmodellidee 4 lag in der Mitte des Spannungsfelds von Geschäftsmodellidee 7 und 12 und ermöglichte sowohl eine mittelfristige Umsetzung wie auch ein nicht zu geringes Potenzial.

5.2.2.5 Umsetzungsphase V: Entwurf von Geschäftsmodellvarianten

Anknüpfend an die vierte Phase wurden die ausgewählten Geschäftsmodellvarianten weiter detailliert. Dies bedeutete im ersten Schritt die Vergegenwärtigung und die Abbildung des Wirkmechanismus jeder Geschäftsmodellvariante (Abbildung 56).

Darauf aufbauend wurde jede Geschäftsmodellvariante konkret beschrieben und ein Geschäftsmodellprofil erstellt. Dies umfasste die Auflistung der kennzeichnenden Faktoren, die die Adoption des Leistungsangebots fördern bzw. hemmen, die Abbildung der Wettbewerbsstruktur, die Darstellung des unternehmensinternen Nutzens sowie die Aufstellung einer Roadmap, in der die für die Realisierung notwendigen Maßnahmen abgebildet wurden.

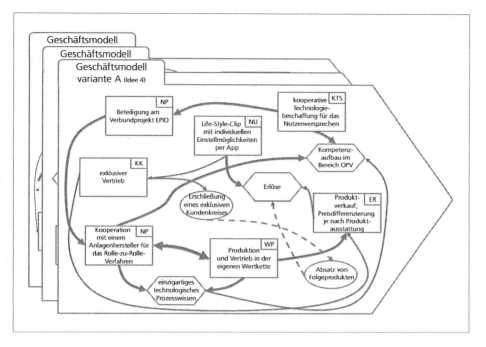

Abbildung 56:   Darstellung der Logik der Geschäftsmodellvarianten

Im Ergebnis wurden für Beta folgende drei verschiedenartige Geschäftsmodellvarianten entwickelt:

- *Geschäftsmodellvariante A*

  Beta ist ein innovativer Produktanbieter, der über eine integrierte Wertschöpfungskette und umfassendem Know-how verfügt. Das Know-how von Beta umfasst sowohl die Entwicklungs- und Integrationskompetenz der OPV-Technologie in Konsumprodukten wie auch produktionstechnologische Kompetenzen bei der Herstellung der Produkte. Im ersten Schritt sollen selektiv bestimmte Nischen besetzt werden, von denen eine hohe Zahlungsbereitschaft erwartet wird.

- *Geschäftsmodellvariante B*

  Beta ist ein Hersteller von standardisierten Produkten, der einen Großteil der Leistungen der Wertschöpfungskette einkauft und somit über geringe Austrittsbarrieren verfügt. Mit dieser Geschäftsmodellvariante kann Beta die Technologie- und Markttreife der OPV testen und erste Kontakte zu Partnern für die Weiterentwicklung und Integration der OPV-Technologie knüpfen.

- *Geschäftsmodellvariante C*

  Beta ist einer der Technologieführer im Bereich OPV und ein Entwicklungsdienstleister für die Anwendung und Nutzung der OPV-Technologie in Konsumgütern. Beta verfügt über eine umfassende Technologiekompetenz im Bereich OPV. Im Weiteren soll eine Marke für Konsumgüter, die OPV-Technologie nutzt, aufgebaut werden. Die Erlöse sollen durch die Entwicklungsdienstleistung und die Vergabe von Lizenzen erzielt werden.

Beta favorisierte im ersten Schritt Geschäftsmodellvariante A und realisierte in Kooperation einen UV-Dosimeter als Life-Style-Produkt. Beta knüpfte in diesem Rahmen verschiedene Entwicklungspartnerschaften zu Mitgliedern des Verbundprojekts EPIO und bereitete parallel zur Entwicklung des ersten Prototyps die Adressierung weiterer Märkte und Zielgruppen vor.

5.2.3 Bewertung der Anwendung der Methodik bei Beta

Die Anwendbarkeit der Methodik zeigte sich auch für die Problemstellung von Beta. Trotz der konkreten Applikationsidee, der Vorgabe der Nutzung der OPV-Technologie und den genauen Vorstellungen der Diversifikationsaktivitäten konnten unterschiedliche Geschäftsmodellideen generiert und drei verschiedene Geschäftsmodellvarianten ausgearbeitet werden.

Mit Hilfe der generischen Gestaltungsfelder und -optionen war es möglich, auf Basis des ausgewählten Applikationsfelds alternative Gestaltungsvarianten zu entwerfen wie auch die Qualität und Quantität der Ideen deutlich zu erhöhen.

Im Rahmen des Bewertungsprozesses und durch die detaillierte Ausgestaltung von drei verschiedenen Geschäftsmodellvarianten konnte für Beta ein Weg aufgezeigt werden, wie die formulierten Ziele auf unterschiedliche Weise erreicht werden können. Weiterhin wurde deutlich, dass verschiedene Entwicklungsstadien für ein Geschäftsmodell für das Applikationsfeld UV-Dosimeter denkbar wären und wie ggf. Anpassungen oder Weiterentwicklungsmöglichkeiten des Geschäftsmodells aussehen könnten.

5.3 Bewertung und Diskussion der Anwendung der Methodik

Die beiden Umsetzungsbeispiele zeigen, dass die Methodik zur Entwicklung von Geschäftsmodellideen für technologieorientierte, produzierende Unternehmen grundsätzlich geeignet ist und diese bei der Identifizierung von Diversifikationsbereichen, der Entwicklung und Bewertung von Geschäftsmodellideen unterstützt.

Für eine konkrete Bewertung der Eignung der Methodik sind die in Kapitel 3.4 formulierten Anforderungen an die Methodik heranzuziehen. Diese Anforderungen resultieren aus der Zielsetzung der Arbeit sowie den festgestellten Defiziten der in Wissenschaft und Praxis vorgefundenen Ansätze.

Systematik zur ganzheitlichen Betrachtung und Beschreibung von Geschäftsmodellen

Für den Begriff Geschäftsmodell gibt es bisher keine gefestigte Begriffsdefinition. Weiterhin ist das Denk- und Gestaltungskonstrukt Geschäftsmodell durch seine Interdisziplinarität und die vielfältigen Wirkzusammenhängen charakterisiert. Für die Anwendung der Methodik war es daher unerlässlich, eine Geschäftsmodellsystematik aufzustellen.

Sowohl die Begriffsabgrenzung wie auch die Darlegung des Systemaufbaus und die präzise Beschreibung der Systemelemente erwiesen sich in beiden Fällen von Anfang an als hilfreich. Somit konnte sichergestellt werden, dass alle Beteiligte das gleiche Begriffsverständnis erlangen und sich auf einer Abstraktionsebene bewegen. Die Geschäftsmodellsystematik ermög-

lichte es, in den unterschiedlichen Phasen die Stadien der Entwicklung von Geschäftsmodellideen zu beobachten. Des Weiteren war durch die Geschäftsmodellsystematik zu jeder Zeit die
Einordnung des gerade betrachteten Geschäftsmodellelements klar, sodass der Gesamtzusammenhang zu jedem Zeitpunkt transparent war.

Vorgehensweise zur Entwicklung von Geschäftsmodellideen

Eine besondere Herausforderung für die Methodik besteht in der Generierung neuer Ideen für
zukünftige Geschäftsmodelle. Dabei zeigte sich, dass eine konkrete Vorgehensweise unab-
dingbar ist. Oftmals bestehen bereits mit der Zielvorstellung der Diversifikation, wie es bspw.
bei Beta der Fall war, oder dem Erkennen der Notwendigkeit der Diversifikation erste Ideen
für neue Aktivitätsfelder, die i.d.R. aber ohne eine Alternativenentwicklung und -abwägung
auf keiner analytischen Basis beruhen.

Die Anwendung der Methodik zeigte, dass sich gerade erst durch das Wissen um zukünftige
Potenzialfelder und das Aufzeigen der Spannbreite der Gestaltungsfelder sich (auch radikal)
neue Geschäftsmodellideen finden lassen. Dabei war bspw. bei Alpha im Geschäftsmodellelement Nutzenversprechen die Differenzierung zwischen Markt-, Applikations- und Nutzenversprechensebene von zentraler Bedeutung, um anknüpfend an die ersten Ideen viele
weitere potenzialträchtige Märkte, Applikationen und letztendlich auch Nutzenversprechen
identifizieren zu können.

Die vorgesehenen Rückkopplungsschleifen, insbesondere zwischen den Phasen 2 und 3, wurden ebenfalls genutzt und bestätigten deren Notwendigkeit. Obwohl die Vorgehensweise
beide Prinzipien der Ideenentwicklung (intuitiv-kreativ und systematisch-analytisch) nutzt,
wurden fast alle potenzialträchtigen Geschäftsmodellideen mithilfe der generischen Gestaltungsfelder und -optionen entwickelt und zeigen den Mehrwert der durch sie in der Methodik geschaffen wurde.

Dank der verschiedenen Phasen werden die Nutzer der Methodik schrittweise an das Entwerfen von Geschäftsmodellideen herangeführt. Beginnend bei der notwendigen Suche und

Analyse von Potenzialfeldern für zukünftige Geschäftsmodelle werden sie dazu angehalten, zunächst unabhängig von jeglichen Bewertungskriterien und ohne Beachtung von Wirkzusammenhängen, möglichst viele Ideen für jedes Geschäftsmodellelement zu entwickeln. Erst im Weiteren werden die Ideen aus den einzelnen Geschäftsmodellelementen zu Geschäftsmodellideen zusammengeführt und bewertet, um im Ergebnis eine Auswahl potenzialträchtiger Geschäftsmodellideen ausgestalten zu können.

Bewertungsmodell zur Auswahl und Priorisierung von Geschäftsmodellideen

Mit dem Bewertungsmodell wurde ein Instrumentarium geschaffen, um unter Einnahme verschiedener Perspektiven die generierten Geschäftsmodellideen zu betrachten und möglichst objektiv zu bewerten. Die Unverzichtbarkeit eines derartigen Instrumentariums zeigte sich mit der Anwendung der Methodik.

Durch das Bewertungsmodell wurde es möglich, die große Anzahl der generierten Geschäftsmodellideen zu reduzieren und entsprechend der Zielsetzung die weiter auszugestaltenden Geschäftsmodellideen herauszufiltern.

Anwendbarkeit der Methodik

Die Methodik konnte an zwei unterschiedlichen Praxisbeispielen erfolgreich angewendet werden. Die Methodik erwies sich in beiden Fällen als in hohem Maße praxistauglich und effizient und ermöglichte den Entwurf umsetzbarer Geschäftsmodellvarianten.

Für die Analyse von Potenzialfeldern konnten entsprechend den Erfordernissen der Untersuchungsbereiche unterschiedliche Instrumente integriert und die verschiedenen Informationen zusammengeführt werden. Dank des generischen Charakters der Gestaltungsfelder und -optionen in der systematisch-analytischen Ideenentwicklungsphase konnten diese ohne weitere Anpassungen genutzt werden. Des Weiteren wurde methodisch sichergestellt, dass nur konsistente Geschäftsmodellideen aufgestellt und weiterverfolgt würden.

Durch die Beschränkung auf die Generierung und Bewertung von Geschäftsmodellideen bei dieser Methodik konnte eine Vorgehensweise erarbeitet werden, die bei der Anwendung keine methodischen oder konzeptionellen Lücken aufwies und sich durch eine durchgängige Logik auszeichnete. Weiterhin ließ sie iterative Schritte und Anpassungen zu, wie es bspw. beim Anwendungsfall von Alpha demonstriert wurde.

Die vollständige Bewertung der Anwendung der Methodik zeigt Tabelle 11. Darin wird für beide Anwendungsfälle eine Einschätzung vorgenommen, welche den in Kapitel 3.4 formulierten Anforderungen entsprechend als nicht erfüllt, teilweise erfüllt oder erfüllt bezeichnet werden können.

Zusammenfassend kann somit festgestellt werden, dass die Methodik für zwei praktische Problemstellungen Geschäftsmodellideen entwickelte, bewertete und den Entwurf potenzialträchtiger Geschäftsmodellvarianten ermöglichte. Die gestellten Anforderungen an die Methodik konnte dabei größtenteils erfüllt werden.

Tabelle 11: **Bewertung des Erfüllungsgrads der Anforderungen an die Methodik**

Anforderungs-kategorien	Anforderungen	Erfüllungs-grad Unter-nehmen Alpha	Erfüllungs-grad Unter-nehmen Beta
Systematik zur ganzheitlichen Betrachtung und Beschreibung von Geschäftsmodellen	Beschreibung des Gesamtsystems Geschäftsmodell	●	●
	Abgrenzung und Beschreibung von Systemelementen	●	●
	Möglichkeit der Darstellung vielfältiger Beziehungen zwischen den Systemelementen	●	●
	Abbildung einer Systemstruktur	●	●
	Erfassung von Zuständen von Systemelementen	◐	◐
Vorgehensweise zur Entwicklung von Geschäftsmodellideen	Vermeidung und Reduzierung von Denkbarrieren	●	●
	umfassende Beschaffung relevanter Informationen	●	●
	Kopplung von intuitiv-kreativem und systematisch-analytischem Vorgehen	●	●
	Adaptierbarkeit und Erweiterungsfähigkeit der Vorgehensweise	●	●
Bewertungsmodell zur Auswahl und Priorisierung von Geschäftsmodellideen	Bewertung aus verschiedenen Perspektiven und unter Berücksichtigung der maßgeblich bestimmenden Kriterien	●	●
	Nachvollziehbarkeit und Objektivität der Kriterien	●	●
	»Lernfähigkeit« des Bewertungsmodells	○	○
Anwendbarkeit der Methodik	Durchgängigkeit	●	●
	Integration von Instrumenten zur Unternehmens- und Umfeldanalyse und Zusammenführung unterschiedlicher relevanter Informationsquellen	●	●
	Konsistenz der Geschäftsmodellideen	●	●
	effiziente und praxisgerechte Anwendbarkeit	●	●
	Skalierbarkeit und Weiterentwicklungsfähigkeit	●	○

Legende: ○ größtenteils nicht erfüllt   ◐ teilweise erfüllt   ● größtenteils erfüllt

Im Folgenden sollen einige Aspekte kurz kritisch diskutiert werden, die sich bei der Anwendung der Methodik gezeigt haben oder im Allgemeinen bei der Methodik festgestellt wurden.

Generische Gestaltungsfelder und -optionen

In vielen Fällen werden erst durch die Nutzung der generischen Gestaltungsfelder und -optionen andere Gestaltungsalternativen sichtbar bzw. entwickelt und liefern somit einen hohen Nutzen für den Anwender. Es sei jedoch erneut erwähnt, dass diese Aufstellung keinen Anspruch auf Vollständigkeit hat bzw. haben kann. Auch die gewählte Abstraktionsebene kann kritisch hinterfragt werden. Bei der Entwicklung der Methodik wurde darauf geachtet, dass die Gestaltungsfelder und -optionen zum einem möglichst allgemein sind, zum anderen wiederum soweit konkret, dass sich für technologieorientierte, produzierende Unternehmen direkt Teillösungsideen ergeben. Für einzelne Branchen können manche Gestaltungsfelder bzw. -optionen auch gar nicht relevant oder zu allgemein sein, sodass in solchen Fällen Gestaltungsfelder und -optionen eliminiert, ergänzt oder konkretisiert werden müssen.

Erfassung von Systemzuständen

Entsprechend des theoretischen Lösungsansatzes der Systemtheorie sollen sich Zustände von Systemelementen, Beziehungsstrukturen oder Subsystemen erfassen lassen. Grundsätzlich besteht die Möglichkeit, die Zustände von einzelnen Systemelementen oder Beziehungsstrukturen zu erfassen; eine direkte methodische oder konzeptionelle Hilfestellung wird in der Methodik jedoch nicht gegeben. Dies liegt vor allem daran, dass es lediglich Aufgabe der Methodik ist, Geschäftsmodellideen für Bereiche außerhalb der bisherigen Geschäftstätigkeit zu entwickeln. Die Erfassung von Zuständen gegenwärtiger, im Unternehmen befindlicher Geschäftsmodelle ist dafür nicht zwingend erforderlich. Auch die Implementierung von Geschäftsmodellen und Planung von Maßnahmen zur Integration neuer Geschäftsmodelle ist nicht Gegenstand der Methodik, sodass die Erfassung von Systemzuständen nicht als notwendige Bedingung angesehen wurde (vgl. auch Zollenkop 2011, S. 205ff.).

Umfassende Beschaffung relevanter Informationen

Die Beschaffung von relevanten Informationen ist elementar, um auf ihrer Basis Geschäftsmodellideen zu entwickeln. Hierfür sind die in Kapitel 4.4.2.2 und die im Kapitel 8.4

(Anhang D) genannten Methoden zu nutzen sowie auf die ebenfalls in Kapitel 4.4.2.2 beschriebenen Aspekte einzugehen. Dies stellt jedoch lediglich einen Ausschnitt der anzuwendenden Methoden oder der zu beschaffenden relevanten Informationen dar. Der genaue Informationsbeschaffungsbedarf ist wie in Kapitel 4.4.2.1 beschrieben, individuell in Abhängigkeit vom Untersuchungsbereich und der Zielsetzung zu bestimmen. Aufgrund der großen Spannbreite möglicher Untersuchungsbereiche ist es Aufgabe des Anwenders, situativ zu entscheiden, welche weiteren Informationsquellen und Methoden heranzuziehen sind, um den »Wissensspeicher« für den Ideenentwicklungsprozess bestmöglich zu füllen.

»Lernfähigkeit« des Bewertungsmodells

Grundsätzlich ermöglicht das Bewertungsmodell, aufgrund seines allgemeinen, multikriteriellen Aufbaus, die über die Zeit gewonnenen Erkenntnisse und durch Wandel erforderlichen Veränderungen einzubeziehen. Für die Lernfähigkeit des Bewertungsmodells sollten daher die getroffenen Entscheidungen beobachtet und ex-post bewertet werden. Wichtig ist dabei, die unterschiedlichen Informationsstände zu den jeweiligen Zeitpunkten zu berücksichtigen. Die Lernfähigkeit des Bewertungsmodells konnte in beiden Anwendungsfällen aufgrund der erstmaligen Anwendung nicht umfassend geprüft werden. Es empfiehlt sich aber, in der weiteren Anwendung den Katalog möglicher Kriterien auszubauen und das Bewertungsmodell zu »qualifizieren«.

6 Zusammenfassung und Ausblick

6.1 Zusammenfassung

Ziel dieser Arbeit war es, eine Methodik zu konzipieren und auszugestalten, die die Entwicklung von Geschäftsmodellideen zur Diversifikation von technologieorientierten, produzierenden Unternehmen unterstützt. Dabei sollten sechs Teilziele realisiert werden:

- Geschäftsmodelle sollen mit der Methodik ganzheitlich erfasst und beschrieben werden können.
- Die Methodik soll die Identifizierung von internen und externen Potenzialfeldern für neue Geschäftsmodelle unterstützen und die Integration verschiedener Methoden zur Informationsbeschaffung zulassen.
- Sie sollte den Ideengenerierungsprozess fördern und helfen, Denkbarrieren zu überwinden.
- Darüber hinaus soll sie die interne Konsistenz der Geschäftsmodellideen sicherstellen.
- Mit der Methodik sollten die entwickelten Geschäftsmodellideen unter verschiedenen Aspekten möglichst objektiv bewertet werden können.
- Weiterhin soll die Methodik praxistauglich, hinreichend konkret, erweiter- und adaptierbar sein.

Die Untersuchung des Forschungsstands machte deutlich, dass die bestehenden Ansätze im Hinblick auf die vorliegende Problemstellung einige Defizite aufweisen. So wird in vielen Ansätzen auf die Ideengenerierung nur unzureichend eingegangen und keine direkte methodische Unterstützung zur Entwicklung neuer Geschäftsmodelle geliefert. Auch der Bewertung der generierten Ideen wird i.d.R. nur wenig Aufmerksamkeit geschenkt. Ein umfassendes Bewertungsmodell wird in keinem der Ansätze vorgesehen. Einige der vorgestellten Ansätze versuchen, ein umfassendes Instrumentarium zu erarbeiten, das eine Steuerung von Geschäftsmodellen für alle Lebenszyklusphasen bereithält. Vielfach sind diese Ansätze daher wenig konkret und weisen methodische Lücken auf, sodass die unmittelbare Anwendung in der Praxis nicht immer gegeben ist.

Ausgehend von den festgestellten Defiziten und der Zielsetzung der Arbeit wurden drei wesentliche Bausteine für die Entwicklung einer Methodik gesehen:

- die Konzeption einer Geschäftsmodellsystematik,
- die Beschreibung einer Vorgehensweise zur Entwicklung von Geschäftsmodellideen und
- die Entwicklung eines Bewertungsmodells.

Die Geschäftsmodellsystematik wurde ausgehend von Erkenntnissen aus der Geschäftsmodellforschung und der Innovationsmanagementforschung konzipiert. Weiterhin ist sie systemtheoretisch aufgebaut und integriert strukturelle Inhalte des EFQM-Modells.

Für die Vorgehensweise wurden zahlreiche Ergebnisse der Kreativitätsforschung aufbereitet, sodass eine iterative Vorgehensweise geschaffen wurde, die den kreativen Prozess bestmöglich unterstützt. Kernstück ist dabei die systematisch-analytische Ideenentwicklungsphase, bei der durch Nutzung generischer Gestaltungsfelder und -optionen, die Ideengenerierung systematisch angeregt wird. Weiterhin wird in der Vorgehensweise eine methodische Überprüfung der Konsistenz der entwickelten Geschäftsmodellideen vorgesehen.

Ebenfalls integriert in die Vorgehensweise ist das Bewertungsmodell. Es bewertet die Geschäftsmodellideen aus drei Perspektiven: der Kunden-, der Wettbewerbs- und der unternehmensinternen Perspektive. Darüber hinaus werden auch der Umsetzungsaufwand und die Umsetzungsreife jeder Geschäftsmodellidee berücksichtigt.

Im Ergebnis soll eine Auswahl potenzialträchtiger Geschäftsmodellideen passend für den Untersuchungsbereich und die eingangs formulierte Zielsetzung als Entscheidungsvorlage vorliegen.

Die Anwendung der Methodik bei zwei Unternehmen zeigte, dass die gestellten Anforderungen an die Methodik fast in vollem Umfang erfüllt wurden. Die Anwendbarkeit der Methodik und der Nutzen ihres Einsatzes können somit als bestätigt angesehen werden (Abbildung 57).

Mit Abschluss dieser Arbeit sollen technologieorientierte, produzierende Unternehmen ermutigt und befähigt werden, außerhalb ihrer bisherigen Aktivitätsfelder, Chancen zu nutzen und Wachstumspotenziale für sich zu realisieren. Dabei sollen sie sich mit einem »innovierten« Prinzip des Leistungsaustauschs und der Werterzielung nachhaltig im diversifizierten Feld etablieren.

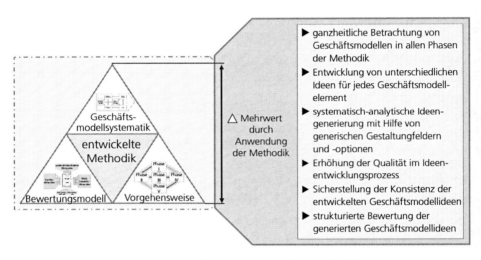

Abbildung 57:   Mehrwert durch die Anwendung der Methodik

6.2 Ausblick

Die vorliegende Methodik leistet einen Beitrag, Ideen für neue Geschäftsmodelle zu generieren und zu bewerten. Dabei wurde sie insbesondere für Diversifikationsvorhaben und für technologieorientierte, produzierende Unternehmen entwickelt. Somit scheint es interessant, in welcher Weise die aufgestellten generischen Gestaltungsfelder und -optionen in einem anderen Kontext einsetzbar sind oder wie sie im Allgemeinen weiter verbessert werden können.

Mit der Identifizierung von Potenzialfeldern werden sowohl gegenwärtige wie auch zukünftige Entwicklungen aufgezeigt. Darüber hinaus kann es hilfreich sein, die Robustheit der einzelnen Geschäftsmodellideen gegenüber möglichen zukünftigen Einflüssen zu überprüfen. In diesem Zusammenhang würde sich auch eine weitere IT-Unterstützung empfehlen. Somit könnte sowohl eine Methodik zur Bewertung der Sensitivität der Geschäftsmodellideen wie auch die Realisierung von IT-gestützten Werkzeugen Gegenstand zukünftiger Forschungsarbeiten sein.

Weiterhin konzentriert sich die Methodik ausschließlich auf die Ideengenerierung und -bewertung für neue Geschäftsmodelle. Somit besteht umfassender Forschungsbedarf in den anknüpfenden Phasen in einem Geschäftsmodelllebenszyklus. Weiterhin unbeleuchtet blieb, wie gegenwärtige Geschäftsmodelle innoviert werden können und wie deren Umsetzung zu gestalten ist. Ferner wurde die Methodik für Unternehmen entwickelt. Es scheint daher interessant, in welcher Weise dies für anwendungsorientierte Forschungseinrichtungen zur Vermarktung und schnelleren Verbreitung ihrer Forschungsergebnisse geeignet ist.

In erster Linie soll aber vor allem auch die vorliegende Methodik weitervalidiert und weiterentwickelt werden und Ausgangspunkt und Inspiration für zukünftige Forschungsarbeiten sein.

7 Abstract

The objective of this study was to develop a methodology that facilitates the development of business model ideas for the diversification of technology-oriented, manufacturing companies. There were six sub-goals to be achieved.

- Business models should be regarded and described holistically.
- The methodology is to assist the identification of internal and external potential fields for new business models and allow the integration of different methods to gather information.
- It is to enhance the idea generation process and help to overcome mental barriers.
- In addition, it is supposed to ensure the internal consistency of the business model ideas.
- The methodology is to enable the evaluation of the developed business model ideas from various perspectives and in an objectively way.
- Furthermore, the methodology is supposed to be practicable, sufficiently specific, extensible and adaptable.

The analysis of the current status of research revealed that existing approaches regarding this problem exhibit some deficiencies. Thus, in many approaches the phase of generating ideas is discussed insufficiently, and they do not supply direct methodological support for the development of new business models. Moreover, in the majority of cases little attention is paid to the evaluation of the generated ideas. A comprehensive evaluation model is provided in none of the approaches. Some of the introduced approaches try to develop a comprehensive set of tools, which provides a control system for business models for all life cycle phases. Therefore these approaches are often not detailed enough and have methodological gaps, so that the immediate application is not always possible.

Based on the identified deficiencies and the objective of this study, three key elements for the development of a methodology have been defined:

- the design of a business model framework,
- the description of the approach for the development of business model ideas,
- the development of an evaluation model.

The business model framework was established on the basis of the findings from business model research as well as innovation management research. Furthermore, it is designed in a system-theoretic way and integrates structural contents of the EFQM model.

For the procedure numerous results of creativity research have been prepared so that an iterative procedure was created in order to drive the creative process in the best possible way. The core element is the systematic-analytical idea development phase. By using generic design fields and options, idea generation is stimulated. Furthermore, a methodological examination of the consistency of the developed business model ideas is provided.

Also integrated in the approach is the evaluation model. It assesses the business model ideas from three perspectives: the customers, the competition and the company's internal perspective. In addition, the implementation effort and the implementation maturity are taken into account for every business model idea.

As a result there should exist a selection of promising potential business model ideas, which are suitable for the present study area and the initially formulated objectives and which are supposed to serve as submissions to facilitate the decision-making process.

The application of the methodology for two companies showed that the precise requirements to the methodology have been fulfilled almost completely. The applicability of the methodology could therefore be approved.

The benefits for the users lie particular in:

- the holistic approach of business models in all phases of the methodology,
- the development of different ideas for any business model element,
- systematic analytical idea generation with the help of generic design fields and options,
- increased quality during the idea development process,
- insurance of the consistency of the developed business model ideas,
- structured and comprehensive evaluation and selection of business model ideas including different perspectives and criteria.

The completion of this work is to encourage technology-oriented, manufacturing companies and enable them to take opportunities and realize growth potentials beyond their core business.

8 Anhang

8.1 Anhang A: Auswertung der Analyse von Onetti et al. (2010, S. 343ff.)

Onetti et al. (2010, S. 343ff.) versuchten die elementaren Aspekte für Geschäftsmodelle, die in den einzelnen Ansätzen gesehen werden, gegenüberzustellen und mögliche Gemeinsamkeiten zu identifizieren.

Um erste Anhaltspunkte zu erhalten, welches elementare Geschäftsmodellaspekte sein könnten, wird die Systematisierung von Onetti et al. (2010, S. 343ff.) in Abbildung 58 quantitativ ausgewertet.

Wie bereits in Kapitel 2.3.1 erwähnt, fällt bei einer qualitativen Analyse der Geschäftsmodellansätze jedoch auf, dass viele Autoren unter den jeweiligen Begrifflichkeiten andere Aspekte subsumieren und der jeweilige Begriff bzw. Aspekt in seiner Bedeutung variiert. So werden teilweise Abgrenzungen vorgenommen, die in anderen Ansätzen deutlich andersartig sind.

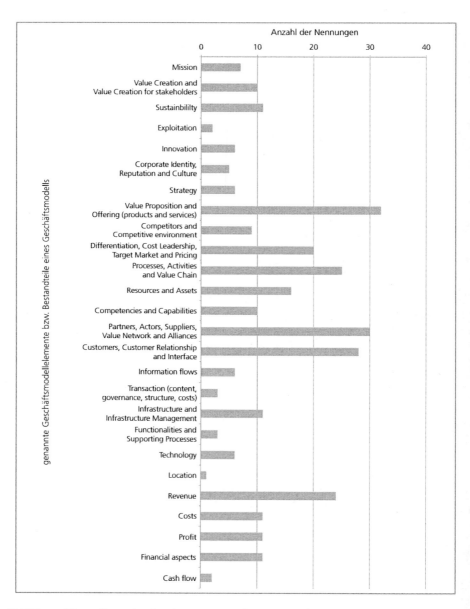

Abbildung 58: Quantitative Auswertung der Untersuchung von Onetti et al. (2010, S. 343ff.)

8.2 Anhang B: TRIZ – Vorgehen zur Lösungsfindung, 39 technische Parameter und 40 Innovationsprinzipien

Abbildung 59 zeigt den Lösungsfindungsprozess mit TRIZ. Tabelle 12 zeigt die 39 technischen Wirkprinzipien sowie Tabelle 13 die 40 Innovationsprinzipen.

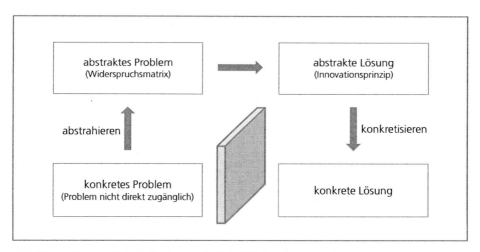

Abbildung 59:   Lösungsfindung mit TRIZ (Klein 2002, S. 10)

Tabelle 12: 39 technische Wirkprinzipien
(vgl. Spath, Linder & Seidenstricker 2011, S. 190)

1.	Gewicht eines bewegten Objekts	14.	Festigkeit	27.	Zuverlässigkeit
2.	Gewicht eines stationären Objekts	15.	Haltbarkeit eines bewegten Objekts	28.	Messgenauigkeit
3.	Länge eines bewegten Objekts	16.	Haltbarkeit eines stationären Objekts	29.	Fertigungs-genauigkeit
4.	Länge eines stationären Objekts	17.	Temperatur	30.	äußere negative Einflüsse auf das Objekt
5.	Fläche eines bewegten Objekts	18.	Helligkeit	31.	negative Nebeneffekte des Objekts
6.	Fläche eines stationären Objekts	19.	Energieverbrauch eines bewegten Objekts	32.	Fertigungs-freundlichkeit
7.	Volumen eines bewegten Objekts	20.	Energieverbrauch eines stationären Objekts	33.	Benutzer-freundlichkeit
8.	Volumen eines stationären Objekts	21.	Leistung	34.	Reparatur-freundlichkeit
9.	Geschwindigkeit	22.	Energieverlust	35.	Anpassungsfähigkeit
10.	Kraft	23.	Materialverlust	36.	Komplexität der Struktur
11.	Druck, Spannung	24.	Informationsverlust	37.	Komplexität in der Kontrolle und Steuerung
12.	Form	25.	Zeitverlust	38.	Automatisierungsgrad
13.	Stabilität eines Objekts	26.	Materialmenge	39.	Produktivität

240

Tabelle 13:   40 Innovationsprinzipien (vgl. Zobel 2009, S. 168ff.)

1.	Zerlegung	15.	Dynamisierung	29.	Pneumo- oder Hydro-konstruktionen
2.	Abtrennung	16.	partielle oder überschüssige Wirkung	30.	elastische Umhüllungen und dünne Folien
3.	örtliche Qualität	17.	Übergang zu höheren Dimensionen	31.	Verwenden poröser Werkstoffe
4.	Asymmetrie	18.	Ausnutzen mechanischer Schwingungen	32.	Farbveränderung
5.	Kopplung	19.	periodische Wirkung	33.	Gleichartigkeit bzw. Homogenität
6.	Universalität	20.	Kontinuität der Wirkprozesse	34.	Beseitigung und Regenerierung von Teilen
7.	Steckpuppe (»Matroschka«)	21.	schnelle Passage	35.	Veränderung des Aggregatzustandes eines Objekts
8.	Gegenmasse	22.	Umwandeln von Schädlichem in Nützliches	36.	Anwendung von Phasenübergängen
9.	vorherige Gegenwirkung	23.	Rückkopplung	37.	Anwenden der Wärme-(aus)-dehnung
10.	vorherige Wirkung	24.	»Vermittler«	38.	Anwenden starker Oxydationsmittel
11.	»vorher untergelegtes Kissen«	25.	Selbstbedienung	39.	Anwenden eines trägen Mediums
12.	Äquipotenzialprinzip	26.	Kopieren	40.	Anwenden zusammengesetzter Stoffe
13.	Funktionsumkehr	27.	billige Kurzlebigkeit anstatt teure Langlebigkeit		
14.	Kugelähnlichkeit	28.	Ersatz mechanischer Schaltbilder (Schaltungen)		

8.3 Anhang C: EFQM-Modell

Um die Exzellenz von Organisationen zu bewerten und nachhaltig zu fördern, wurde durch die European Foundation of Quality Management ein Referenzmodell entwickelt, das als EFQM-Modell bekannt ist und den Business-Excellence-Modellen zuzuordnen ist (vgl. Richter & Spath 2008, S. N18).

Das Modell umfasst neun Felder, die jeweils für die Bewertung mit spezifischen Fragen hinterlegt sind. Das Modell gliedert die neun Felder in zwei Gruppen: die Befähiger und die Ergebnisse. Die »Befähiger-Felder« beschäftigen sich damit »wie« die Ergebnisse erzielt werden. Dagegen haben die »Ergebnisse-Felder« als Aufgabe zu erfassen, was für die Organisation erreicht wird bzw. wurde. Darüber hinaus hebt das Modell die Bedeutung von »Lernen, Kreativität und Innovation« hervor. Es geht dabei davon aus, dass eine erhöhte Leistungsfähigkeit der Befähiger zu gesteigerten Ergebnissen führt (vgl. Schmitt & Pfeifer 2010, S. 66f.). Abbildung 60 zeigt das Modell und seine Elemente.

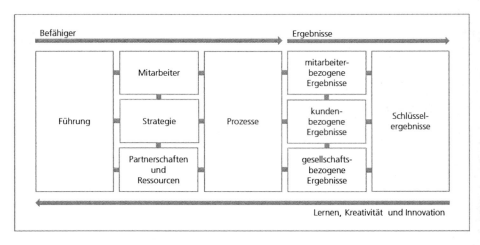

Abbildung 60:   EFQM-Modell (EFQM 2012)

8.4 Anhang D: Instrumente zur Identifizierung von Potenzialfeldern (Phase II)

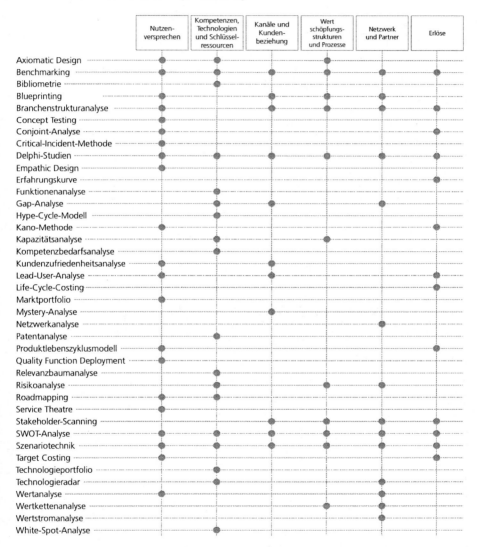

Abbildung 61: Instrumente zur Identifizierung von Potenzialfeldern für die einzelnen Geschäftsmodellelemente

8.5 Anhang E: IT-gestütztes Werkzeug für Phase III

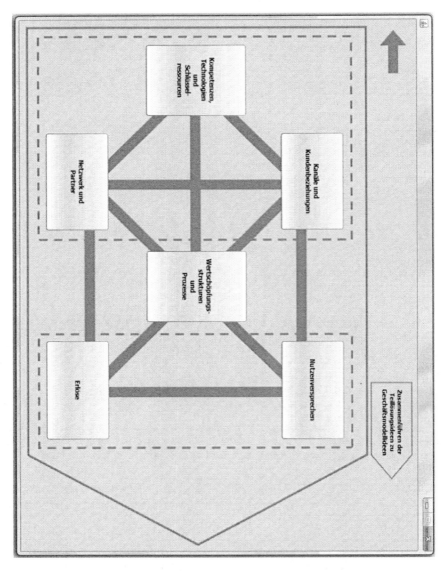

Abbildung 62: Zentrales Menüfeld des entwickelten IT-Werkzeugs

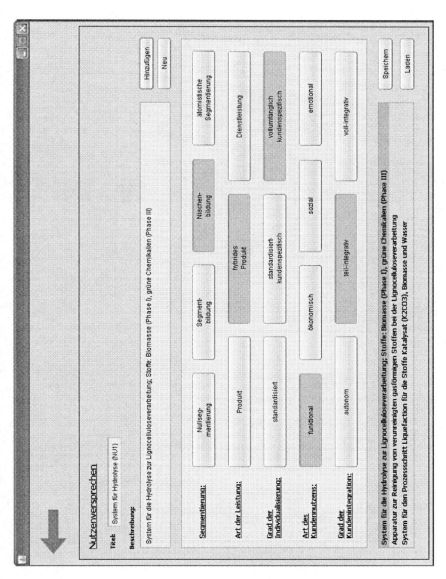

Abbildung 63: Entwicklung und Eingabe der Teillösungsideen für das Geschäftsmodellelement Nutzenversprechen (beispielhafter Ausschnitt)

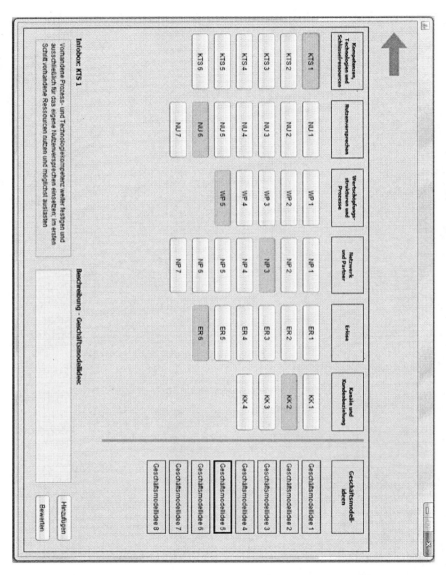

Abbildung 64: Zusammenführung der Teillösungsideen zu Geschäftsmodellideen (beispielhafter Ausschnitt)

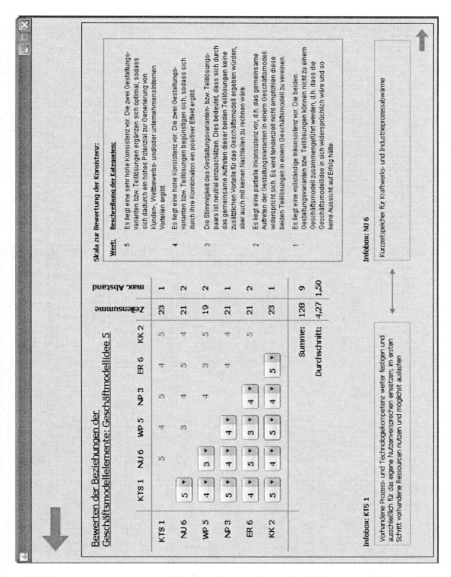

Abbildung 65: Bewertung der Konsistenz der entwickelten Geschäftsmodellideen (beispielhafter Ausschnitt)

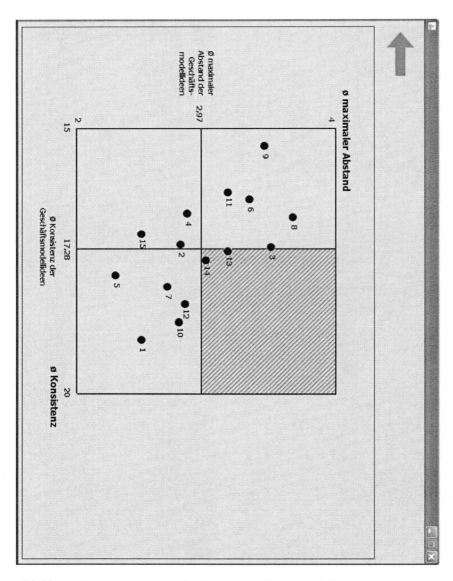

Abbildung 66: Auswertung der Konsistenz der entwickelten Geschäftsmodellideen (beispielhafter Ausschnitt)

9 Literaturverzeichnis

Adam, Dietrich (1996): Planung und Entscheidung. Modelle – Ziele – Methoden; mit Fallstudien und Lösungen. 4. Aufl. Wiesbaden: Gabler-Verlag.

Afuah, Allan (2004): Business models. A strategic management approach. Boston: McGraw-Hill/Irwin.

Afuah, Allan; Tucci, Christopher L. (2003): Internet business models and strategies. Text and cases. 2. Aufl. Boston: McGraw-Hill/Irwin.

Albers, Sönke (2001): Marktdurchsetzung von technologischen Nutzungsinnovationen. In: Hamel, Winfried und Gemünden, Hans-Georg (Hg.): Außergewöhnliche Entscheidungen. Festschrift für Jürgen Hauschildt. München: Vahlen-Verlag, S. 513-546.

Albers, Sönke (2011): Diffusion und Adoption von Innovationen. In: Albers, Sönke und Gassmann, Oliver (Hg.): Handbuch Technologie- und Innovationsmanagement. 2. Aufl. Wiesbaden: Gabler-Verlag, S. 437-456.

Albert, Robert S.; Runco, Mark A. (1999): A History of Research on Creativity. In: Sternberg, Robert J. (Hg.): Handbook of Creativity. Cambridge: Cambridge University Press, S. 16-31.

Alberti, Jan (2011): Geschäftsmodelle für Inkubatoren. Strategien, Konzepte, Handlungsempfehlungen. Wiesbaden: Gabler-Verlag.

Alt, Rainer; Zimmermann, Hans-Dieter (2001): Preface: Introduction to special section-business models. In: *Electronic Markets: the international journal on networked business* 11 (1), S. 3-9.

Amabile, Teresa (1983): The social psychology of creativity. New York: Springer-Verlag.

Amabile, Teresa (1996): Creativity in context. Boulder: Westview Press.

Amit, Raphael; Zott, Christoph (2001): Value Creation in E-Business. In: *Strategic Management Journal* 22 (3), S. 493-520.

Ansari, Asim; Mela, Carl F.; Neslin, Scott A. (2008): Customer Channel Migration. In: *Journal of Marketing Research* 45 (1), S. 60-76.

Ansoff, Harry I. (1966): Management-Strategie. München: Moderne Industrie Verlag.

Ardilio, Antonino; Spath, Dieter; Warschat, Joachim (2010): Technologie-Markt-Radar. Vorgehensweise zur Identifikation von relevanten Entwicklungspotenzialen emergenter Technologien. In: Nyhuis, Peter (Hg.): Wandlungsfähige Produktionssysteme. Berlin: Gito-Verlag, S. 419-456.

Arora, Ashish; Fosfuri, Andrea (2003): Licensing the market for technology. In: *Journal of Economic Behaviour & Organization* 52 (2), S. 277-295.

Ashton, W. Bradford; Klavans, Richard A. (1997): An Introduction to Technical Intelligence in Business. In: Ashton, W. Bradford und Klavans, Richard A. (Hg.): Keeping abreast of science and technology. Technical intelligence for business. Columbus: Battelle Press, S. 5-22.

Backerra, Hendrik; Malorny, Christian; Schwarz, Wolfgang (2007): Kreativitätswerkzeuge. Kreative Prozesse anstoßen, Innovationen fördern. 3. Aufl. München, Wien: Hanser-Verlag.

Baden-Fuller, Charles; Morgan, Mary S. (2010): Business models as models. In: *Long Range Planning* 43 (2/3), S. 156-171.

Bähr-Seppelfricke, Ulrike (1999): Diffusion neuer Produkte. Der Einfluss von Produkt-eigenschaften. Wiesbaden: Deutscher Universitätsverlag-Verlag.

Bannert, Marc (2008): Ein Verfahren zur Verbesserung der Innovativität von Unternehmen auf der Grundlage des komplexen Problemlösens. Heimsheim: Jost-Jetter-Verlag.

Bartoschek, Markus A. (2011): Effektive Angebotsvielfalt industrieller Leistungssysteme. Aachen: Apprimus-Verlag.

Bauernhansl, Thomas (2003): Bewertung von Synergiepotenzialen im Maschinenbau. Aachen: Deutscher Universitäts-Verlag.

Baum, Heinz-Georg; Coenenberg, Adolf G.; Guenther, Thomas (2007): Strategisches Controlling. 4. Aufl. Stuttgart: Schäffer-Poeschel-Verlag.

Becker, Jochen (2006): Marketing-Konzeption. Grundlagen des zielstrategischen und operativen Marketing-Managements. 8. Aufl. München: Vahlen-Verlag.

Belderbos, Rene; Carree, Martin; Lokshin, Boris (2004): Cooperative R&D and firm performance. In: *Research Policy* 33 (10), S. 1477-1492.

Betz, Frederick (2002): Strategic Business Models. In: *Engineering Management Journal* 14 (1), S. 21-27.

Bieger, Thomas; Reinhold, Stephan (2011): Das wertbasierte Geschäftsmodell. Ein aktualisier-ter Strukturierungsansatz. In: Bieger, Thomas; zu Knyphausen-Aufseß, Dodo und Krys, Christian (Hg.): Innovative Geschäftsmodelle. Berlin, Heidelberg: Springer-Verlag, S. 13-70.

Bieger, Thomas; Rüegg-Stürm, Johannes; von Rohr, Thomas (2002): Strukturen und Ansätze einer Gestaltung von Beziehungskonfigurationen. Das Konzept Geschäftsmodell. In: Bieger, Thomas; Bickhoff, Nils; Caspers, Rolf; zu Knyphausen-Aufseß, Dodo und Reding, Kurt (Hg.): Zukünftige Geschäftsmodelle. Konzept und Anwendung in der Netzökonomie. Berlin, Heidelberg: Springer-Verlag, S. 35-59.

Bienzeisler, Bernd (2009): Business Transformation: Neue Organisations- und Geschäftsmodelle. In: Spath, Dieter (Hg.): Die Zukunft der Dienstleistungswirtschaft. Trends und Chancen heute erkennen. München, Wien: Hanser-Verlag, S. 241-259.

Bilalić, Merim; McLeod, Peter; Gobet, Fernand (2008): Inflexibility of experts – Reality or myth? Quantifiying the Einstellung effect in chess masters. In: *Cognitive Psychology* 56 (2), S. 73-102.

Binsack, Margit (2003): Akzeptanz neuer Produkte. Vorwissen als Determinante des Innovationserfolgs. Wiesbaden: Deutscher-Universitätsverlag

BMBF (2011): Photonik Forschung Deutschland. Licht mit Zukunft. Online verfügbar unter http://www.bmbf.de/pub/photonik_forschung_in_deutschland.pdf, zuletzt geprüft am 13.07.2012.

Boos, Evelyn (2009): Das große Buch der Kreativitätstechniken. 2. Aufl. München: Compact-Verlag.

Bornemann, Malte (2010): Die Erfolgswirkung der Geschäftsmodellgestaltung. Eine kontextabhängige Betrachtung. Wiesbaden: Gabler-Verlag.

Boss, Jana (2011): Innovationserfolg im Dienstleistungssektor. Eine empirische Analyse unter Berücksichtigung des Dienstleistungsgrads. Wiesbaden: Gabler-Verlag.

Bourguignon, Annick; Dorsett, Christopher (2002): Creativity: Can artistic perspectives contribute to management questions? 9th EIASM Workshop on Managerial and Organisational. Brussels, 2002.

Braun, Andreas (2012): Open Innovation – Einführung in ein Forschungsparadigma. In: Braun, Andreas; Eppinger, Elisabeth; Vladova, Gergana und Adelhelm, Silvia (Hg.): Open Innovation in Life Sciences. Konzepte und Methoden offener Innovationsprozesse im Pharma-Mittelstand. Wiesbaden: Gabler-Verlag, S. 3-24.

Bresser, Rudi K. F. (1998): Strategische Managementtheorie. Berlin: Gruyter-Verlag.

Brockhoff, Klaus (1999): Forschung und Entwicklung. Planung und Kontrolle. 5. Aufl. München: Oldenbourg-Verlag.

Brockhoff, Klaus (2005): Konflikte bei der Einbeziehung von Kunden in die Produktentwicklung. In: *Zeitschrift für Betriebswirtschaft* 75 (9), S. 859-877.

Brockhoff, Klaus (2011): Management des Wissens als Hauptaufgabe des Technologie- und Innovationsmanagements. In: Albers, Sönke und Gassmann, Oliver (Hg.): Handbuch Technologie- und Innovationsmanagement. 2. Aufl. Wiesbaden: Gabler-Verlag, S. 39-59.

Bruhn, Manfred (2007): Kundenorientierung. Bausteine für ein exzellentes Customer Relationship Management (CRM). 3. Aufl. München: Dt. Taschenbuch-Verlag.

Bruhn, Manfred (2010): Marketing. Grundlagen für Studium und Praxis. 10. Aufl. Wiesbaden: Gabler-Verlag.

Brunner, Anne (2008): Kreativer denken. Konzepte und Methoden von A - Z. München: Oldenbourg-Verlag.

Bucherer, Eva (2010): Business Model Innovation. Guidelines for a Structured Approach. Aachen: Shaker-Verlag.

Buchheit, Stephan (2009): Geschäfts- und Erlösmodelle im Internet. Eine Web 2.0 kompatible Erweiterung bestehender Konzepte. Hamburg: Diplomica Verlag.

Bullinger, Hans-Jörg (1994): Einführung in das Technologiemanagement. Modelle, Methoden, Praxisbeispiele. Stuttgart: Teubner-Verlag.

Bullinger, Hans-Jörg; Hermann, Sibylle; Ganz, Walter (2000): Wettbewerbsfaktor Kreativität. Ein wichtiges Thema neu entdecken! In: Bullinger, Hans-Jörg und Hermann, Sibylle (Hg.): Wettbewerbsfaktor Kreativität. Strategien, Konzepte und Werkzeuge zur Steigerung der Dienstleistungsperformance. Wiesbaden: Gabler-Verlag, S. 3-20.

Burgelman, Robert A.; Maidique, Modesto A.; Wheelwright, Steven C. (2001): Strategic management of technology and innovation. 3. Aufl. Boston: McGraw-Hill/Irwin.

Bürgin, Christian (2007): Reifegradmodell zur Kontrolle des Innovationssystems von Unternehmen. Dissertation. ETH Zürich.

Burianek, Ferdinand; Ihl, Christoph; Bonnemeier, Sebastian; Reichwald, Ralf (2007): Typologisierung hybrider Produkte. Ein Ansatz basierend auf der Komplexität der Leistungserbringung. Arbeitsbericht 01/07. Technische Universität München. Lehrstuhl der Betriebswirtschaftslehre Information, Organisation und Management.

Burianek, Ferdinand; Ihl, Christoph; Reichwald, Ralf (2007): Vertragsgestaltung im Kontext hybrider Wertschöpfung. Arbeitsbericht 02/07. Technische Universität München. Lehrstuhl der Betriebswirtschaftslehre Information, Organisation und Management.

Büschken, Joachim; von Thaden, Christian (2007): Produktvariation, -differenzierung und -diversifikation. In: Albers, Sönke und Herrmann, Andreas (Hg.): Handbuch Produktmanagement. Strategieentwicklung – Produktplanung – Organisation – Kontrolle. Wiesbaden: Gabler-Verlag, S. 593-614.

Casadesus-Masanell, Ramon; Ricart, Joan E. (2010): From Strategy to Business Models and onto Tactics. In: *Long Range Planning* 43 (2/3), S. 195-215.

Casadesus-Masanell, Ramon; Ricart, Joan E. (2011): How to design a winning business model. Smart companies' business models generate cycles that, over time, make them operate more effectively. In: *Harvard Business Review* 89 (1/2), S. 100-107.

Chesbrough, Henry W. (2003a): Open innovation. The New Imperative for Creating and Profiting from Technology. Boston: Harvard Business School Press.

Chesbrough, Henry W. (2003b): The Era of Open Innovation. In: *MIT Sloan Management Review* 44 (3), S. 35-41.

Chesbrough, Henry W. (2010): Business Model Innovation. Opportunities and Barriers. In: *Long Range Planning* 43 (2/3), S. 354-363.

Chesbrough, Henry W.; Rosenbloom, Richard S. (2002): The role of the business model in capturing value from innovation. Evidence from xerox corporation's technology spin-off companies. In: *Industrial and Corporate Change* 11 (3), S. 529-555.

Christensen, Clayton M. (1997): The innovator's dilemma. When new technologies cause great firms to fail. Boston: Harvard Business School Press.

Christensen, Clayton M.; Raynor, Michael E. (2004): Marktorientierte Innovation. Geniale Produktideen für mehr Wachstum. Frankfurt am Main, New York: Campus-Verlag.

Christensen, Clayton M.; Rosenbloom, Richard S. (1995): Explaining the attacker's advantage: Technological paradigms, organizational dynamics, and the value network. In: *Research Policy* 24 (2), S. 233-257.

Christensen, Gunnar E.; Methlie, Leif B. (2003): Value Creation in eBusiness: Exploring the Impacts of Internet-Enabled Business Conduct. 16th eCommerce Conference eTransformation. Bled, 2003.

Collis, David J.; Montgomery, Cynthia A. (1997): Corporate strategy. Resources and the scope of the firm. Boston: McGraw-Hill/Irwin.

Cooper, Robert G. (2002): Top oder Flop in der Produktentwicklung. Erfolgsstrategien: von der Idee zum Launch. Weinheim: Wiley-VCH.

Cooper, Robert G.; Kleinschmidt, Elko J. (1993): Uncovering the Keys to New Product Success. In: *IEEE Engineering Management Review* 21 (4), S. 5-18.

Cooper, Robert G.; Kleinschmidt, Elko J. (1994): Determinants of Timeliness in Product Development. In: *Journal of Product Innovation Management* 11 (5), S. 381-396.

Corsten, Hans (1997): Dienstleistungsmanagement. 3. Aufl. München: Oldenbourg-Verlag.

Csikszentmihalyi, Mihaly (1997): Kreativität. Stuttgart: Klett-Cotta-Verlag.

Csikszentmihalyi, Mihaly (2007): Kreativität. 7.Auflage. Stuttgart: Klett-Cotta-Verlag.

Dahlke, Beate; Kergaßner, Rudolf (1996): Customer Integration und die Gestaltung von Geschäftsbeziehungen. In: Kleinaltenkamp, Michael (Hg.): Customer-Integration. Von der Kundenorientierung zur Kundenintegration. Wiesbaden: Gabler-Verlag, S. 177-193.

Day, George S.; Wensley, Robin (1988): Assessing Advantage: A Framework for Diagnosing Competitive Superiority. In: *Journal of Marketing Research* 52 (2), S. 1-20.

De, Rahul; Mathew, Bjui; Abraham, Dolphi M. (2001): Critical constructs for analyzing e-businesses: investment, user experience and revenue models. In: *Logistics Information Management* 14 (1/2), S. 137-148.

De Bono, Edward (1996): Serious creativity. Die Entwicklung neuer Ideen durch die Kraft lateralen Denkens. Stuttgart: Schäffer-Poeschel-Verlag.

Deckow, Frauke; Zanger, Cornelia (2002): Kompetenz. In: Specht, Dieter und Möhrle, Martin G. (Hg.): Gabler-Lexikon Technologie-Management. Management von Innovationen und neuen Technologien im Unternehmen. Wiesbaden: Gabler-Verlag, S. 130-136.

Deigendesch, Tobias (2009): Kreativität in der Produktentwicklung und Muster als methodisches Hilfsmittel. Dissertation. Karlsruher Institut für Technologie (KIT). Institut für Produktentwicklung.

Demil, Benoît; Lecocq, Xavier (2010): Business model evolution: In search of dynamic consistency. In: *Long Range Planning* 43 (2/3), S. 227-246.

Diller, Hermann (2008): Preispolitik. 4. Aufl. Stuttgart: Kohlhammer-Verlag.

Disselkamp, Marcus (2005): Innovationsmanagement. Instrumente und Methoden zur Umsetzung im Unternehmen. Wiesbaden: Gabler-Verlag.

Dömötör, Rudolf (2011): Erfolgsfaktoren der Innovativität von kleinen und mittleren Unternehmen. Wiesbaden: Gabler-Verlag.

Doz, Yves L.; Kosonen, Mikko (2010): Embedding Strategic Agility. A Leadership Agenda for Accelerating Business Model Renewal. In: *Long Range Planning* 43 (2/3), S. 370-382.

Drebes, Jürgen (2011): Veränderung des Risikos durch Unternehmensdiversifikation. Eine Analyse empirischer Forschungsergebnisse. Hamburg: Kovač-Verlag.

Drucker, Peter F. (1956): Die Praxis des Managements. Ein Leifaden für die Führungs-Aufgaben in der modernen Wirtschaft. Düsseldorf: Econ-Verlag.

Dubosson-Torbay, Magali; Osterwalder, Alexander; Pigneur, Yves (2002): E-Business Model Design, Classification, and Measurements. In: *Thunderbird International Business Review,* 44 (1), S. 5-23.

EFQM (2012): The EFQM Excellence Model. Online verfügbar unter http://www.efqm.org/en/tabid/132/default.aspx, zuletzt geprüft am 22.05.2012.

Enkel, Ellen; Gassmann, Oliver (2009): Neue Ideenquellen erschließen – Die Chancen von O-pen Innovation. In: *Marketing Review St. Gallen* 26 (2), S. 6-11.

Ernst, Holger (2001): Erfolgsfaktoren neuer Produkte. Grundlagen für eine valide empirische Forschung. Wiesbaden: Deutscher Universitäts-Verlag.

Eversheim, Walter; Breuer, Thomas; Grawatsch, Markus; Hilgers, Michael; Knoche, Markus; Rosier, Christian; Schöning, Sebastian; Spielberg, Daniel E. (2003): Methodenbeschreibung. In: Eversheim, Walter (Hg.): Innovationsmanagement für technische Produkte. Berlin, Heidelberg: Springer-Verlag, S. 133-231.

Eyring, Matthew J.; Johnson, Mark W.; Nair, Hari (2011): New Business Models In Emerging Markets. Targeting the middle market can be lucrative – but companies won't be able to deliver unless they start from scratch. In: *Harvard Business Review* 89 (1/2), S. 89-95.

Fenn, Jackie; Raskino, Mark (2008): Mastering the hype cycle. How to choose the right innovation at the right time. Boston: Harvard Business School Publishing.

Fey, Andreas (2000): Diversifikation und Unternehmensstrategie. Zur Insuffizienz der Analyse des Diversifikationserfolges in der empirischen Diversifikationsforschung. Frankfurt am Main: Peter Lang-Verlag.

Fink, Andreas (2011): Intelligenz und Kreativität als Schlüsselkomponenten der Begabung. In: Dresler, Martin (Hg.): Kognitive Leistungen. Intelligenz und mentale Fähigkeiten im Spiegel der Neurowissenschaften. Heidelberg: Spektrum, Akademischer Verlag, S. 23-38.

Fink, Andreas; Benedek, Mathias; Neubauer, Aljoscha (2007): Möglichkeiten zur Steigerung der kreativen Produktivität aus Sicht der Psychologie und der Neurowissenschaften. In: Willfort, Reinhard (Hg.): Creativity work für Wissensarbeit. Kreative Höchstleistungen am Wissensarbeitsplatz auf Basis neuester Erkenntnisse der Gehirnforschung. Aachen: Shaker-Verlag, S. 39-51.

Fließ, Sabine (2001): Die Steuerung von Kundenintegrationsprozessen. Effizienz in Dienstleistungsunternehmen. Wiesbaden: Deutscher Universitäts-Verlag.

Förster, Jens; Denzler, Markus (2006): Kreativität. In: Funke, Joachim und Frensch, Peter A. (Hg.): Handbuch der Allgemeinen Psychologie – Kognition. Göttingen: Hogrefe-Verlag, S. 446-454.

Frick, Lutz (2006): Erfolgreiche Geschäftsmodelle im Werkzeugbau. Aachen: Shaker-Verlag.

Funke, Joachim (2000): Psychologie der Kreativität. In: Holm-Hadulla, Rainer M. (Hg.): Kreativität. Berlin, Heidelberg: Springer-Verlag, S. 283-300.

Gaier, Claudia (2011): Management kreativer Prozesse. Theoretische und empirische Fundierung von Gestaltungsempfehlungen für kreative Prozesse in technischen und gestalterischen Umfeldern. Wiesbaden: Gabler-Verlag.

Garczorz, Ingo (2004): Adoption von Online-Banking-Services. Determinanten aus Sicht der Kunden. Wiesbaden: Deutscher Universitäts-Verlag.

Gassmann, Oliver; Enkel, Ellen (2006): Open Innovation. Die Öffnung des Innovationsprozesses erhöht das Innovationspotenzial. In: *Zeitschrift Führung und Organisation* 75 (3), S. 132-138.

Gassmann, Oliver; Enkel, Ellen; Chesbrough, Henry (2009): Open R&D and open innovation: exploring the phenomenon. In: *R&D Management* 39 (4), S. 311-316.

Gausemeier, Jürgen; Plass, Christoph; Wenzelmann, Christoph (2009): Zukunftsorientierte Unternehmensgestaltung. Strategien, Geschäftsprozesse und IT-Systeme für die Produktion von morgen. München, Wien: Hanser-Verlag.

Gelbmann, Ulrike; Vorbach, Stefan (2007): Das Innovationssystem. In: Strebel, Heinz (Hg.): Innovations- und Technologiemanagement. 2. Aufl. Wien: Facultas.WUV Universitätsverlag, S. 95-155.

Geisberger, Eva; Broy, Manfred (2012): Integrierte Forschungsagenda Cyber-Physical Systems. acatech Studie. Berlin, Heidelberg: Springer-Verlag.

George, Gerard; Bock, Adam J. (2011): The Business Model in Practice and its Implications for Entrepreneurship Research. In: *Entrepreneurship, Theory and Practice* 35 (1), S. 83-111.

Gerpott, Torsten J. (2005): Strategisches Technologie- und Innovationsmanagement. 2. Aufl. Stuttgart: Schäffer-Poeschel-Verlag.

Gerybadze, Alexander (2004): Technologie- und Innovationsmanagement. Strategie, Organisation und Implementierung. München: Vahlen-Verlag.

Geschka, Horst; Zirm, Andrea (2011): Kreativitätstechniken. In: Albers, Sönke und Gassmann, Oliver (Hg.): Handbuch Technologie- und Innovationsmanagement. 2. Aufl. Wiesbaden: Gabler-Verlag, S. 279-302.

Getzels, Jacob W.; Jackson, Philip W. (1962): Creativity and intelligence. Explorations with gifted students. London, New York: John-Wiley.

Giesler, Marianne (2003): Kreativität und organisationales Klima. Entwicklung und Validierung eines Fragebogens zur Erfassung von Kreativitäts- und Innovationsklima in Betrieben. Münster: Waxmann-Verlag.

Globe, Samuel; Levy, Girard W.; Schwartz, Charles M. (1973): Key Factors and Events in the Innovation Process. In: *Research Management* 16 (4), S. 8-15.

Gordijn, Jaap; Akkermans, Hans (2003): Value Based requirements engineering: Exploring innovative e-commerce ideas. In: *Requirements Engineering Journal* 8 (2), S. 114-134.

Gordon, William J. J. (1961): Synectics. The Development of Creative Capacity. New York: Harper & Row.

Götze, Franziska (2010): Determination der Innovationsadoptionsabsicht bei chinesischen Konsumenten. Eine theoretische und empirische Analyse am Beispiel einer Smartphone-Innovation. Dissertation. Technische Universität Berlin.

Götze, Uwe; Bloech, Jürgen (2004): Investitionsrechnung. Modelle und Analysen zur Beurteilung von Investitionsvorhaben. 4. Aufl. Berlin, Heidelberg: Springer-Verlag.

Götze, Uwe; Mikus, Barbara (1999): Strategisches Management. Chemnitz: GUC-Verlag.

Grawatsch, Markus (2005): TRIZ-basierte Technologiefrüherkennung. Aachen: Shaker-Verlag.

Grochla, Erwin; Lehmann, Helmut (1980): Systemtheorie und Organisation. In: Grochla, Erwin (Hg.): Handwörterbuch der Organisation. 2. Aufl. Stuttgart: Schäffer-Poeschel-Verlag, S. 2204-2216.

Gundlach, Carsten; Nähler, Horst (2006): TRIZ – Theorie des erfinderischen Problemlösens. In: Gundlach, Carsten (Hg.): Innovation mit TRIZ. Konzepte, Werkzeuge, Praxisanwendungen. Düsseldorf: Symposion-Verlag, S. 11-42.

Haberfellner, Reinhard; Nagel, Peter; Becker, Mario; Büchel, Alfred; von Massow, Heinrich (Hg.) (2002): Systems engineering. Methodik und Praxis.
11. Aufl. Zürich: Orell-Füssli-Verlag.

Hadjimanolis, Athanasios (2003): The barriers approach to innovation. In: Shavinina, Larisa V. (Hg.): The international handbook on innovation. A unique compendium bringing together the leading scholars in the field of innovation. Oxford: Pergamon Press, S. 559-573.

Haenecke, Henrik (2002): Methodenorientierte Systematisierung der Kritik an der Erfolgsfaktorenforschung. In: *Zeitschrift für Betriebswirtschaft* 72 (2), S. 165-183.

Hamel, Gary (2000): Leading the revolution. How to thrive in turbulent times by making innovation a way of life. New York: Plume Book.

Hamel, Gary; Prahalad, Coimbatore K. (1993): Strategy as Stretch and Leverage.
In: *Harvard Business Review* 71 (2), S. 75-84.

Hauschildt, Jürgen; Gemünden, Hans-Georg (2011): Dimensionen der Innovation. In: Albers, Sönke und Gassmann, Oliver (Hg.): Handbuch Technologie- und Innovationsmanagement. 2. Aufl. Wiesbaden: Gabler-Verlag, S. 21-38.

Hauschildt, Jürgen; Salomo, Sören (2011): Innovationsmanagement.
5. Aufl. München: Vahlen-Verlag.

Hedman, Jonas; Kalling, Thomas (2003): The business model concept: Theoretical underpinnings and empirical illustrations. In: *European Journal of Information Systems* 12 (1), S. 49-59.

Heesen, Marcel (2009): Innovationsportfoliomanagement. Bewertung von Innovationsprojekten in kleinen und großen Unternehmen der Automobilzuliefererindustrie.
Wiesbaden: Gabler-Verlag.

Henard, David H.; Szymanski, David M. (2001): Why Some New Products Are More Successful Than Others. In: *Journal of Marketing Research* 38 (3), S. 362-375.

Hensel, Michael; Wirsam, Jan (2008): Diffusion von Innovationen. Das Beispiel Voice over IP.
Wiesbaden: Gabler-Verlag.

Herm, Markus (2006): Konfiguration globaler Wertschöpfungsnetzwerke auf Basis von Business capabilities. Aachen: Shaker-Verlag.

Hermann, Sibylle; Ganz, Walter (2000): Steckbrief eines kreativen Unternehmers. In: Bullinger, Hans-Jörg und Hermann, Sibylle (Hg.): Wettbewerbsfaktor Kreativität. Strategien, Konzepte und Werkzeuge zur Steigerung der Dienstleistungsperformance.
Wiesbaden: Gabler-Verlag, S. 33-51.

Heubach, Daniel (2009): Eine funktionsbasierte Analyse der Technologierelevanz von Nanotechnologie in der Produktplanung. Heimsheim: Jost-Jetter-Verlag.

Heubach, Daniel; Slama, Alexander; Rüger, Marc (2008): Der Technologieentwicklungsprozess. In: Bullinger, Hans-Jörg (Hg.): Fokus Technologie. Chancen erkennen – Leistungen entwickeln. München, Wien: Hanser-Verlag, S. 13-43.

Heuskel, Dieter (1999): Wettbewerb jenseits von Industriegrenzen. Aufbruch zu neuen Wachstumsstrategien. Frankfurt am Main: Campus-Verlag.

von Hippel, Erich (1986): Lead Users. A Source of Novel Product Concepts. In: *Management Science* 32 (7), S. 791-805.

Homburg, Christian; Bruhn, Manfred (2010): Kundenbindungsmanagement – Eine Einführung in die theoretischen und praktischen Problemstellungen. In: Bruhn, Manfred und Homburg, Christian (Hg.): Handbuch Kundenbindungsmanagement. 7. Aufl. Wiesbaden: Gabler-Verlag, S. 3-37.

Homburg, Christian; Krohmer, Harley (2006): Marketingmanagement. Strategie, Instrumente, Umsetzung, Unternehmensführung. 2. Aufl. Wiesbaden: Gabler-Verlag.

Hoque, Faisal (2002): The alignment effect. How to get real business value out of technology. Upper Saddle River: Financial Times Press.

Huizingh, Eelko (2011): Open Innovation: State of the art and future perspectives. In: *Technovation* 31 (1), S. 2-9.

Hünerberg, Reinhard; Hüttmann, Axel (2003): Performance as a basis for price-setting in the capital goods industry. Concepts and empirical evidence. In: *European Management Journal* 21 (6), S. 717-730.

Hungenberg, Harald (1999): Bildung und Entwicklung von strategischen Allianzen. Theoretische Erklärungen, illustriert am Beispiel der Telekommunikationsbranche. In: Engelhard, Johann und Sinz, Elmar J. (Hg.): Kooperation im Wettbewerb. Neue Formen und Gestaltungskonzepte im Zeichen von Globalisierung und Informationstechnologie. Wiesbaden: Gabler-Verlag, S. 3-29.

Hungenberg, Harald (2008): Strategisches Management in Unternehmen. Ziele – Prozesse – Verfahren. 5. Aufl. Wiesbaden: Gabler-Verlag.

Hüttmann, Axel (2003): Leistungsabhängige Preiskonzepte im Investitionsgütergeschäft. Funktion, Wirkung, Einsatz. Wiesbaden: Deutscher Universitäts-Verlag.

Hutzschenreuter, Thomas; Sonntag, Alexander (1998): Erläuterungsansätze für Diversifikation von Unternehmen. Arbeitspapier Nr. 13. Handelshochschule Leipzig.

IBM (2012): Führen durch Vernetzung. Ergebnisse der Global Chief Executive Officer (CEO) Studie. Online verfügbar unter http://public.dhe.ibm.com/common/ssi/ecm/de/gbe03485dede/GBE03485DEDE.PDF, zuletzt geprüft am 15.05.2012.

Ili, Serhan (2009): Open Innovation im Kontext der Integrierten Produktentwicklung. Strategien zur Steigerung der FuE-Produktivität. Dissertation. Karlsruher Institut für Technologie (KIT). Institut für Produktentwicklung.

Ili, Serhan (2012): Open Innovation. In: Achatz, Reinhold; Braun, Michael und Sommerlatte, Tom (Hg.): Lexikon Technologie- und Innovationsmanagement. Düsseldorf: Symposion-Verlag, S. 267-268.

Itami, Hiroyuki; Nishino, Kazumi (2010): Killing Two Birds with One Stone. Profit for Now and Learning for the Future. In: *Long Range Planning* 43 (2/3), S. 364-369.

Johnson, Mark W.; Christensen, Clayton M.; Kagermann, Henning (2008): Reinventing Your Business Model. In: *Harvard Business Review* 86 (12), S. 50-59.

Jones, Tim (2002): Innovating at the edge. How organizations evolve and embed innovation capability. Oxford: Butterworth-Heinemann.

Jørgensen, Frances; Ulhøi, John Parm (2009): Entrepreneurial emergence in the field of M-Commerce: A generic business model reconceptualization. In: *Journal of E-Business* 9 (1/2), S. 11-15.

Kesting, Tobias; Rennhak, Carsten (2008): Marktsegmentierung in der deutschen Unternehmenspraxis. Wiesbaden: Gabler-Verlag.

Killich, Stephan (2011): Formen der Unternehmenskooperation. In: Becker, Thomas; Dammer, Ingo; Howaldt, Jürgen und Loose, Achim (Hg.): Netzwerkmanagement. Mit Kooperation zum Unternehmenserfolg. 3. Aufl. Berlin, Heidelberg: Springer-Verlag, S. 13-22.

Kinzler, Philipp (2005): Das Management strategischer Kerne. Wettbewerbsvorteile durch kohärente Geschäftssysteme. Wiesbaden: Deutscher Universitäts-Verlag.

Kirchgeorg, Manfred (2005): Marktforschung, Kunden- und Konkurrenzanalyse. Gewinnung der marktorientierten Basisinformationen für den Innovationsprozess. In: Schäppi, Bernd; Andreasen, Mogens M.; Kirchgeorg, Manfred und Radermacher, Franz-Josef (Hg.): Handbuch Produktentwicklung. München, Wien: Hanser-Verlag, S. 141-168.

Klein, Bernd (2002): TRIZ/TIPS – Methodik des erfinderischen Problemlösens. München, Wien: Oldenbourg Wissenschaftsverlag.

Klein, Robert; Steinhardt, Claudius (2008): Revenue Management. Grundlagen und Mathematische Methoden. Berlin, Heidelberg: Springer-Verlag.

Kleinaltenkamp, Michael (2006): Auswahl von Vertriebswegen. In: Kleinaltenkamp, Michael; Jacob, Frank; Plinke, Wulff und Söllner, Albrecht (Hg.): Markt- und Produktmanagement. Die Instrumente des Business-to-Business-Marketing. 2. Aufl. Wiesbaden: Gabler-Verlag, S. 321-368.

Kleinaltenkamp, Michael; Saab, Samy (2009): Technischer Vertrieb. Eine praxisorientierte Einführung in das Business-to-Business-Marketing. Berlin, Heidelberg: Springer-Verlag.

Kline, Stephen J.; Rosenberg, Nathan (1986): An Overview of Innovation. In: Landau, Ralph und Rosenberg, Nathan (Hg.): The positive sum strategy. Harnessing technology for economic growth. Washington D.C.: National Academy Press, S. 275-305.

Knoche, Markus (2006): Komplementaritätsrelevante technologiebasierte Diversifikation. Aachen: Shaker-Verlag.

Knop, Robert (2009): Erfolgsfaktoren strategischer Netzwerke kleiner und mittlerer Unternehmen. Ein IT-gestützter Wegweiser zum Kooperationserfolg. Wiesbaden: Gabler-Verlag.

zu Knyphausen-Aufseß, Dodo; Hettinga, Eiko; Harren, Hendrik; Franke, Tim (2011): Das Erlösmodell als Teilkomponente des Geschäftsmodells. In: Bieger, Thomas; zu Knyphausen-Aufseß, Dodo und Krys, Christian (Hg.): Innovative Geschäftsmodelle. Berlin, Heidelberg: Springer-Verlag, S. 163-184.

Koch, Walter (2006): Zur Wertschöpfungstiefe von Unternehmen. Die strategische Logik der Integration. Wiesbaden: Deutscher Universitäts-Verlag.

Kohler, Jens (2008): Wissenstransfer bei hoher Produkt- und Prozesskomplexität. Pilotierung, Rollout und Migration neuer Methoden am Beispiel der Automobilindustrie. Wiesbaden: Gabler-Verlag.

Kornmeier, Klaus (2009): Determination der Endkundenakzeptanz mobilkommunikationsbasierter Zahlungssysteme. Eine theoretische und empirische Analyse. Dissertation. Universität Duisburg-Essen.

Kotler, Philip; Keller, Kevin L.; Bliemel, Friedhelm (2007): Marketing-Management. Strategien für wertschaffendes Handeln. 12. Aufl. München: Pearson Studium.

Kotler, Philip; Pfoertsch, Waldemar (2010): Ingredient branding. Making the invisible visible. New York: Springer-Verlag.

Kraus, Roland (2005): Strategisches Wertschöpfungsdesign. Ein konzeptioneller Ansatz zur innovativen Gestaltung der Wertschöpfung. Wiesbaden: Deutscher Universitäts-Verlag.

Kremic, Tibor; Tukel, Oya Icmeli; Rom, Walter O. (2006): Outsourcing decision support. A survey of benefits, risks, and decision factors. In: *Supply Chain Management: An International Journal* 11 (6), S. 467-482.

Kroeber-Riel, Werner; Weinberg, Peter (2003): Konsumentenverhalten. 8. Aufl. München: Vahlen-Verlag.

Krüger, Wilfried (2004): Von der Wertorientierung zur Wertschöpfungsorientierung der Unternehmensführung. In: Wildemann, Horst (Hg.): Organisation und Personal. Festschrift für Rolf Bühner. München: TCW, Transfer-Centrum für Produktionslogistik und Technologie-Management, S. 57-81.

Krüger, Wilfried (2009): Excellence in change. Wege zur strategischen Erneuerung. 4. Aufl. Wiesbaden: Gabler-Verlag.

Krüger, Wilfried; Homp, Christian (1997): Kernkompetenz-Management. Steigerung von Flexibilität und Schlagkraft im Wettbewerb. Wiesbaden: Gabler-Verlag.

Kuß, Alfred; Kleinaltenkamp, Michael (2011): Marketing-Einführung. Grundlagen – Überblick – Beispiele. 5. Aufl. Wiesbaden: Gabler-Verlag.

Lambeck, Peter (2009): Unterstützung der Kreativität von verteilten Konstrukteuren mit einem aktiven semantischen Netz. Dissertation. Universität Stuttgart. Institut für Maschinenelemente.

Lang-Koetz, Claus; Ardilio, Antonino; Warschat, Joachim (2008): Technologie Radar. Heute schon Technologien für morgen identifizieren. In: Bullinger, Hans-Jörg (Hg.): Fokus Technologie. Chancen erkennen – Leistungen entwickeln. München, Wien: Hanser-Verlag, S. 133-146.

Lay, Gunter (Hg.) (2007): Betreibermodelle für Investitionsgüter. Verbreitung, Chancen und Risiken, Erfolgsfaktoren. Stuttgart: Fraunhofer-IRB-Verlag.

Leibold, Kay (2007): Adoption von Internetzahlungssystemen. Dissertation. Karlsruher Institut für Technologie (KIT). Fakultät für Wirtschaftswissenschaften.

Lichtenthaler, Ulrich; Lichtenthaler, Eckhard; Frishammer, Johan (2009): Technology commercialization intelligence: Organizational antecedents and performance consequences. In: *Technological Forecasting And Social Change* 76 (3), S. 301-315.

Linder, Christian; Seidenstricker, Sven (2010): When the component becomes greater than the end product: Shimano's way to leadership. In: *Journal of Case Studies in Management* 1 (1), S. 37-54.

Litfin, Thorsten (2000): Adoptionsfaktoren. Empirische Analyse am Beispiel eines innovativen Telekommunikationsdienstes. Wiesbaden: Deutscher Universitäts-Verlag.

Maaß, Frank; Suprinovic, Olga; Werner, Arndt (2006): FuE-Kooperationen von KMU. Interne und externe Erfolgsfaktoren aus organisationsökonomischer Sicht. Wiesbaden: Deutscher Universitäts-Verlag.

Magretta, Joan (2002): Why Business Models Matter. A good business model begins with an insight into human motivations and ends in a rich stream of profits. In: *Harvard Business Review* 80 (5), S. 86-92.

Mahadevan, Balakrishnan (2000): Business Models for Internet based E-Commerce. An Anatomy. In: *California Management Review* 42 (4), S. 55-69.

von Martens, Tobias (2009): Kundenwertorientiertes Revenue-Management im Dienstleistungsbereich. Wiesbaden: Gabler-Verlag.

Matt, Dominik T. (2007): Der Kundennutzen im Visier. In: *Zeitschrift für wirtschaftlichen Fabrikbetrieb* 102 (6), S. 375-379.

Matz, Stefanie (2007): Erfolgsfaktoren im Innovationsmanagement von Industriebetrieben. Wiesbaden: Deutscher Universitäts-Verlag.

Mayo, Margarita C.; Brown, Gordon S. (1999): Building a competitive business model. In: *Ivey Business Journal* 63 (3), S. 18-23.

McGrath, Rita G. (2010): Business Models: A Discovery Driven Approach. In: *Long Range Planning* 43 (2/3), S. 247-261.

Meffert, Heribert; Burmann, Christoph; Kirchgeorg, Manfred (2008): Marketing. Grundlagen marktorientierter Unternehmensführung; Konzepte, Instrumente, Praxisbeispiele. 10. Aufl. Wiesbaden: Gabler-Verlag.

Mikus, Barbara (2003): Strategisches Logistikmanagement. Ein markt-, prozess- und ressourcenorientiertes Konzept. Wiesbaden: Deutscher Universitäts-Verlag.

Montoya-Weiss, Mitzi M.; Calantone, Roger (1994): Determinants of New Product Performance. A Review and Meta Analysis. In: *Journal of Small Business Management* 11 (5), S. 397-417.

Morris, Michael; Schindehutte, Minet; Allen, Jeffrey (2005): The entrepreneur's business model. Toward a unified perspective. In: *Journal of Business Research* 58 (6), S. 726-735.

Müller-Stewens, Günter; Brauer, Matthias (2011): Schafft unsere Konzernebene einen Mehrwert? Ein Plädoyer für eine verantwortungsvolle Diversifikation. In: Eggers, Bernd; Ahlers, Friedel und Eichenberg, Timm (Hg.): Integrierte Unternehmungsführung. Wiesbaden: Gabler-Verlag, S. 29-38.

Müller-Stewens, Günter; Fontin, Mathias (2003): Die Innovation des Geschäftsmodells – der unterschätzte vierte Weg. Die vier Teile des Kapitalisierungsmodells der Wertschöpfung. In: *Frankfurter Allgemeine Zeitung*, 28.07.2003 (172), S. 18.

Müller-Stewens, Günter; Lechner, Christoph (2011): Strategisches Management. Wie strategische Initiativen zum Wandel führen: der St. Galler Management Navigator. 4. Aufl. Stuttgart: Schäffer-Poeschel-Verlag.

Mumford, Michael; Scott, Ginamarie; Gaddis, Blaine; Strange, Jill (2002): Leading Creative People. Orchestrating Expertise and Relationships. In: *The Leadership Quarterly* 13 (6), S. 705-750.

Nagle, Thomas T.; Hogan, John E. (2006): The strategy and tactics of pricing. A guide to growing more profitably. 4. Aufl. Upper Saddle River: Financial Times.

Neslin, Scott A.; Shankar, Venkatesh (2009): Key Issues in Multichannel Customer Management. Current Knowledge and Future Directions. In: *Journal of Interactive Marketing* 23 (1), S. 70-81.

Nieschlag, Robert; Dichtl, Erwin; Hörschgen, Hans (2002): Marketing. 19. Aufl. Berlin: Duncker & Humblot-Verlag.

Nieto, Maria J.; Santamaria, Lluis (2007): The importance of diverse collaborative networks for the novelty of product innovation. In: *Technovation* 27 (6/7), S. 367-377.

Nöllke, Matthias (2010): Kreativitätstechniken. 6. Aufl. Freiburg: Haufe-Verlag.

Onetti, Alberto; Zucchella, Antonella; Jones, Marian V.; McDougall-Covin, Patricia P. (2010): Internationalization, innovation and entrepreneurship: Business models for new technology-based firms, S. 337-368. Online verfügbar unter Springer Science+Business Media, L.L.C. http://dx.doi.org/10.1007/s10997-010-9154-1, zuletzt geprüft am 10.05.2012.

Osterwalder, Alexander (2004): The business model ontology. A proposition in a design science approach. These Présentée à l'Ecole des Hautes Etudes Commerciales de l'Université de Lausanne. Université de Lausanne. Ecole des Hautes Etudes Commerciales.

Osterwalder, Alexander; Pigneur, Yves (2002): An e-business model ontology for modelling e-business. 15th Electronic Commerce Conference E-Reality: Constructing the e-economy. Bled, 2002.

Osterwalder, Alexander; Pigneur, Yves (2011): Business Model Generation. Ein Handbuch für Visionäre, Spielveränderer und Herausforderer. Frankfurt am Main: Campus-Verlag.

Osterwalder, Alexander; Pigneur, Yves; Tucci, Christopher L. (2005): Clarifying business models: Origins, present, and future of the concept. In: *Communications of AIS, the association for information systems* 15 (1), S. 1-40.

Page, Albert L.; Schirr, Gary R. (2008): Growth and Development of a Body of Knowledge. 16 Years of New Product Development Research, 1989-2004. In: *The Journal of Product Innovation Management* 25 (3), S. 233-248.

Papies, Simon (2006): Phasenspezifische Erfolgsfaktoren von Innovationsprojekten. Eine projektbegleitende Längsschnittanalyse. Wiesbaden: Deutscher Universitäts-Verlag.

Pateli, Adamantia G.; Giaglis, George M. (2003): A Framework for Understanding and Analysing eBusiness Models. 16th eCommerce Conference eTransformation. Bled, 2003.

Pattikawa, Lenny H.; Verwaal, Ernst; Commandeur, Harry R. (2006): Understanding new product project performance. In: *European Journal of Marketing* 40 (11/12), S. 1178-1193.

Pechtl, Hans (2005): Preispolitik. Stuttgart: Lucius & Lucius-Verlag.

Pepels, Werner (1998): Einführung in das Preismanagement. München: Oldenbourg-Verlag.

Perillieux, René (1987): Der Zeitfaktor im strategischen Technologiemanagement. Früher oder später Einstieg bei technischen Produktinnovationen. Berlin: E. Schmidt-Verlag.

Perl, Elke (2007): Grundlagen des Innovations- und Technologiemanagements. In: Strebel, Heinz (Hg.): Innovations- und Technologiemanagement. 2. Aufl. Wien: Facultas.WUV Universitätsverlag, S. 17-52.

Peschl, Thomas (2010): Strategisches Management hybrider Leistungsbündel. Dissertation. Frankfurt am Main: Peter Lang-Verlag.

Petrovic, Otto; Kittl, Christian; Teksten, Ryan D. (2001): Developing business models for e-business. International Conference on Electronic Commerce. Vienna, 2001.

Phillips, Robert L. (2005): Pricing and revenue optimization. Stanford: Stanford Business Books.

Picot, Arnold; Dietl, Helmut; Franck, Egon (2008): Organisation. Eine ökonomische Perspektive. 5. Aufl. Stuttgart: Schäffer-Poeschel-Verlag.

Pine, B. Joseph (1999): Mass customization. The new frontier in business competition. Boston: Harvard Business School.

Pleschak, Franz; Sabisch, Helmut (1996): Innovationsmanagement. Stuttgart: Schäffer-Poeschel-Verlag.

Poel, Martijn; Renda, Andrea; Ballon, Pieter (2007): Business model analysis as a new tool for policy evaluation: policies for digital content platforms. In: *The Journal of policy, regulation and strategy for telecommunications* 9 (5), S. 86-100.

Porter, Michael E. (2008): Wettbewerbsstrategie. Methoden zur Analyse von Branchen und Konkurrenten. 11. Aufl. Frankfurt am Main: Campus-Verlag.

Poznanski, Steffi (2007): Wertschöpfung durch Kundenintegration. Eine empirische Untersuchung am Beispiel von strukturierten Finanzierungen. Wiesbaden: Deutscher Universitäts-Verlag.

Preiser, Siegfried (1986): Kreativitätsforschung. 2. Aufl. Darmstadt: Wissenschaftliche Buchgesellschaft.

Rackensperger, Daniel (2008): Der Beitrag von Design zur Innovationsfähigkeit. Eine explorative Fallstudienanalyse. Dissertation. Technische Universität München. Lehrstuhl für Betriebswirtschaftslehre Information, Organisation und Management.

Rayport, Jeffrey F.; Jaworski, Bernard J. (2002): Cases in e-commerce. Boston: McGraw-Hill/Irwin.

Reichwald, Ralf; Piller, Frank (2009): Interaktive Wertschöpfung. Open Innovation, Individualisierung und neue Formen der Arbeitsteilung. 2. Aufl. Wiesbaden: Gabler-Verlag.

Reinartz, Werner; Krafft, Manfred; Hoyer, Wayne D. (2004): The Customer Relationship Managment Process. Its Measurement and Impact on Performance. In: *Journal of Marketing Research* 41 (3), S. 293-305.

Reinhold, Stephan; Reuter, Emanuelle; Bieger, Thomas (2011): Innovative Geschäftsmodelle. Die Sicht des Managements. In: Bieger, Thomas; zu Knyphausen-Aufseß, Dodo und Krys, Christian (Hg.): Innovative Geschäftsmodelle. Berlin, Heidelberg: Springer-Verlag, S. 71-92.

Rentmeister, Jahn; Klein, Stefan (2003): Geschäftsmodelle. Ein Begriff auf der Waagschale. In: *Zeitschrift für Betriebswirtschaft Ergänzungsheft 1/2003* 73 (1), S. 17-30.

Renz, Karl-Christof (2004): Technologiestrategien in wachsenden und schnell wachsenden Unternehmen. Heimsheim: Jost-Jetter-Verlag.

Richardson, James (2008): The business model. An integrative framework for strategy execution. In: *Strategic Change* 17 (5/6), S. 133-144.

Richter, Michael; Spath, Dieter (2008): Qualitätsmanagement. In: Czichos, Horst und Hennecke, Manfred (Hg.): Hütte. Das Ingenieurwesen.
33. Aufl. New York: Springer-Verlag, N1-N18.

van Riel, Allard C.R.; Lemmink, Jos; Ouwersloot, Hans (2004): High-Technology Service Innovation Success. A Decision-Making Perspective. In: *The Journal of Product Innovation Management* 21 (5), S. 348-359.

Rogers, Everett M. (1962): Diffusion of Innovations. New York: Free Press.

Rogers, Everett M. (2003): Diffusion of Innovations. 5. Aufl. New York: Free Press.

Rogowski, Thorsten (2011): ServScore - Verfahren zur Bewertung der Innovationsfähigkeit für produktbegleitende Dienstleistungen im Maschinenbau. Heimsheim: Jost-Jetter-Verlag.

Röhrig, Tina (2011): Ressourcenorientierte Messung der Diversifikation in Unternehmen. Eine empirische Überprüfung eines neuen Maßes aufbauend auf dem aktuellen Stand der Forschung. Berlin: Pro Business-Verlag.

Romijn, Henny; Albaladejo, Manuel (2002): Determinants of innovation capability in small electronics and software firms in southeast England. In: *Research Policy* 31 (7), S. 1053-1067.

Ropohl, Günter (2009): Allgemeine Technologie. Eine Systemtheorie der Technik. 3. Aufl. Karlsruhe: Universitätsverlag.

Rosenberg, Nathan (1976): Perspectives on technology. Cambridge: Cambridge University Press.

Roth, Stefan; Woratschek, Herbert (2006): Preisbildung und Differenzierung für Absatzleistungen und Preisbündel. In: Kleinaltenkamp, Michael (Hg.): Innovatives Dienstleistungsmarketing in Theorie und Praxis. Wiesbaden: Deutscher Universitäts-Verlag, S. 313-335.

Rühli, Edwin (1994): Die Resource-based View of Strategy. Ein Impuls für einen Wandel im unternehmungspolitischen Denken und Handeln? In: Gomez, Peter; Hahn, Dietger; Müller-Stewens, Günter und Wunderer, Rolf (Hg.): Unternehmerischer Wandel. Konzepte zur organisatorischen Erneuerung. Wiesbaden: Gabler-Verlag, S. 31-58.

Runia, Peter; Wahl, Frank; Geyer, Olaf; Thewißen, Christian (2011): Marketing. Eine prozess- und praxisorientierte Einführung. 3. Aufl. München: Oldenbourg-Verlag.

Salomo, Katrin (2008): Akzeptanz von Dienstleistungsinnovationen. Eine empirische Untersuchung am Beispiel der Telemedizin. Lichtenberg: Harland Media-Verlag.

Sammerl, Nadine (2006): Innovationsfähigkeit und nachhaltiger Wettbewerbsvorteil. Messung, Determinanten, Wirkungen. Wiesbaden: Deutscher Universitäts-Verlag.

Schlicksupp, Helmut (1992): Innovation, Kreativität und Ideenfindung. 4. Aufl. Würzburg: Vogel-Verlag.

Schmalen, Helmut; Pechtl, Hans (1996): Die Rolle der Innovationseigenschaften als Determinanten im Adoptionsverhalten. In: *Schmalenbachs Zeitschrift für betriebswirtschaftliche Forschung* 48 (8), S. 816-836.

Schmelzer, Hermann J.; Sesselmann, Wolfgang (2003): Geschäftsprozessmanagement in der Praxis. Kunden zufrieden stellen – Produktivität steigern – Wert erhöhen. 3. Aufl. München, Wien: Hanser-Verlag.

Schmidthals, Jens (2007): Technologiekooperationen in radikalen Innovationsvorhaben. Wiesbaden: Deutscher Universitäts-Verlag.

Schmitt, Robert; Pfeifer, Tilo (2010): Qualitätsmanagement. Strategien, Methoden, Techniken. 4. Aufl. München, Wien: Hanser-Verlag.

Schögel, Marcus (1997): Mehrkanalsysteme in der Distribution. Wiesbaden: Deutscher Universitäts-Verlag.

Schuh, Günther; Boos, Wolfgang; Osterloh, Jörg (2008): Produktionskooperationen. Bewertung von Aufwand und Nutzen. In: *Zeitschrift für wirtschaftlichen Fabrikbetrieb* 103 (12), S. 828-831.

Schuh, Günther; Drescher, Toni; Beckermann, Stephen; Schmelter, Kristin (2011): Technologieverwertung. In: Schuh, Günther und Klappert, Sascha (Hg.): Technologiemanagement. Handbuch Produktion und Management 2. Aufl. Berlin, Heidelberg: Springer-Verlag, S. 241-282.

Schuh, Günther; Friedli, Thomas; Kurr, Michael A. (2005): Kooperationsmanagement. Systematische Vorbereitung, gezielter Auf- und Ausbau, entscheidende Erfolgsfaktoren. München, Wien: Hanser-Verlag.

Schumpeter, Joseph A. (1934): The Theory of Economic Development. Cambridge: Harvard University Press.

Schweitzer, Marcell; Küpper, Hans-Ulrich (2011): Systeme der Kosten- und Erlösrechnung. 10. Aufl. München: Vahlen-Verlag.

Schweizer, Lars (2005): Concept and evolution of business models. In: *Journal of General Management* 31 (2), S. 37-56.

Seidenstricker, Sven (2011): Innovationsmanagement 2.0. Technologieinnovationspotenziale identifizieren und Geschäftsmodell-Innovationen entwickeln. In: Haubrock, Alexander (Hg.): Zweite Aalener KMU-Konferenz – Beiträge zum Stand der KMU-Forschung. Aachen: Shaker-Verlag, S. 159-174.

Seidenstricker, Sven; Linder, Christian (2010): Hotspots in PV Research. In: *Renewable Energy World Magazine* 13 (5), S. 57-61.

Seidenstricker, Sven; Linder, Christian (2012): Strategische Vermarktung von Technologieinnovationen für Zulieferer. In: Proff, Heike; Schönharting, Jörg; Schramm, Dieter und Ziegler, Jürgen (Hg.): Zukünftige Entwicklungen in der Mobilität. Betriebswirtschaftliche und Technische Aspekte: Gabler-Verlag, S. 383-390.

Sethi, Rajesh; Iqbal, Zafar (2008): Stage-Gate Controls, Learning Failure, and Adverse Effect on Novel New Products. In: *Journal of Marketing Research* 72 (1), S. 118-134.

Shafer, Scott M.; Smith, H. Jeff; Linder, Jane C. (2005): The power of business models. In: *Business Horizons* 48 (3), S. 199-207.

Shalley, Christina E.; Gilson, Lucy L. (2004): What leaders need to know. A review of social and contextual factors that can foster or hinder creativity. In: *Leadership Quarterly* 15 (1), S. 33-53.

Sheth, Jagdish N.; Newman, Bruce I.; Gross, Barbara L. (1991): Why we buy what we buy. A theory of consumption values. In: *Journal of Business Research* 22 (2), S. 159-170.

Siems, Florian (2009): Preismanagement. Konzepte, Strategien, Instrumente. München, Wien: Vahlen-Verlag.

Simon, Hermann (1992): Preismanagement. Analyse, Strategie, Umsetzung. 2. Aufl. Wiesbaden: Gabler-Verlag.

Simon, Hermann; Fassnacht, Martin (2009): Preismanagement. Strategie – Analyse – Entscheidung – Umsetzung. 3. Aufl. Wiesbaden: Gabler-Verlag.

Siwczyk, Yvonne; Le, Nguyen-Truong (2011): Text-Mining. Die stetig wachsende Informationsflut bewältigen. In: Spath, Dieter (Hg.): Mit Ideen zum Erfolg. Technologiemanagement in der Praxis. Stuttgart: Fraunhofer-Verlag, S. 279-282.

Slama, Alexander (2010): Ein Verfahren zur Verkürzung des Entwicklungsprozesses. Heimsheim: Jost-Jetter-Verlag.

Slywotzky, Adrian J. (1997): Strategisches Business-Design. Zukunftsorientierte Konzepte zur Steigerung des Unternehmenswertes. Frankfurt am Main: Campus-Verlag.

Sonnenburg, Stephan (2007): Kooperative Kreativität. Theoretische Basisentwürfe und organisationale Erfolgsfaktoren. Wiesbaden: Deutscher Universitäts-Verlag.

Spath, Dieter (2009a): Innovationsmanagement – von evolutionären zu revolutionären Innovationen. In: *Palais Biron* 8 (2), S. 32-35.

Spath, Dieter (2009b): Grundlagen der Organisationsgestaltung. In: Bullinger, Hans-Jörg (Hg.): Handbuch Unternehmensorganisation. Strategien, Planung, Umsetzung. 3. Aufl. Berlin, Heidelberg: Springer-Verlag, S. 3-24.

Spath, Dieter; Bunzel, Stefanie (2011): Ontology-based Technology Model for the Use in the Early Stage of Product Development. International Conference on Management of Engineering and Technology, Portland, S. 883-892.

Spath, Dieter; Demuß, Lutz (2006): Entwicklung hybrider Produkte – Gestaltung materieller und immaterieller Leistungsbündel. In: Bullinger, Hans-Jörg und Scheer, August-Wilhelm (Hg.): Service engineering. Entwicklung und Gestaltung innovativer Dienstleistungen. 2. Aufl. Berlin, Heidelberg: Springer-Verlag, S. 463-502.

Spath, Dieter; Dill, Christoph; Scharer, Michael (2001): Vom Markt zum Markt. Produktentstehung als zyklischer Prozess. Stuttgart: LOG X-Verlag.

Spath, Dieter; Lentes, Joachim (2012): Flexibler produzieren in der Stadt. In: Fertigungstechnisches Kolloquium (Hg.): Produktionstechnik für den Wandel. Stuttgart. Gesellschaft für Fertigungstechnik, S. 241–260.

Spath, Dieter; Linder, Christian; Seidenstricker, Sven (2011): Technologiemanagement. Grundlagen, Konzepte, Methoden. Stuttgart: Fraunhofer-Verlag.

Spath, Dieter; Renz, Karl-Christof; Seidenstricker, Sven (2009): Technology Management. In: Schlick, Christopher M. (Hg.): Industrial engineering and ergonomics. Visions, concepts, methods and tools: Festschrift in honor of professor Holger Luczak. Berlin, Heidelberg: Springer-Verlag, S. 105-115.

Spath, Dieter; Renz, Karl-Christof; Seidenstricker, Sven (2011): Technologiemanagement. In: Albers, Sönke und Gassmann, Oliver (Hg.): Handbuch Technologie- und Innovationsmanagement. 2. Aufl. Wiesbaden: Gabler-Verlag, S. 219-235.

Spath, Dieter; Slama, Alexander (2009): Dem Innovationsprozess Flügel verleihen. Welche Kniffe dazu beitragen die Innovationsprozesse systematisch zu beschleunigen. In: *io new management* 80 (6), S. 20-24.

Spath, Dieter; Wagner, Kristina; Aslanidis, Stephanie; Bannert, Marc; Rogowski, Thorsten; Paukert, Marco; Ardilio, Antonino (2006): Die Innovationsfähigkeit des Unternehmens gezielt steigern. In: Bullinger, Hans-Jörg (Hg.): Fokus Innovation. München, Wien: Hanser-Verlag, S. 41-109.

Spath, Dieter; Warschat, Joachim (2008): Innovation durch neue Technologien. In: Bullinger, Hans-Jörg (Hg.): Fokus Technologie. Chancen erkennen – Leistungen entwickeln. München, Wien: Hanser-Verlag, S. 1-12.

Spath, Dieter; Warschat, Joachim; Ardilio, Antonino (2011): Technologiemanagement. Radar für Erfolg. Ludwigsburg: LOG X-Verlag.

Spath, Dieter; Warschat, Joachim; Auernhammer, Karin; Gomeringer, Axel; Bannert, Marc (2003): Integriertes Innovationsmanagement. Erfolgsfaktoren, Methoden, Praxisbeispiele. Stuttgart: Fraunhofer-IRB-Verlag.

Specht, Günter; Beckmann, Christoph; Amelingmeyer, Jenny (2002): FuE-Management. Kompetenz im Innovationsmanagement. 2. Aufl. Stuttgart: Schäffer-Poeschel-Verlag.

Spitzley, Anne; Slama, Alexander (2011): Vorsprung durch Innovation. Mit dem Innoaudit gemeinsam die Innovationsfähigkeit steigern. In: Spath, Dieter (Hg.): Mit Ideen zum Erfolg. Technologiemanagement in der Praxis. Stuttgart: Fraunhofer-Verlag, S. 271-274.

Stähler, Patrick (2001): Geschäftsmodelle in der digitalen Ökonomie. Merkmale, Strategien und Auswirkungen. Lohmar, Köln: Josef-Eul-Verlag.

Stauss, Bernd (2000): Perspektivwandel: Vom Produkt-Lebenszyklus zum Kundenbeziehungs-Lebenszyklus. In: *Thexis – Fachzeitschrift für Marketing* 17 (2), S. 15-18.

Steiner, Gerald (2007): Kreativitätsmanagement. Durch Kreativität zur Innovation. In: Strebel, Heinz (Hg.): Innovations- und Technologiemanagement. 2. Aufl. Wien: Facultas.WUV Universitätsverlag, S. 267-325.

Steiner, Gerald (2011): Das Planetenmodell der kollaborativen Kreativität. Systemisch-kreatives Problemlösen für komplexe Herausforderungen. Wiesbaden: Gabler-Verlag.

Steinmann, Sascha (2011): Kundenkontakte und Kundenkontaktsequenzen im Multi Channel Marketing. Ausprägungen, Determinanten und Wirkungen. Wiesbaden: Gabler-Verlag.

Stephan, Michael (2003): Technologische Diversifikation von Unternehmen. Ressourcentheoretische Untersuchung der Determinanten. Wiesbaden: Deutscher Universitäts-Verlag.

Sternberg, Robert J.; Lubart, Todd I. (1999): The Concept of Creativity. Prospects and Paradigms. In: Sternberg, Robert J. (Hg.): Handbook of Creativity. Cambridge: Cambridge University Press, S. 3-15.

Stewart, David W.; Zhao, Qin (2000): Internet marketing, business models and public policy. In: *Journal of Public Policy & Marketing* 19 (2), S. 287-296.

Swaminathan, Vanitha; Murshed, Freisal; Hulland, John (2008): Value Creation Following Merger and Acquisition Announcements. The Role of Strategic Emphasis Alignment. In: *Journal of Marketing Research* 45 (1), S. 33-47.

Sweeney, Jillian C.; Soutar, Geoffrey N. (2001): Consumer Perceived Value: The Development of a Multiple Item Scale. In: *Journal of Retailing* 77 (2), S. 203-220.

Sydow, Jörg (2010): Management von Netzwerkorganisationen – Zum Stand der Forschung. In: Sydow, Jörg (Hg.): Management von Netzwerkorganisationen. Beiträge aus der »Managementforschung«. 5. Aufl. Wiesbaden: Gabler-Verlag, S. 373-470.

Szeless, Georg (2001): Diversifikation und Unternehmenserfolg. Eine empirische Analyse deutscher, schweizerischer und österreichischer Unternehmen. Dissertation. Universität St. Gallen.

Teece, David J. (2010): Business Models, Business Strategy and Innovation. In: *Long Range Planning* 43 (2/3), S. 172-194.

Thom, Norbert (1980): Grundlagen des betrieblichen Innovationsmanagement. 2. Aufl. Königstein: Hanstein-Verlag.

Tiefel, Thomas (2007): Technologielebenszyklus-Modelle. Eine kritische Analyse. In: Tiefel, Thomas (Hg.): Gewerbliche Schutzrechte im Innovationsprozess. Wiesbaden: Deutscher Universitäts-Verlag, S. 25-49.

Timmers, Paul (1998): Business Models for Electronic Markets. In: *Electronic Markets: the international journal on networked business* 8 (2), S. 3-8.

Torrance, Paul E. (1988): The nature of creativity as manifest in its testing. In: Sternberg, Robert J. (Hg.): The nature of creativity. Contemporary psychological perspectives. Cambridge: Cambridge University Press, S. 43-75.

Träger, Sebastian (2008): Wettbewerbsmanagement. Der Beitrag von Wettbewerbsvorteilen zum Unternehmenserfolg. Wiesbaden: Gabler-Verlag.

Trommsdorff, Volker; Steinhoff, Fee (2007): Innovationsmarketing. München: Vahlen-Verlag.

Umbeck, Tobias (2009): Musterbrüche in Geschäftsmodellen. Ein Bezugsrahmen für innovative Strategie-Konzepte. Wiesbaden: Gabler-Verlag.

Un, Annique C.; Cuervo-Cazurra, Alvaro; Asakawa, Kazuhiro (2010): R&D Collaborations and Product Innovation. In: *Journal of Product Innovation Management* 27 (5), S. 673-689.

Vaccaro, Valerie L.; Iyer, Gopalkrishnan (2005): Multichannel Retailing and the Internet. Prospects, Problems, and Strategic Options. In: *International Journal of Internet Marketing and Advertising,* 2 (3), S. 168-183.

Vahs, Dietmar; Burmester, Ralf (2005): Innovationsmanagement. Von der Produktidee zur erfolgreichen Vermarktung. 3. Aufl. Stuttgart: Schäffer-Poeschel-Verlag.

VDI 2803 (1996): Funktionenanalyse. Grundlage und Methode.

Voelpel, Sven; Leibold, Marius; Tekie, Eden; von Krogh, Georg (2005): Escaping the Red Queen Effect in Competitive Strategy. Sense-testing Business Models. In: *European Management Journal* 23 (1), S. 37-49.

van der Vorst, Jack G.A.; van Dongen, Sjef; Nouguier, Sebastian; Hilhorst, Rien (2002): E-business Initiatives in Food Supply Chains; Definition and Typology of Electronic Business Models. In: *International Journal of Logistics* 5 (2), S. 119-138.

Wachter, Nadine (2006): Kundenwert aus Kundensicht. Eine empirische Analyse des Kundennutzens aus Sicht der Privat- und Geschäftskunden in der Automobilindustrie. Wiesbaden: Deutscher Universitäts-Verlag.

Wallas, Graham (1926): The art of thought. New York: Harcourt Press.

Walter, Lothar; Isenmann, Ralf; Möhrle, Martin G. (2011): Bionics in patents. Semantic-based analysis for the exploitation of bionic principles in patents.
In: *Procedia Engineering* 9 (1), S. 620-632.

Wang, Yonggui; Lo, Hing-Po (2003): Customer-focused performance and the dynamic model for competence building and leveraging. A resource-based view. In: *Journal of Management Development* 22 (6), S. 483-526.

Warnecke, Günter; Jenke, Karsten; Benedix, Guido (2002): Innovative Wege in Problemlösungsprozessen. Neue Konzepte unter Einbindung von TRIZ. In: *Zeitschrift für wirtschaftlichen Fabrikbetrieb* 97 (7/8), S. 400-403.

Warschat, Joachim (2006): Integriertes Innovationsmanagement. In: Bullinger, Hans-Jörg (Hg.): Fokus Innovation. München, Wien: Hanser-Verlag, S. 29-40.

Warschat, Joachim; Slama, Alexander (2012): Innovationsexzellenzmodell.
In: Achatz, Reinhold; Braun, Michael und Sommerlatte, Tom (Hg.): Lexikon Technologie- und Innovationsmanagement. Düsseldorf: Symposion-Verlag, S. 161.

Watson, David (2005): Business models. Investing in companies and sectors with strong competitive advantage. Hampshire: Harriman House Press.

Weiber, Rolf (1992): Diffusion von Telekommunikation. Problem der kritischen Masse. Wiesbaden: Gabler-Verlag.

Weill, Peter; Vitale, Michael R. (2001): Place to Space: Migration to eBusiness Models. Boston: Harvard Business School.

Weiss, Martin (2009): Aufbau eines Konzeptes zur ressourcenorientierten Messung des Diversifikationsgrades. Berlin: Pro Business-Verlag.

Westkämper, Engelbert (2006): Einführung in die Organisation der Produktion. Berlin, Heidelberg: Springer-Verlag.

Westkämper, Engelbert (2009): Wandlungsfähige Organisation und Fertigung in dynamischen Umfeldern. In: Bullinger, Hans-Jörg (Hg.): Handbuch Unternehmensorganisation. Strategien, Planung, Umsetzung. 3. Aufl. Berlin, Heidelberg: Springer-Verlag, S. 26-37.

Wikström, Kim; Artto, Karlos; Kujala, Jaakko; Söderlund, Jonas (2010): Business models in project business. In: *International Journal of Project Management* 28 (2), S. 832-841.

Wirth, Siegfried; Baumann, André (2001): Wertschöpfung durch vernetzte Kompetenz. Schlanke Kompetenzkooperation: Überlebensstrategie für kleine Produktions- und Dienstleistungsunternehmen. München: Huss-Verlag.

Wirtz, Bernd W. (2009): Medien- und Internetmanagement. Wiesbaden: Gabler-Verlag.

Wirtz, Bernd W. (2010): Business model management. Design – Instrumente – Erfolgsfaktoren von Geschäftsmodellen. Wiesbaden: Gabler-Verlag.

Wirtz, Bernd W.; Göttgens, Olaf (2004): Integriertes Marken- und Kundenwertmanagement. Strategien, Konzepte und Best Practices. Wiesbaden: Gabler-Verlag.

Witt, Jürgen (2010): Kreativität und Innovation. Hamburg: Windmühle.

Wojda, Franz; Herfort, Inge; Barth, Alfred (2006): Ansatz zur ganzheitlichen Gestaltung von Kooperationen und Kooperationsnetzwerken und die Bedeutung sozialer und personeller Einflüsse. In: Wojda, Franz und Barth, Alfred (Hg.): Innovative Kooperationsnetzwerke. Wiesbaden: Deutscher Universitäts-Verlag, S. 1-26.

Wolf, Joachim (2011): Organisation, Management, Unternehmensführung. Theorien, Praxisbeispiele und Kritik. 4. Aufl. Wiesbaden: Gabler-Verlag.

Yip, George S. (2004): Using strategy to change your business model. In: *Business Strategy Review* 15 (2), S. 17-24.

Zentes, Joachim; Swoboda, Bernhard; Morschett, Dirk (2004): Internationales Wertschöpfungsmanagement. München: Vahlen-Verlag.

Zhang, Junmei; Gang, He; Jianwen, Yao (2010): Business model innovation. From Customer Value Perspective. 3rd International Conference on Information Management, Innovation Management and Industrial Engineering. Kunming, 2010.

Zobel, Dietmar (2009): Systematisches Erfinden. Methoden und Beispiele für den Praktiker. 5. Aufl. Renningen: Expert-Verlag.

Zollenkop, Michael (2006): Geschäftsmodellinnovation. Initiierung eines systematischen Innovationsmanagements für Geschäftsmodelle auf Basis lebenszyklusorientierter Frühaufklärung. Wiesbaden: Deutscher Universitäts-Verlag.

Zollenkop, Michael (2011): Geschäftsmodellinnovation im Spannungsfeld zwischen Unternehmensgründung und Konzernumbau. In: Bieger, Thomas; zu Knyphausen-Aufseß, Dodo und Krys, Christian (Hg.): Innovative Geschäftsmodelle. Berlin, Heidelberg: Springer-Verlag, S. 201-212.

Zott, Christoph; Amit, Raphael (2007): Business Model Design and the Performance of Entrepreneurial Firms. In: *Organization Science* 18 (2), S. 181-199.

Zott, Christoph; Amit, Raphael (2008): The fit between product market strategy and business model: implications for firm performance. In: *Strategic Management Journal* 29 (1), S. 1-26.

Zott, Christoph; Amit, Raphael (2010): Business Model Design: An Activity System Perspective. In: *Long Range Planning* 43 (2/3), S. 216-226.

Zott, Christoph; Amit, Raphael; Massa, Lorenzo (2011): The Business Model: Recent Developments and Future Research. In: *Journal of Management* 37 (4), S. 1019-1042.

Zwicky, Fritz (1989): Entdecken, Erfinden, Forschen im morphologischen Weltbild. 2. Aufl. Glarus: Baeschlin-Verlag.